MIX
Papier aus verantwortungsvollen Quellen
FSC® C006701
FSC
www.fsc.org

3. Auflage 2012
Ausgabe 2012

www.conbook-verlag.de
www.fettnaepfchenfuehrer.de

Einbandgestaltung: David Janik unter Verwendung
des Bildmotivs © istockphoto.com/serega
Satz: David Janik
Druck und Verarbeitung: CPI – Ebner & Spiegel, Ulm

Printed in Germany

ISBN 978-3-943176-31-5

FETTNÄPFCHENFÜHRER

Michael Pohl

GROSSBRITANNIEN

Wie man England mit links übersteht

Was ist das bloß für ein Land, in dem die Telefonzellen rot sind und die Autos auf der linken Seite fahren? In dem man morgens fettige Würstchen isst und abends über viele Jahrzehnte um 23 Uhr aus der Kneipe geworfen wurde? Und in dem Popstars wie Robbie Williams und die Beatles genauso verehrt werden wie die königliche Familie?

In jedem Fall ist es ein Land, das manche Besonderheit bietet, wie der frisch gebackene Single Peter auf seiner ersten Reise durch Großbritannien feststellen muss. Denn mit dem Linksverkehr ist es im Vereinigten Königreich nicht getan: Schon der Pubbesuch wird zum Fiasko, wenn man nicht ein paar grundlegende Regeln beachtet. Auch das Ausweichen auf Tee macht es mitunter nicht besser. Und auch sprachlich gilt es so manche Feinheit zu berücksichtigen, um nicht in eines der überall lauernden britischen Fettnäpfchen zu treten.

Peter allerdings lässt auf seiner Reise durch England, Schottland und Wales keines davon aus. Hätte er dieses Buch bloß vorher gelesen ...

Michael Pohl ist Journalist in Hannover und London. Er entwickelte schon während seiner Schulzeit einen Faible für die schottischen Highlands und das englische Frühstück – und wurde so sehr schnell sehr häufiger Besucher auf den Britischen Inseln. Es folgten unter anderem ein Anglistikstudium, eine Zeit in Bristol und das Interesse für die britische Politik. Michael Pohl war Politikredakteur einer großen deutschen Regionalzeitung und dort als stellvertretender Nachrichtenchef unter anderem zuständig für die Britischen Inseln. Inzwischen leitet er die Reiseredaktion einer deutschen Verlagsgruppe und ist für Reportagen und Bücher immer wieder auf der Suche nach Neuem – mit Vorliebe in den hierzulande eher unbekannten Ecken Großbritanniens, Asiens und Australiens.

Inhalt

Vorwort		**9**
Peter ...		
... fliegt ein	Stansted, 28. Juli, 13.43 Uhr	**11**
... im Hotel	London, 28. Juli, 15.29 Uhr	**20**
... im Bad	London, 29. Juli, 8.20 Uhr	**29**
... frühstückt	London, 29. Juli, 9.05 Uhr	**34**
... geht spazieren	London, 29. Juli, 9.55 Uhr	**42**
... fährt U-Bahn	London, 30. Juli, 9.48 Uhr	**49**
... trinkt ein Pint	London, 30. Juli, 19.45 Uhr	**56**
... steht Schlange	London, 31. Juli, 12.22 Uhr	**62**
... wird beobachtet	London, 31. Juli, 14.19 Uhr	**70**

Inhalt

Peter ...

... entschuldigt sich	London, 1. August, 10.26 Uhr	**79**
... feilscht	London, 1. August, 13.22 Uhr	**83**
... telefoniert	London, 1. August, 14.50 Uhr	**88**
... fährt Zug	London, 2. August, 9.45 Uhr	**94**
... und das Dosenbier	Greenwich, 3. August, 23.28 Uhr	**102**
... fährt Auto	London, 4. August, 10.31 Uhr	**112**
... fährt im Kreis	Swindon, 4. August, 11.53 Uhr	**121**
... im Restaurant	Bristol, 4. August, 19.38 Uhr	**127**
... trinkt Afternoon Tea	Cardiff, 5. August, 16.28 Uhr	**134**

Peter …

… in Wales	Nordwales, 6. August, 15.27 Uhr	**143**
… parkt	Chester, 7. August, 10.42 Uhr	**150**
… lernt Vornamen	Haxby, 7. August, 18.11 Uhr	**155**
… lernt Smalltalk	Newcastle, 8. August, 21.45 Uhr	**159**
… und das Pfund	Edinburgh, 9. August, 14.26 Uhr	**166**
… in Schottland	Edinburgh, 10. August, 10.05 Uhr	**174**
… sucht den Kontakt	Edinburgh, 10. August, 19.18 Uhr	**178**
… verrechnet sich	Edinburgh, 10. August, 22.08 Uhr	**182**
… trinkt Whisky	Keith, 11. August, 10.30 Uhr	**186**

Inhalt

Peter ...

... geht in den Pub	Oban, 12. August, 20.35 Uhr	**198**
... macht Alarm	Oban, 13. August, 10.26 Uhr	**205**
... sieht Fußball	Manchester, 14. August, 13.26 Uhr	**210**
... im Büro	Birmingham, 15. August, 9.53 Uhr	**219**
... macht Witze	Birmingham, 15. August, 15.45 Uhr	**223**
...s falscher Freund	Birmingham, 16. August, 11.45 Uhr	**229**
... liest zwischen den Zeilen	Oxford, 16. August, 21.15 Uhr	**235**
... bewirbt sich	Frankfurt, 9. Dezember, 19.38 Uhr	**240**

Epilog	Frankfurt, 12. Januar, 9.45 Uhr	**246**

Vorwort

Meine erste Reise nach England, irgendwann in den achtziger Jahren: 14 Stunden in London mit einer Billigbusgesellschaft. An- und Abreise dauerten fast ebenso lang, denn in jeder halbwegs großen Stadt auf der Strecke wurden weitere Reisende aufgesammelt. Alternativen aber waren rar – die Billigflieger mussten erst noch erfunden werden, der Zug war zu teuer. Spätestens, als der Bus im Fährhafen in Calais nicht mehr ansprang und von den Insassen angeschoben werden musste, dünkte mir: Diese Insel ist so schwer zu erreichen, sie muss etwas Besonderes sein.

So besonders ein Land eben ist, wenn es Autofahrer auf die linke Seite der Straße schickt und nur zu gern andere Maße als der Rest Europas verwendet, wenn es Grützwurst oder Bratwürstchen zum Frühstück serviert und (zumindest damals noch) Kneipen konsequent um 23 Uhr dicht machte. Aber kann man als aufgeweckter Mitteleuropäer in einem anderen Land der EU in Fettnäpfchen treten?

Man kann. Und zwar beharrlich. Der Alltag im Privaten wie im Geschäftsleben unterscheidet sich in Großbritannien in etlichen Situationen vom Rest der Welt. Auch das macht den Reiz der einstigen Kolonialmacht am Ärmelkanal aus.

Peter, gut verdienender Angestellter in einem Frankfurter Unternehmen, ist in seinem Leben noch nie links gefahren.

Und zum Frühstück isst er üblicherweise Müsli statt Grützwurst. Es ist an der Zeit, dies zu ändern: Der frisch gebackene Single reist in diesem Buch zum ersten Mal nach England – übrigens mit dem Billigflieger, nicht mit dem Bus. Von London aus fährt er in Richtung Wales und Schottland und wieder zurück, einmal quer über die Insel und einmal mitten durch die Fettnäpfchen einer Nation.

An dieser Stelle sei angemerkt: Peter ist nur einer von vielen Reisenden aus Deutschland. Selbst wenn er vieles erlebt, das sich immer wieder bei England-Reisenden so zuträgt – er spricht und handelt selbstverständlich nicht wie alle Deutschen. Genauso wenig gleicht auch der letzte Brite, Engländer, Schotte, Waliser oder Nordire den Stereotypen, die Peter auf seiner Reise erlebt. Es gibt immer Ausnahmen. Eine große Bitte: Vergessen Sie am besten noch vor der Abreise das Bild vom Briten, wie sie es womöglich vom Spanien-Urlaub am Pool im Gedächtnis haben. Dieser Engländer ist genauso wenig repräsentativ für sein Land wie es die Deutschen am Ballermann für das ihre sind.

Und nun: links einordnen – viel Spaß in Großbritannien!

Michael Pohl

Peter fliegt ein

Stansted, 28. Juli, 13.43 Uhr

Express nennen sie das. Unfassbar! Seit drei Minuten ist Peter im Stansted Express auf der Suche nach einem freien Sitzplatz – aber vorwärts kommt er kaum. Ständig ruckelt der Zug. Dreimal schon wär er beinahe bei anderen Fahrgästen auf dem Schoß gelandet. Und das bestenfalls bei Tempo 50. Wie wird das erst, wenn der Zug auf freier Strecke – hoffentlich – Gas gibt?

Bei einer Weiche gleich zu Beginn der Fahrt am Flughafen Stansted hat es den nichts Böses ahnenden Peter mit einem Ruck glatt gegen die Tür gehauen. Schon bei der Fahrt in der Flughafenbahn vom Flugzeug zum Terminalgebäude musste er sich an ein Fenster klammern – die sympathische Automatenstimme hatte ihren Satz »Bitte halten Sie sich gut fest« noch nicht zu Ende gesprochen, da schwenkte der Waggon wie von Geisterhand in eine 45-Grad-Kurve nach rechts ein. Aber dafür musste er auch nicht 22,50 Pfund bezahlen wie für den Stansted Express. Daheim in Deutschland werden Züge dieser Art bestenfalls noch für den Regionalverkehr im östlichsten Ostfriesland genutzt, ärgert sich Peter. Hier verbinden sie einen der wichtigsten Flughäfen des Landes mit der Hauptstadt London. Und suggeriert das Wort *Express* nicht auch ein gewisses Maß an Geschwindigkeit? Am Flughafen hatte man ihm beim Fahrkartenverkauf gesagt, dass der Zug sage und schreibe 46 Minuten bis zur Liverpool-Station im Zentrum Londons benötige. In dieser Zeit bringt ihn ein ICE von Hannover nach Bielefeld, überlegt Peter. Gut, nicht dass er je nach Hannover oder Bielefeld gewollt hätte, aber *Express* – ha!

Peter ist sauer. Auf die Zugbetreiber, auf den Flughafen, auf Hannelore, eine gute Freundin, die ihm den Tipp gegeben hatte, den Stansted Express zu nehmen. Und irgendwie auch auf sich selbst. »Gatwick oder Stansted?«, hatte ihn die reizende Dame im Reisebüro bei der Buchung gefragt. Der Flughafen Gatwick liegt weit von London entfernt, das wusste Peter und hatte deswegen sofort »Stansted« gerufen. Dass sich dieser Flughafen noch weiter draußen befindet, konnte er doch nicht ahnen.

Bahnhöfe in London

Die Eisenbahninfrastruktur in London ist – wie in vielen großen europäischen Städten – von Kopfbahnhöfen bestimmt. Und da Großbritannien ähnlich wie etwa Frankreich früher sehr zentralistisch ausgerichtet war, spiegelt sich dies auch in den Bahnstrecken wieder: Sie sind von London aus sternförmig in jede Richtung gebaut worden. Das führt bis heute dazu, dass man nicht von jedem Bahnhof in jede Himmelsrichtung reisen kann – wer in London umsteigt, muss deswegen mitunter per U-Bahn den Bahnhof wechseln. Und er muss überhaupt erst einmal den richtigen Abfahrtbahnhof herausfinden. Die wichtigsten Hauptbahnhöfe im Überblick:

King's Cross: Der vermutlich bekannteste, wenn auch nicht der schönste der Londoner Bahnhöfe. Die Pet Shop Boys besangen ihn 1987 in ihrem gleichnamigen Song, Harry Potter reist hier in den Büchern von Joanne K. Rowling von Gleis 9 ¾ mit dem Hogwarts-Express ins Internat (ein Gleis dieser Nummer gibt es in der Realität natürlich nicht). King's Cross wurde 1852 in Betrieb genommen und ist Endpunkt der East Coast Main Line, die London unter anderem mit York, Newcastle und Edinburgh verbindet. Der Bahnhof befindet sich in der Euston Road.

St. Pancras: Dieser Bahnhof wird gern in einem Atemzug mit King's Cross genannt, da er sich unmittelbar nebenan befindet. Beeindruckend ist der mächtige Backsteinkopf des von George Gilbert Scott entworfenen und 1868 eröffneten neogotischen Bahnhofs. Früher beherbergte dieser Teil des Gebäudes das Midland Grand Hotel – bis es 1935 schloss. Erst 2011 wurde es wiedereröffnet unter dem Namen St. Pancras Renaissance Hotel. St. Pancras war ursprünglich Endpunkt der Midland Main Line nach Leicester, Nottingham und Sheffield. Heute ist der Bahnhof in der Euston Road vor allem als Startpunkt des Eurostar ein Begriff, der von hier aus unter dem Ärmelkanal hindurch nach Paris und Brüssel fährt.

Paddington: Nicht nur Miss Marple ist hier in Agatha Christies Roman *16.50 Uhr ab Paddington* in Richtung Südwestengland gestartet – der Bahnhof Paddington in der Pread Street ist seit 1838 Endpunkt der Great Western Railway und damit Ausgangspunkt für Reisen nach Cornwall, Bristol und Südwales. Der bekannte britische Ingenieur Isambard Kingdom Brunel hat das erst 1854 eröffnete, heutige Bahnhofsgebäude ebenso entworfen wie die gesamte Strecke der Great Western Railway. Fluggäste schätzen den Bahnhof heute vor allem als Ziel des Heathrow Express, der Schnellverbindung zwischen dem Flughafen Heathrow und der Londoner Innenstadt.

Liverpool Street: Londons Bahnhof für den Osten Englands, 1874 in Betrieb genommen durch die Great Eastern Railway. Von hier aus starten Züge unter anderem nach Harwich, Cambridge und zum Flughafen Stansted. Züge nach Liverpool fahren trotz des Namens übrigens nicht von hier ab, sondern vom Bahnhof Euston. Aber immerhin befindet sich der Bahnhof tatsächlich in der Liverpool Street.

Waterloo: Großbritanniens meist frequentierter Bahnhof. Sein Vorgänger wurde bereits 1848 in Betrieb genommen, das heutige Gebäude stammt in weiten Teilen aus dem Jahr 1922. Von Waterloo aus fahren heute Züge in den Süden und Südwesten Englands, unter anderem nach Portsmouth und Southampton. Anfangs hatte die London and South Western Railway hier ihren Endpunkt, bis Ende 2007 auch der Eurostar. Die Rockband *The Kinks* verewigte den Bahnhof in ihrem Song *Waterloo Sunset*. Und Jason Bourne alias Matt Damon wollte sich im Film *Bourne Ultimatum* mit einem Journalisten des *Guardian* in der Bahnhofshalle von Waterloo (York Road) treffen.

Victoria Station: Benannt nach der noch heute allerorten viel gewürdigten Königin Victoria ist dieser Bahnhof inzwischen einer der größten der Stadt. Nicht weit entfernt befindet sich auch der zentrale Busbahnhof, von dem aus Linienbusse in alle Himmelsrichtungen fahren. Ein Vorläufer der Victoria Station entstand 1851 zur Weltausstellung. Teile des heutigen Gebäudes sind seit 1860 in Betrieb. Heute fahren von Victoria Station in der Wilton Road aus Züge in den Süden Englands, unter anderem zum Flughafen Gatwick.

Euston Station: Heute zweifelsfrei einer der unattraktivsten Londoner Bahnhöfe. Der Vorgänger des heutigen Bahnhofs Euston war 1837 als Endpunkt der West Coast Main Line eröffnet worden. Es handelte sich um ein fürstliches Gebäude aus Stahlelementen und einem mächtigen Torbogen aus Stein. In den sechziger Jahren des vergangenen Jahrhunderts jedoch entschied man sich für einen Neubau – im eher schlichten Baustil der damaligen Zeit. Teile des alten Torbogens wurden später in einem Kanal in East London entdeckt – das Interesse, die alte Bausubstanz zu bewahren, war zu jener Zeit wie vielerorts gering. Ab Euston (Euston Road) fahren Züge heute unter anderem nach Liverpool, Manchester und Wales.

Achter Waggon. Peter traut seinen Augen nicht: endlich – ein freier Platz, sogar gleich zwei nebeneinander! Er verstaut seinen Koffer am Eingang in einem Gepäckfach und nimmt Platz. Leicht angeekelt ruckelt sich Peter selbst zu Recht auf dem dezent befleckten, dunkelgrauen Sitzbezug. Der Ausdruck »bequem« trifft nicht ganz jenes Gefühl, das er gerade trotz des Zurechtruckelns verspürt, denkt Peter. Er schaut genervt nach rechts an die Wand: *»Safety Instruction«* ist da auf einem Schild zu lesen, darunter eine Abbildung des Zuges mit deutlich gekennzeichneten Notausgängen – die Sicherheitshinweise. Die Betreiber werden wissen, weshalb sie das aufhängen, murmelt Peter in sich hinein. Die ganze Zugstrecke scheint dringend sanierungsbedürftig zu sein, resümiert er, wenn auch zugegebenermaßen etwas voreilig.

Er schnappt sich seine Tageszeitung, die er noch daheim am Flugsteig eingesteckt hatte. Im Flugzeug war er zu müde gewesen, um einen Blick hineinzuwerfen, und hatte sie deswegen gar nicht zur Hand genommen. Und auch jetzt fallen Peter ganz seicht erneut die Augen zu.

Er überlegt, was ihn in London erwartet. Das erste Mal auf der Insel. Das erste Mal allein im Urlaub. Eigentlich hatte Peter mit seiner Freundin Tanja nach England reisen wollen. Vor allem Tanja war es, die sich 2011 vom royalen Fieber hat anstecken lassen: Als Prinz William damals seine Freundin Kate Middleton zur Frau nahm und man auch in Deutschland im Fernsehen sehen konnte, wie begeistert eine ganze Stadt darauf reagierte, stand das Reiseziel fest. Drei Wochen kreuz und quer durchs Land. Erst vier Tage London, dann mit dem Mietwagen Richtung Südwesten, das Rosamunde-Pilcher-Gefühl erleben. Anschließend hinauf gen Norden, Schottland, die Highlands, ein Abstecher nach Edinburgh.

Kate und William

Es war für viele der Inbegriff einer Traumhochzeit: Am 29. April 2011 traten Prinz William Arthur Philip Louis Mountbatten-Windsor und seine langjährige Freundin Kate (Catherine) Middleton in Westminster Abbey vor den Traualtar. Hunderttausende säumten die Straßen, etliche Millionen verfolgten die Hochzeit in aller Welt vor den Fernsehgeräten. Bereits seit Bekanntgabe des Termins im Vorjahr kursierte in Großbritannien das Kate-und-William-Fieber: Auf Tassen, Handtücher und anderen Souvenirs prangten seitdem die Konterfeis des Brautpaares.

Umfragen bescheinigten dem Königshaus zu dieser Zeit die höchste Popularität seit Langem. Seit den neunziger Jahren stand es zunehmend in der Kritik. Unter anderem warf man ihm falschen Umgang bei der Bewältigung des Todes von Prinzessin Diana vor.

Bereits zuvor waren die Wellen hochgekocht wegen der dramatischen Ehe Dianas mit Prinz Charles, die schließlich in der Scheidung mündete. Und auch Charles' zweite Hochzeit mit Camilla Parker Bowles am 9. April 2005 sorgte eher für Wirbel als für ein positives Image. Weil es die zweite Ehe des geschiedenen Charles war, durfte es keine offizielle königliche Trauung in Windsor Castle geben. Deswegen heiratete das Paar standesamtlich im Rathaus von Windsor. Auch zahlreiche Staatsgäste sagten unter Verweis auf den fehlenden offiziellen Charakter ab. Prinz William ist neben Prinz Harry einer der beiden Söhne von Charles und Diana. Er ist als ältester zugleich Thronfolger nach seinem Vater.

Doch Tanja ist nicht mehr das, was man gemeinhin Freundin nennt. Die beiden haben sich getrennt. Tanja ist seit einer Woche in Spanien auf Reisen – mit ihrem neuen Freund Kevin. Kevin. Allein dieser Name! Peter könnte immer noch um sich schlagen vor Wut. Aus Trotz hat er an seinen Reiseplänen festgehalten. England, allein. Endlich machen, was er will und wann er will. Super fand er damals spontan aus ganzer Überzeugung. Inzwischen relativiert er seine Ansicht: drei Wochen allein in einem ihm unbekannten Land? Wenn das mal gut geht ...

Was hat Peter falsch gemacht?

Er hätte sich vorher über das Kleingedruckte informieren sollen: London ist die Stadt der Flughäfen – ganze fünf liegen im direkten Einzugsbereich der Acht-Millionen-Einwohner-Metropole: Heathrow, Gatwick, City, Stansted und Luton. Sie alle führen das Wort »London« in ihrem Namen. Doch wirklich zentral – sofern man das bei einem Flughafen überhaupt voraussetzen kann – liegen im Grunde nur London-

Heathrow (gut 30 Kilometer von Stadtzentrum entfernt) und London-City (zwölf Kilometer). Hinzu kommen noch zwei weitere kleinere Airports, die inzwischen ebenfalls den Namen »London« führen, jedoch noch weiter entfernt sind: London-Oxford liegt knapp 100 Kilometer vom Zentrum der Hauptstadt entfernt nördlich von Oxford. Und auch der Flughafen London-Southend hat mit der Hauptstadt nicht viel zu tun: Er liegt knapp 70 Kilometer östlich an der Themse-Mündung.

London-Heathrow (IATA-Code: LHR) ist mit jährlich rund 69 Millionen Flugreisenden der größte Flughafen Europas und nach Atlanta und Chicago der drittgrößte der Welt. Er entstand in den dreißiger Jahren des 20. Jahrhunderts und besteht heute aus insgesamt fünf Terminals. Da nur zwei Start-Lande-Bahnen existieren, kommt es vergleichsweise häufig zu Verspätungen. Die britische Regierung hat den Bau einer dritten Bahn inzwischen verworfen. Heathrow ist seit 1977 über die Piccadilly-Linie der U-Bahn perfekt an das Londoner Nahverkehrsnetz angeschlossen. Zudem gibt es mit dem Heathrow Express eine Non-Stop-Zugverbindung zum Bahnhof Paddington. Alle 15 Minuten startet ein Zug, der nach 15 Minuten am Endbahnhof eintrifft. Heathrow ist das größte Drehkreuz der Fluggesellschaft British Airways und Ziel vieler großer Linienfluggesellschaften.

Der **City Airport** (IATA-Code LCY) wurde 1987 auf dem Gelände des früheren King-George-V.-Docks in den Londoner Docklands eröffnet. Er verfügt lediglich über eine Startbahn, die zudem nur für kleine Maschinen zugelassen ist. Die größte Maschine, die dort landen darf, ist der Airbus A318. Dementsprechend kann man von den Docklands aus lediglich britische und europäische Flughäfen anfliegen. Mit 2,3 Millionen Passagieren jährlich ist der City Airport der kleinste der Londoner Flughäfen. Durch seine Nähe zum Geschäftsviertel Canary Wharf ist er vor allem bei Geschäftsreisenden beliebt. Und er verfügt über eine Besonderheit: Als einer der wenigen Flughäfen erhebt der City Airport lediglich Passagiergebühren bei der Landung – nicht beim Abflug. Er ist über die Hochbahn Docklands Light Railway an das Londoner Nahverkehrsnetz angeschlossen.

London-Gatwick (IATA-Code LGW) liegt südlich des Autobahnringes M25, etwa 40 Kilometer von der Londoner Innenstadt entfernt. Der Flughafen ist mit jährlich 34 Millionen Passagieren die Nummer zwei unter Londons Flughäfen, im europäischen Vergleich steht er an Position sechs. Und das bei nur einer einzigen Start- und Landebahn. Gatwick verfügt über zwei Terminals und wird von zahlreichen Fluggesellschaften – Linie, Charter und Billigfliegern – angesteuert. Eine U-Bahn-Anbindung wie in Heathrow gibt es nicht, dafür den Zug Gatwick Express, der den Flughafen alle 15 Minuten mit dem Bahnhof Victoria verbindet. Die Fahrtzeit beträgt rund 30 Minuten.

London-Stansted (IATA-Code STN) liegt genau genommen fern des Londoner Stadtgebietes in der Grafschaft Essex. Bis zum Stadtzentrum sind es rund 55 Kilometer. Eröffnet wurde der Airport 1942 als Militärflughafen, später zum Anti-Terror-Standort ausgebaut. Seine heutige Rolle als Passagierflughafen entwickelte Stansted erst in den neunziger Jahren, nachdem das neue, vom britischen Stararchitekten Sir Norman Forster entworfene Terminalgebäude eröffnet wurde. Inzwischen ist der Standort vor allem Ziel zahlreicher Billigfluggesellschaften wie Ryanair, easyJet und Germanwings und zählt jährlich gut 22 Millionen Passagiere. Der Stansted Express verbindet den Flughafen in 46 Minuten mit dem Bahnhof Liverpool Street. Zudem gibt es Busverbindungen nach London, die rund die doppelte Zeit benötigen.

Auch der Flughafen **London-Luton** (IATA-Code LTN) wurde während des Zweiten Weltkrieges in Betrieb genommen. Er liegt etwa 55 Kilometer nordwestlich von London. Angeflogen wird Luton vor allem von Charter- und Billigfluggesellschaften. Jährlich fertigt der Airport rund 9,5 Millionen Passagiere ab. Er verfügt über die zweifelsfrei schlechteste Verkehrsanbindung an die Hauptstadt: Passagiere müssen erst mit einem Pendelbus zur Haltestelle Luton Airport Parkway, um von dort per Zug in gut 30 Minuten zum Londoner Bahnhof St. Pancras zu gelangen.

Billigfluggesellschaften werben oft mit überaus günstigen Preisen in die britische Hauptstadt – und erwähnen nur beiläufig, dass man fern der Innenstadt landet. Wenn dann für ein Ticket beispielsweise im Stansted Express noch rund 30 Pfund (für eine Hin- und Rückfahrt) zu zahlen sind, relativiert sich das Flugschnäppchen oftmals. Hinzu kommt der Zeitfaktor: Der Stansted Express benötigt 46 Minuten nach London. Wer Geld sparen will und einen Bus vom Flughafen in die Stadt nimmt (17 Pfund hin-und-zurück) benötigt rund doppelt so lang. Bei einem Wochenendtrip ist das wertvolle Zeit, die man lieber mit Sightseeing verbringen könnte. Wer wirklich in die Innenstadt Londons möchte, sollte versuchen, entweder in Heathrow oder noch besser am City Airport zu landen. Mehrere Linienfluggesellschaften fliegen diese Ziele an.

Peter im Hotel

London, 28. Juli, 15.29 Uhr

London im Sommer kann erdrückend sein. Ein Hitzekessel liegt über der Acht-Millionen-Einwohner-Stadt. Die Luft ist heiß und drückend, wie in einem unbelüfteten Raum, auf den den ganzen Tag die Sonne scheint. Peter ist durchgeschwitzt. Er ist zu Fuß unterwegs vom Bahnhof Liverpool Street zu seinem Hotel, den Rollkoffer hinter sich herziehend, den Rucksack auf dem Rücken. Den Nächsten, der ihm vom angeblich ständig schlechten Wetter in Großbritannien erzählt, würde er höchstpersönlich zusammenstauchen, hat sich Peter irgendwo zwischen der Fenchurch Street und dem Tower überlegt.

Peter ist erleichtert, als er in etwa 30 Metern Entfernung ein Hotel-Schild an einem Gebäude sieht: Das sollte es nun endlich sein – seines! »Ein traditionelles englisches Hotel, zentral gelegen«, hatte es in der Beschreibung im Internet geheißen. Wenn man davon absieht, dass Peter vom Bahnhof Liverpool Street – der ebenfalls als zentral beschrieben wird – bis hierher nun eine knappe dreiviertel Stunde zu Fuß unterwegs gewesen ist, mag das zutreffen. Peter beschließt, sich die soeben gemachte Erfahrung in sein Gedächtnis zu meißeln: Entfernungen scheinen in dieser Millionenstadt relativ zu sein.

Peter wischt sich den Schweiß von der Stirn und richtet seinen Rücken auf. Der Rucksack klebt förmlich an ihm, so sehr schwitzt er. Ein Taxi wäre eine gute Idee gewesen. Oder wenigstens eine Fahrt mit dem Bus oder der U-Bahn. Aber Peter war erstens geizig und kannte sich zweitens mit dem Nahverkehrsnetz in London nicht ansatzweise aus. Und eigentlich hatte er nach seiner langen Zugfahrt einfach keine Lust mehr auf öffentlichen Nahverkehr.

Peter atmet noch einmal tief durch, dann setzt er sich wieder in Gang. Er rückt dem lang ersehnten »Hotel«-Schild immer näher. Im Grunde hängt es an einem alten hübschen Gebäude: hell, fünf Stockwerke hoch, dezent verziert, vermutlich aus der Zeit der Jahrhundertwende. Leider ist wohl seitdem nicht mehr viel an dem Haus getan worden, vermutet Peter. Der Putz bröckelt an einigen Stellen und ist bei genauem Hinsehen mit einer feinen schwarzen Schicht von den Abgasen der vergangenen Jahrzehnte bedeckt. Auch das Werbeschild sieht arg mitgenommen aus. Am Fenster hängt eine Leuchtschrift: »*Vacancies*«. Im Dunkeln muss man das »V« vermutlich erahnen – es schimmert nur noch schwach. Peter beginnt, sich erneut zu ärgern: Er hatte dieses Hotel über eine Internetseite gebucht, in der es sehr viel vollmundiger angepriesen worden war. Da stand etwas von »typisch englischem Charme« – Peter hofft, dass die Engländer mit diesem Hotel nicht bereits ihr gesamtes Charmepotenzial ausgeschöpft haben.* Er atmet einmal mehr durch und

* *Vacancies*: Streng genommen »Lücken« – im britischen Hotelgewerbe bezeichnet dieses Wort jedoch die Tatsache, dass das entsprechende Hotel oder die Pension freie Zimmer hat. Ist dies nicht der Fall, hängt stattdessen häufig ein Schild mit dem Hinweis »*No Vacancies*«, keine freien Zimmer. Man tut vor allem bei *Bed & Breakfast*-Pensionen gut daran, diese Information ernst zu nehmen, und nicht dennoch einen Versuch zu unternehmen, ein Zimmer zu bekommen. Meist hängt »*No Vacancies*« vor der Tür, gerade weil die Betreiber nicht noch 20 weiteren Gästen sagen möchten, dass ihre Betten komplett belegt sind.

schleppt sich und sein Gepäck die wenigen Treppenstufen hinauf zum Eingang.

Es riecht muffig. Das Haus mag 100 oder mehr Jahre an diesem Standort hinter sich haben – viel gelüftet worden ist in dieser Zeit jedenfalls nicht, mutmaßt Peter. Doch die Atmosphäre gefällt ihm. Die Wände sind weiß, an der Decke hängt Stuck, ein kleiner Kronleuchter ziert den Eingangsbereich, gleich links steht ein schmaler Rezeptionstresen aus dunklem Holz – und fast hätte er den kleinen Mann dahinter übersehen. Mittleres Alter, Haarkranz, penibel gebügeltes Hemd, Manschettenknöpfe: Hier ist es endlich, das England, das Peter erwartet hatte. Der Rezeptionist schaut hoch.

»Guten Nachmittag, checken Sie ein?«, fragt er. Peter stutzt. Denn das eben Ausgesprochene hörte sich eher nach *»Gu'Nachtg, Checkn?«* an. Was für ein seltsamer Dialekt. Wo war denn das gute alte Oxford-Englisch, das ihm sein Lehrer in der 11. Klasse so penetrant beibringen wollte, als sich Peter nach einem USA-Schüleraustausch tief in seiner Amerikaphase befand. Er war derart angetan vom amerikanischen Lebensstil, dass er auch im Unterricht begann, Worte so wie seine Gastfamilie von der Westküste mit breitestem Akzent auszusprechen. Bis ihn sein Lehrer, Herr Heitmüller, vor die Wahl stellte. Peter beherrschte das amerikanische Englisch als Elftklässler mit drei Wochen USA-Erfahrung bei Weitem nicht so perfekt, als dass er nicht doch immer wieder auf britische Ausdrücke hätte zurückgreifen müssen. »Wenn du amerikanisches Englisch sprechen willst, dann mach es richtig«, hatte ihn Herr Heitmüller damals aufgefordert. »Oder lass es sein.«

Der eingeschüchterte USA-Fan ließ es widerwillig sein.

Schade eigentlich, überlegt sich Peter nun in dieser Sekunde an der Rezeption seines Londoner Hotels. Wenn er das perfektioniert hätte, könnte ich den Herrn vielleicht besser verstehen. Peter lächelt und nickt freundlich. Ja, er möchte gern *»nchckn«*.

Die Reaktion war offenbar korrekt. Der gebügelte Herr verfällt in eine Prozedur, die Peter als Eincheckphase analysiert.

»Ihr Name, Sir?«, fragt der Rezeptionist. Doch es kommt wieder nur *»Nämsör«* bei Peter an. Der will gerade höflich nachfragen, was der Herr denn wohl mit seiner Frage gemeint habe, da hält dieser ihm schon eine Anmeldekarte unter die Nase, worauf er bereits die auszufüllenden Felder angekreuzt hat: Name, Anschrift, Zahlungsart, Kennzeichen.

Kennzeichen? Peter macht einen Strich. Er will zwar noch einen Wagen anmieten für den größten Teil seines Urlaubs, doch hier in London verzichtet er dankend auf die aktive Teilnahme am Straßenverkehr. Er hat ausnahmslos Horrorgeschichten darüber gehört.

»Single? Twin? Double?«

Das wird Peter jetzt doch ein bisschen zu persönlich. Ja, er ist seit Kurzem wieder Single, nein, er hat keinen Zwillingsbruder, und Doppel? Sind wir hier beim Tennis? Peter beginnt, langsam zu begreifen: Der Herr fragte lediglich nach dem Zimmerwunsch. *»Single«*, sagt er, ohne so recht zu begreifen, was der Herr mit *»Twin«* gemeint haben könnte.

Peter erhält seinen Zimmerschlüssel, nicht ohne noch über die Frühstückszeiten aufgeklärt zu werden: 7 bis 9.30 Uhr. Da heißt es, rechtzeitig aus dem Bett zu kommen. Peter nimmt sein Gepäck und schleppt es die schmale steile Treppe hinauf – seine Frage nach einem Fahrstuhl wurde vom Herrn hinter der Rezeption diesmal lautlos verneint, mit schlichtem Kopfschütteln.

Peter hat noch nie ein derart verbautes Gebäude erlebt: Auf kleinstem Raum sind in diesem Hotel Unmengen an Treppenstufen integriert. Einmal muss er sogar vier Stufen hinaufsteigen, um einen knappen Meter weiter wieder vier Stufen hinabzugehen, Koffer und Rucksack immer im Schlepptau.

Gefühlte 1000 Stufen weiter ist Peter am Ziel: Zimmer 27. Er steckt den Schlüssel ins Schloss und öffnet die Tür. Wow! Peter ist beeindruckt: In so wenig Raum so viele Möbel zu stellen, dürfte eine echte Leistung sein: Kurz nach der Zimmertür beginnt bereits das Bett, im Anschluss die Wand. Links neben dem Bett steht ein kleiner Nachttisch, direkt angrenzend die nächste Wand mitsamt einem kleinen Fenster nach draußen. Rechts neben dem Bett steht ein kleiner Schrank, daneben befindet sich eine geöffnete Tür – vermutlich folgt dahinter das Badezimmer. Alles in allem nicht viel Fläche zur freien Bewegung. Eher Käfighaltung als Biostandards.

Peter hievt sein Gepäck ins Zimmer und schließt die Tür hinter sich. Neben der Eingangstür entdeckt er nun noch ein kleines Fernsehgerät. Doch auch ein Blick ins Badezimmer heitert ihn nicht weiter auf: Dusche, Waschbecken und Toilette sind darin auf ebenfalls kleinstem Raum untergebracht. Wenn er sich anstrengt, überlegt Peter, müsste er zumindest seine Füße duschen können, während er auf der Toilette sitzt, und sich parallel die Zähne am Waschbecken putzen. Aber wer will das schon?

Peter setzt sich aufs Bett und lässt sich nach hinten fallen. Irgendetwas kommt ihm seltsam vor. Er tastet mit den Händen das Bett ab und blickt auf: Es fehlt eine Federdecke. Peter hat sich auf eine dünne Wolldecke fallen lassen, die auf einem Laken liegt. Mehr gibt es – abgesehen vom Kopfkissen – nicht. Peter überkommt ein leichtes Gefühl von Ekel, als er daran denkt, wann diese Wolldecke wohl das letzte Mal gereinigt worden ist. Er setzt sich auf und erblickt auf dem zweiten Nachttisch zwischen Bett und Schrank erfreut einen Wasserkocher, zwei Becher und ein kleines Körbchen mit Teebeuteln und löslichem Kaffee. Ein Tee nach dieser Anreisetortur – das wäre jetzt genau das richtige. Aber was mag ihm das Hotel dafür berechnen? Das Teuerste an solchen Übernachtungen sind ja meist die Preise der Minibars. Neulich in Paris hatte sein Hotel vier Euro für eine Cola verlangt. Dafür könne er sich einen ganzen Träger kaufen, hatte sich Peter daraufhin an der Rezeption echauffiert. Und nun eine ganze Teeplantage? Sei es drum – Peter lässt es drauf ankommen. Er kocht sich Wasser auf für einen Beutel Earl Grey*, lehnt sich einmal mehr zurück und denkt an seine Jugend, die er in einem Zimmer ähnlicher Größe verbracht hatte. Ein Grund mehr, sich in das Londoner Getümmel zu stürzen, statt zu lange im Hotelzimmer zu verbringen.

Was hat Peter falsch gemacht?

Es war lange Zeit gar nicht so leicht, in Großbritannien ein gutes, aber bezahlbares Hotel zu finden. Britische Hoteliers

* Kleine Teekunde, Teil 1: *Earl Grey* ist eine traditionell aus chinesischen Teeblättern zusammengestellte Teemischung, die – ebenfalls traditionell – mit Bergamotteöl aromatisiert wird. Heute gibt es jedoch überwiegend andere Varianten, auch mit indischen Teeblättern. Zudem wird in der Massenproduktion meist künstliches Aroma zugegeben statt Bergamotteöl. Benannt ist der Tee nach dem britischen Premierminister Charles Grey (1764–1845), der in seiner Amtszeit neben anderem das Preismonopol der *East India Company* im Teehandel aufhob.

hatten sich auf ihren Traditionen ausgeruht und auf den Reiz, den ihre Hotels früher einmal gehabt haben mochten. Doch viele vergaßen, dass man selbst eine Privatwohnung dann und wann renovieren sollte – ein Hotelzimmer, in dem fast jede Nacht neue Gäste wohnen, erst recht.

Vor allem seitdem immer mehr internationale Ketten auf die Insel drängen und sich dort auch einige britische Billigketten ausgebreitet haben, sind die alteingesessenen Hoteliers jedoch unter Druck geraten. Die finanziell meist bestens aufgestellten Konzerne eröffnen fast monatlich neue Hotels, werben mit günstigen Preisen, und schicken alle paar Jahre Maler, Maurer und Innenarchitekten durch ihre Häuser, um stets ein gewisses Niveau an Ausstattung zu halten (wozu sie mitunter durch Verträge verpflichtet sind). Wer heute bei der Hotelsuche auf das Kleingedruckte achtet, auf die Lage und sich idealerweise auch noch ein paar Bilder oder Bewertungen anderer Gäste im Internet heraussucht, der ist meist gut bedient und dürfte nicht so schnell hereinfallen.

Unterschieden wird in Großbritannien zwischen Einzelzimmern *(Single)*, Doppelzimmern *(Double)* und jenen Doppelzimmern, in denen nicht ein großes Bett, sondern zwei kleine voneinander getrennte Betten stehen *(Twin)*. Sind Sie also beispielsweise mit einem Kollegen oder Bekannten unterwegs, mit dem Sie sich ein Zimmer teilen, bietet sich Letzteres an – es sollte auch in jedem Hotel erhältlich sein.

Wer Wert auf Federbetten legt, sollte das rechtzeitig an der Rezeption sagen – oder besser schon bei der Buchung angeben. Denn die sind nach wie vor meist nur in großen Hotelketten üblich. Kleine Häuser halten an der Tradition fest, bei der man sich mit einem Laken zudeckt, auf dem wiederum eine Wolldecke liegt. Das ist mitunter gewöhnungsbedürftig und vor allem im Winter nicht immer ausreichend warm.

Der Wasserkocher samt Teebeuteln gehört übrigens zum festen Inventar von Hotels und Pensionen in Großbritannien (und im Grunde auch fast dem gesamten englischsprachigen Ausland). Sie dürfen ihn kostenlos benutzen, quasi als Aufmerksamkeit des Hauses.

Dialekte

Die englische Sprache ist reich an Dialekten, doch anders als in Deutschland sind sie nicht zwingend mit einzelnen Regionen verbunden. Auch das Klassendenken spielt mit hinein. Gut gebildete, wohlsituierte Briten legen meist im gesamten Land Wert darauf, ein reines Englisch zu sprechen, ganz gleich, aus welcher Region sie stammen. So sind Dialekte beispielsweise in Finanz-, Unternehmer- und Politikkreisen selten zu finden. Darüber hinaus gibt es aber im ganzen Land Dutzende von sprachlichen Unterschieden. Eng mit London verknüpft ist beispielsweise das sogenannte *Cockney English*, ein Slang, der früher von Bewohnern der City of London gesprochen wurde. Bestimmte Reime sind typisch für diesen Dialekt, außerdem wird das »H« dabei nicht gesprochen. Da sich die City of London inzwischen zum Finanzdistrikt der Stadt entwickelt hat, ist auch das *Cockney English* deutlich verdrängt worden. Man hört es heute nicht mehr oft auf der Straße. Auch die früheren Arbeiterregionen um Manchester haben ihren eigenen Dialekt entwickelt, der für Auswärtige mitunter schwer zu verstehen ist. Typisch für einige schottische Regionen ist das rollende »R«. In Nordirland wird häufig die letzte Silbe eines Satzes betont. Insgesamt ist es wie bei deutschen Dialekten: Man kann sich auch als Auswärtiger »reinhören« und versteht es dann recht gut.

Peter im Bad

London, 29. Juli, 8.20 Uhr

Was für eine Nacht! Alle behaupten immer, New York sei die Stadt, die niemals schläft. Peter ist sich nun ganz sicher: In Wahrheit muss damit London gemeint sein. Während der gesamten Nacht dröhnte der Autoverkehr auf der vierspurigen Straße vor seinem Fenster. Und seit den frühen Morgenstunden kam noch ein weiteres Geräusch hinzu, das einer Bahn. In Abständen von wenigen Minuten hämmerte die Docklands Light Railway* auf der anderen Straßenseite vorbei, gerade ausreichend, um jeden erneuten Einschlafversuch jäh zu unterbrechen.

Gegen 2 Uhr zog vor seiner Zimmertür auch noch lautstark eine Horde Betrunkener vorbei. Vermutlich der Junggesellenabschied, dem Peter abends vor dem Hotel hatte ausweichen müssen. »Zieh Leine, wenn du einer Truppe auf Junggesellenabschied begegnest«, hatte ihn seine gute Freundin Hannelore unlängst gewarnt. Jetzt weiß er, weshalb. Schon unten vor dem Hotel schienen die jungen Herren so betrunken zu sein, als ob dieser Abend quasi die allerletzte

* Die *Docklands Light Railway* (DLR) verbindet die Innenstadt Londons seit Mitte der achtziger Jahre mit den *Docklands*, dem ehemaligen Hafengebiet und heutigen Wirtschaftszentrum der Stadt. Im Gegensatz zur U-Bahn fährt die DLR fast ausschließlich oberirdisch. Lediglich fünf der insgesamt 45 Stationen des 34 Kilometer langen Schienennetzes befinden sich unter der Erde (Stand 2012). Und noch etwas unterscheidet sich deutlich: Die DLR ist fahrerlos – im Gegensatz zur U-Bahn fährt sie vollautomatisch.

Gelegenheit in ihrem Leben sei, auch nur den Hauch eines Tropfens Alkohol zu sich zu nehmen, weil etwa am nächsten Tag die Erde gesprengt würde oder etwas noch Schlimmeres passieren könnte. *»Stag Party«* nennen die Engländer diesen Abend, »Hirschparty«. Ein treffender Ausdruck findet Peter nun, nachdem er dem Schauspiel beiwohnen durfte, wenn auch nur als Beobachter. Peter hofft, während seines Urlaubs nicht auch noch das weibliche Pendant erleben zu müssen, die *»Hen Night«*, die »Hennennacht« für Frauen kurz vor der Hochzeit. Wenn auch die ihrem Namen alle Ehre macht – oha ...

Peter ist gerädert. Wenn er nicht schnellstmöglich eine Dusche und einen Kaffee bekommt, würde er mit diesem Tag nicht viel anfangen können. Er ist versucht, sich an den Wasserkocher und eines der Tütchen mit löslichem Kaffee auf dem Nachttisch in seinem Zimmer zu wagen. Doch er zieht Punkt eins vor: die Dusche.

Peter macht sich also auf und steigt in die Wanne, um festzustellen, dass der Duschkopf mit einer atemberaubenden Plastikkombination nahezu bewegungsunfähig an der Wand befestigt ist. Der Duschschlauch schlängelt sich durch zwei Plastikröhrchen, die im Grunde verhindern, dass man die Brause ausreichend nutzen kann. Das sind Badezimmer, wie er sie ganz und gar nicht schätzt. Der Schlauch endet in einem viereckigen Plastikgehäuse mit zwei Reglern: Der Untere mit einer roten und einer blauen Markierung scheint die Temperatur steuern zu können. Am Oberen sind die Wörter *»High«* und *»Low«* angebracht. Peter ist verwirrt: Gibt es in diesem Land etwa unterschiedliche Duscheinstellungen für kleine und große Leute? Das sind zu hohe Anforderungen für ihn zu einer Uhrzeit wie dieser und vor allem nach einer Nacht wie der vergangenen.

Peter wählt jeweils die mittlere Position – mit Kompromissen macht man nie etwas verkehrt, sagt er sich – und schreckt auch prompt zurück: Auf ihn prasselt eine Art Eisregen hinab. So kommt es Peter zumindest in diesem Augenblick vor. Ein kalter Schauer, temperaturmäßig angesiedelt irgendwo zwischen dem Bier, das er sich gestern noch gegönnt hatte, und dem Eis, das er neulich von Tanja zum Nachtisch vorgesetzt bekam. Scheußlich! Peter ist hellwach. Er beißt die Zähne zusammen und streckt reflexartig seinen Arm unter dem Wasserstrahl hindurch in Richtung Plastikgehäuse. Keine Kompromisse, jetzt dreht er den Temperaturregler bis zum Anschlag in Richtung »rot«. Doch nichts ist mit »rot«. Der Schauer bleibt »blau«, eiskalt. Peter ist genervt. Wenn er etwas hasst, dann ist es eine kalte Dusche nach dem Aufstehen.

Zähneknirschend entscheidet sich Peter für eine schnelle kalte Wäsche. In Sekundenbruchteilen hüpft er unter den kalten Wasserstrahl und wieder zurück. In mehreren Anläufen schafft er es so, am Ende sauber und mit vollständig intaktem Kreislauf aus der Wanne zu steigen. Er trocknet sich ab und schaut noch einmal voller Verachtung auf die Duschkonstruktion: ›Ihr Engländer habt die halbe Welt erobert‹, hört er sich selbst sagen, ›aber eine vernünftige Dusche könnt ihr nicht bauen.‹

Peter schüttelt bedenklich den Kopf und dreht sich zum Waschbecken um. Hier erwarten ihn keine Drehregler, dafür zwei getrennte Wasserhähne, einer mit einem blauen Symbol auf der linken Seite des Waschbeckens, einer mit rotem Symbol auf der rechten Seite. Wenn die auch beide kaltes Wasser hervorbringen, ist es einfach, motzt Peter in sich hinein. Er unternimmt einen Versuch und dreht beide Hähne auf: Blau – kalt. Na, wer sagt's denn. Und rot? Peter traut seinen Augen nicht: Aus dem Hahn dampft offensichtlich heißes Wasser heraus. Er bewegt einen Finger ganz vorsichtig in Richtung Hahn. Heiß! Kochend heiß! Peter steht vor einem ernsten Problem: Auf der rechten Seite wird er sich die Finger verbrennen, wenn er sich mit dem Erguss dieses Hahns den Mund ausspülen will. Auf der linken Seite droht ihm das Absterben seiner Finger durch Erfrieren. Ja, muss denn Hygiene so kompliziert sein?

Was hat Peter falsch gemacht?

Lange Zeit hielten die Engländer die Mischbatterie am Waschbecken für ein Gerücht. Noch zur vergangenen Jahrtausendwende war sie auf der Insel faktisch unbekannt. Erst mit dem Ausbreiten internationaler Hotelketten hielt auch der in Deutschland längst übliche Wasserhahn Einzug, bei dem man sich aus kaltem und heißem Wasser eine Temperaturmischung nach Wahl zusammenstellen kann. Noch heute vermissen ihn Gäste vor allem in kleinen Hotels und *Bed & Breakfast*-Pensionen, auch in vielen Privatwohnungen sind die beiden getrennten Wasserhähne nach wie vor vorzufinden. Das warme Wasser ist dabei meist so heiß, dass man es unmöglich einfach so zum Waschen benutzen kann. Man würde sich sofort die Finger verbrennen. Insofern bestehen eigentlich nur zwei – zugegebenermaßen naheliegende – Lösungen: Stöpsel ins Waschbecken und eine Mischung aus kaltem und warmem Wasser einlassen. Und zum Zähneputzen einen Zahnputzbecher verwenden und darin ebenfalls eine Mischung nach Wahl einlaufen lassen.

Erst schalten, dann duschen

Die Lösung der Duschfrage ist befriedigender: Alte Badezimmer in England, vor allem jene in vielen alten Hotels, verfügen über einen eigenen Schutzschalter für das Badezimmer. Der ist oftmals direkt im Bad an einer von der Decke hängenden Schnur angebracht. Mitunter findet man ihn aber auch am Lichtschalter für das Badezimmer. In der Regel hängt ein Schild im Zimmer oder man wird an der Rezeption darauf hingewiesen. Ohne diesen Hauptschalter funktionieren zwar meist Licht sowie mitunter das heiße Wasser aus dem Waschbecken (wenn es zentral erhitzt wird), nicht aber die Dusche. Denn die besteht oftmals aus einem separaten Heizboiler, die ein findiger Vertreter in Großbritannien in Massen an den Mann gebracht haben muss. Der Mischboiler ermöglicht zwar das stufenlose Einstellen der Wassertemperatur – benötigt dafür aber Strom aus jenem Kreislauf, der mit einem Schutzschalter gesichert ist.

Im Übrigen empfiehlt es sich – wie im Grunde ohnehin in jedem Hotel – Badelatschen oder Ähnliches dabei zu haben: Viele alte Bäder in Großbritannien sind mit Teppichboden ausgestattet. Das mag auf den ersten Blick heimelig wirken, ist aber zweifelsfrei alles andere als hygienisch.

Peter frühstückt

London, 29. Juli, 9.05 Uhr

Beinahe wäre Peter kopfüber irgendwo zwischen dem ersten und zweiten Stockwerk in seinem Hotel auf der Treppe aufgeschlagen. Mit beiden Händen krallt er sich an das Treppengeländer. Warum zum Himmel sind die Stufen hier so steil? In seinem gewohnten Tempo kann er wohl an diesem Morgen nicht zum Frühstück hinuntergehen, das leuchtet ihm jetzt ein. Ganz vorsichtig setzt Peter seinen Weg fort, Stufe für Stufe, bis zum Erdgeschoss, so als steige er eine Leiter hinab. Aus einem Raum mit Kamin und hübsch verzierter Decke duftet es nach gebratenem Speck. Nein, genau genommen riecht das ganze Erdgeschoss danach. Die Küche scheint keinen besonders effektiven Abzug nach draußen zu haben. Peter rümpft die Nase. Eigentlich ist er in puncto Frühstück eher der Müsli-Typ, der bestenfalls mal eine Ausnahme für ein Schokocroissant macht. In keinem Fall aber ist er der Typ, der morgens eine vollwertige warme Mahlzeit verdrückt. Und Hannelore hat ihm wahre Horrorgeschichten über das englische Frühstück erzählt.

Peter atmet tief durch und betritt den Raum. Vielleicht gibt es ja wenigstens guten Kaffee, tröstet er sich. Wobei ihn Hannelore auch davor gewarnt hat.

»Guten Morgen, was für ein wundervoller Tag.« Eine ergraute Dame weit jenseits der 60 flötet Peter an; mit aus seiner Sicht übertrieben guter Laune.

»Guten Morgen«, kontert Peter. Eigentlich möchte er hinzufügen: ›Was für ein wundervoller Tag nach einer schlaflosen Nacht und einer eiskalten Dusche in diesem verwanzten Schuppen, blöde Kuh.‹ Doch er formuliert es anders: »Ja, ein wirklich schöner Tag.«

Peter nimmt an einem kleinen Tisch in der Ecke Platz. Er schaut sich um. Neben ihm ist auf einem Tisch ein eher dürftiges Büffet aufgebaut: Ein Kunststoffkrug mit Müsli, ein Stapel kleiner Cornflakes-Portionspackungen, ein Keramikkrug mit Milch und ein paar Schälchen, aufeinandergestapelt. Was davon riecht bloß so penetrant nach gebratenem Speck, fragt sich Peter und merkt gar nicht, dass die Dame von eben vor ihm steht.

»Full Breakfast, my dear?«, fragt sie, und lächelt ihn einmal mehr an.

Peter schaut fragend. Hat sie ihn eben *»my dear«*, mein Lieber, genannt? Da möchte er doch lieber der Kumpel von den zahlreichen Leuten sein, die ihn bereits als solchen bezeichnet haben, als »der Liebe« dieser Dame. Er schüttelt sich kurz und entgegnet: »Äh, ja ja ja, bitte.«

»Gern, mein Lieber. Bitte bedienen Sie sich selbst vom Müsli.« Sie zeigt in Richtung Mini-Büffet, doch Peter nimmt das gar nicht mehr wahr: Sie hat ihn schon wieder »Lieber« genannt. Peter ist verwirrt. War das eine Anmache oder ist das hierzulande so üblich? Er verwirft spontan den ersten Gedanken, guckt sie an und flötet zurück: »Danke, meine Liebe.«

Sie lächelt, als wenn sie sich schon Jahrzehnte kennen: »Tee oder Kaffee?«

Peter bestellt Kaffee und macht sich auf, um sich am Büffet mit einem Schälchen Müsli und Milch zu versorgen. Kaum hat er sich hingesetzt, wird ihm von der Dame ein Ständer mit diagonal geteilten Toastscheiben auf den Tisch gestellt, dazu ein Kännchen Kaffee: »Hier ist Ihr Kaffee und ein bisschen Toast, *Love*.«

Love, Liebster – was fährt die Dame wohl noch alles auf? Peter sorgt sich, doch der Hunger bringt ihn wieder auf das Thema Frühstück zurück.

Warmer Toast, heißer Kaffee. Peter hatte sich das warme Frühstück irgendwie anders vorgestellt. Er löffelt sein Müsli auf und bedient sich sogleich bei den Scheiben, solange sie noch warm sind. Die Marmeladenauswahl auf dem Tisch ist begrenzt: Orange, Orange – und Orange.

Marmelade oder Jam?

Marmelade kennt man hierzulande genauso wie in Großbritannien. Doch verbirgt sich hinter diesem Begriff auf der Insel nicht immer ganz dasselbe wie in Deutschland: *Marmelade* werden in Großbritannien ausschließlich Brotaufstriche aus Zitrusfrüchten genannt – meist werden für die Zubereitung Orangen verwendet, mitunter samt (fein geraspelter) Schale. Wer beispielsweise Erdbeer-, Himbeer- oder Brombeermarmelade haben möchte, muss nach *Jam* verlangen. Hinter diesem Begriff verbergen sich alle Marmeladensorten ohne Zitrusfrüchte. Vor allem in Kochbüchern werden diese auch oft als *Preserves* bezeichnet. Und auch Gelee gibt es in Großbritannien, unter dem einheitlichen Begriff *Jelly*. Die EU hat diese Unterscheidung übrigens in einer Verordnung aufgegriffen – streng genommen ist das, was viele in Deutschland als Marmelade bezeichnen, Konfitüre.

Peter muss lachen: Er erinnert sich an eine Folge der Fernsehserie *Monty Python's Flying Circus*, in der es in einem Restaurant zwar zig Gerichte gab, jedes einzelne aber nur aus *Spam* bestand, einer Art Pressfleisch. In diesem Hotel scheint das Frühstück aus Orangenmarmelade zu bestehen.

Monty Python's Flying Circus

Die britische Komikergruppe Monty Python ist längst auch in Deutschland bekannt – vor allem durch ihre Kinofilme *Das Leben des Brian*, *Ritter der Kokosnuss* oder *Der Sinn des Lebens*. In Großbritannien gehört das Team um John Cleese, Michael Palin, Graham Chapman (gestorben 1989), Terry Gilliam, Eric Idle und Terry Jones seit den frühen siebziger Jahren zum nationalen Kulturgut. Zwischen 1969 und 1974 produzierte die Gruppe 45 Folgen der Fernsehserie *Monty Python's Flying Circus*, die mit ihrem schwarzen Humor, dem abrupten Ende eines Sketches ohne nennenswerte Pointe sowie der Etablierung des *Running Gags* als stilbildend für weite Bereiche der britischen Comedy gilt. Absolut unüblich zu jener Zeit war auch, dass ihre Gags nicht selten auf Kosten der BBC gingen, in deren Programm die Serie lief.

Sketche von Monty Python genießen in Großbritannien etwa jenen Stellenwert, den hierzulande höchstens Loriot erreicht hat: Jeder Fernsehsehzuschauer hat früher oder später das komplette Werk gesehen. Sketche wie der *Holzfällersong*, *Der tote Papagei* oder das *Ministerium für alberne Gänge* erreichten aber auch in Deutschland Kultcharakter. *Monty Python's Flying Circus* wurde 1974 eingestellt, nachdem bereits zuvor John Cleese ausgestiegen war. Zwei Folgen wurden übrigens eigens fürs deutsche Fernsehen gedreht – eine davon auf Deutsch. Die Originalserie gab es hingegen auch hierzulande lange nur auf Englisch mit deutschen Untertiteln zu sehen. Der Versuch einer Übersetzung 1998 floppte.

Bemerkenswert ist, dass nahezu alle Mitglieder von Monty Python im späteren Leben auch als Solokünstler erfolgreich waren: John Cleese drehte zahlreiche Spielfilme sowie die ebenfalls legendäre Fernsehserie *Fawlty Towers*, Michael Palin reiste in mehreren Serien für die BBC um die Welt, Terry Gilliam schuf unter anderem Kinoerfolge wie *Brazi*, Eric Idle spielte in etlichen Filmen, unter anderem in *In 80 Tagen um die Welt*, ist der breiten Mehrheit aber vor allem durch sein Lied *Always Look on the Bright Side of Life* bekannt. Graham Chapman erlangte vor allem als Brian in *Das Leben des Brian* Erfolg, schrieb aber auch den Film *Dotterbart*, und Terry Jones drehte mehrere Dokumentationen, schrieb Kinderbücher und zudem das Buch zu Douglas Adams Computerspiel *Raumschiff Titanic*.

Peter schaufelt die Toastscheiben in sich hinein. Es ist irgendwie lockerer als daheim in Deutschland. Und ein bisschen größer. Gar nicht so übel, findet er. Vom Kaffee kann man das nicht gerade behaupten. Er ist exakt, wie Hannelore ihn beschrieben hat: eine Mischung aus dünnem, entkoffeinierten und handelsüblichem, löslichen Kaffee. Nicht sein Fall, resümiert Peter.

Er lehnt sich zurück. Okay, den Kaffee üben wir noch mal, aber sonst ordentlich, listet er in Gedanken auf. Da steht die ältere Dame wieder vor ihm und setzt Peter einen bis an den Rand vollgepackten Teller vor: zwei Spiegeleier mit einem dünnen Fettfilm, ein Klecks gebackener Bohnen, gebratener Speck, zwei kleine Würstchen, die so aussehen, als seien sie nicht ganz durchgebraten, dazu ein Kartoffelrösti und zwei halbe, offenbar ebenfalls heiße Tomaten.

»Etwas braune Soße für Sie, mein Lieber?« Die Dame ist schon wieder am Tisch und stellt Peter eine kleine Flasche mit bräunlichem Inhalt vor die Nase. Peter reißt die Augen auf: Wer, um Himmels Willen, soll das denn noch alles essen?

Was hat Peter diesmal falsch gemacht?

Es entspricht nicht ganz der Wahrheit, dass Briten jeden Morgen ein komplettes warmes Frühstück *(Full English Breakfast)* essen – in *Bed & Breakfast*-Pensionen und vielen Hotels wird es aber in der Tat regelmäßig serviert: Morgen für Morgen. Das Frühstück gilt auf der Insel als wichtigste Mahlzeit des Tages, und als solche soll sie die Gäste für viele Stunden satt machen. In der Regel besteht die warme Variante aus:

- einem Spiegel-, Rühr- oder pochierten Ei
- gebratenem Schinken
- gebratenen Würstchen
- gegrillten halbierten Tomaten
- gebackenen Bohnen in Tomatensoße
- gebratenen Champignons
- Toast

Dazu gibt es regionale Unterschiede. Während in England meist ein Kartoffelrösti dazu serviert wird, gibt es vor allem in Wales und Irland sogenannte *Potato Farls* oder auch *Potato Bread*. Dahinter verbirgt sich eine Art Kartoffelbrot, das platt wie ein Pfannkuchen ist. Die Alternative in preiswerteren Unterkünften ist manchmal in der Pfanne gebratenes Toastbrot, das entsprechend viel Fett aufgesogen hat. Da stellt die sogenannte *Brown Sauce**, eine braune, säuerliche Soße, die geschmacklich und äußerlich irgendwo zwischen Ketchup und Barbecue-Soße angesiedelt ist, für viele schon eine Erleichterung dar, das Frühstück überhaupt verdauen zu können.

In Schottland findet man auf seinem Teller zudem mitunter *Black Pudding*. Das klingt nach einem süßen Nachtisch, ist

* *Brown Sauce*, nach dem Markennamen auch »*HP Sauce*« genannt, ist die bekannteste Würzsoße im Vereinigten Königreich (Marktanteil 2007 nach Unternehmensangaben: 71 Prozent). Sie besteht unter anderem aus Schoten des Tamarindenbaums, Malzessig, Zucker und diversen Gewürzen. Gegessen wird sie vor allem zu Fleischgerichten und zum warmen Frühstück. Zur Herkunft des Namens gibt es zwei Varianten: Zum einen soll »*HP*« für »*Houses of Parliament*« stehen, wo die Soße in einem Restaurant erstmals genutzt worden sein soll. Eine Zeichnung des britischen Parlamentsgebäudes ziert bis heute die Flaschen der Soße. Andere behaupten, es seien die Initialien von Harry Palmer, der das Rezept der Soße kreiert haben soll. Ein ganz anderer, nämlich Frederick Gibson Garton, ein Lebensmittelhändler aus Nottingham, meldete jedoch 1896 das Patent für *HP Sauce* an. Und auch der Hersteller, inzwischen die Heinz-Gruppe, hält sich an die erste Variante.

es aber nicht. *Black Pudding* ist eine Art dunkler Grützwurst, die scheibchenweise in der Pfanne gebraten wird. Statt *Black Pudding* gibt es manchmal auch eine Scheibe *Haggis*, das schottische Nationalgericht: mit Innereien und Haferflocken gefüllter Schafsmagen. Unter anderem solche Delikatessen dürften es sein, der die britische Küche ihren miserablen Ruf zu verdanken hat.

Man kann seinen Magen aber morgens auch noch weiter strapazieren. Ebenfalls in Schottland wird häufig *Porridge* serviert, gesalzener und gekochter Haferbrei, meist ergänzt um Sirup, Butter und Zucker.

Standard in Hotels und Pensionen ist auch das sogenannte *Continental Breakfast*, ein minimalistisches kaltes Frühstück, bestehend aus:

- Toast
- Cornflakes
- Müsli
- Orangensaft
- Joghurt
- Marmelade

Besteht das *Continental Breakfast* aus einem Büffet, dürfen sich in der Regel auch jene Gäste bedienen, die noch ein warmes Frühstück serviert bekommen.

Kaffee oder Tee

Getrunken wird dazu Tee oder Kaffee – man sollte bei beidem nicht zu viel erwarten. Wie in Deutschland hält sich die Qualität der Heißgetränke beim Frühstück meist in Grenzen. Wer guten Kaffee sucht, der sollte einen der *Coffee Shops* aufsuchen, die in Großbritannien inzwischen an jeder Ecke eröffnet haben und die meist hervorragende Getränke auf Espressobasis servieren. Guten Tee gibt es meist in den traditionellen englischen Cafés – das vor allem auf dem Land oftmals aushängende Schild »*Tea Room*« schützt nicht zwangsläufig vor einer Enttäuschung. Mitunter servieren diese kleinen Kaffeehäuser die einfachsten Supermarktteebeutel.

Hat man ein Hotel ohne Frühstück gebucht, eignen sich solche Cafés und *Coffee Shops* übrigens auch hervorragend für ein kleines Frühstück. Die Qualität ist mitunter deutlich besser als in manchen Hotels.

Höfliches Liebkosen

Kosenamen sind vor allem bei älteren Briten sehr populär. Man sollte sich also nicht wundern, wenn man von jemand Wildfremdem beiläufig *Love*, *Darling* oder *Honey* genannt wird – dahinter stecken keine tiefgreifenden Absichten, sondern lediglich, wie bei so vielem im Vereinigten Königreich, ein gewisses Maß an Höflichkeit. Wichtig ist in diesem Zusammenhang, dass in der Regel ältere Wildfremde den jüngeren Wildfremden liebkosen – nicht aber umgekehrt. Zudem ist das Ganze im Wesentlichen höflich, wenn ein Geschlecht ein anderes *Love* nennt. Versuchen Sie dies beim Selben, könnte der- oder diejenige es schon eher als Denunzierung denn als Höflichkeitsfloskel auffassen. Oder eben als Anmache ...

Peter geht spazieren

London, 29. Juli, 9.55 Uhr

Mit Anarchie haben die Briten nichts am Hut. Dachte Peter zumindest bislang. In dieser Sekunde ist er sich da allerdings nicht mehr ganz so sicher: Er steht an einer Fußgängerampel unweit seines Hotels in London. Vor ihm ein auffälliger schwarzer Kasten mit einem kleinen weißen runden Knopf, darüber ein leuchtender Schriftzug mit dem Wort »*Wait*« (Warten) – die Ampel zeigt für Fußgänger rot, wer die Straße überqueren möchte, muss ganz offensichtlich auf den Knopf drücken. Kennt man, auch aus Deutschland. Peter ist Fußgänger, also drückt und wartet er, wie er das als Kind von seinen Eltern und später in der Schule im Verkehrserziehungsunterricht eingebläut bekommen hat. Ganz logisch. Aber wieso ist er der Einzige, der wartet? Seit gut einer Minute steht er vor dem leuchtenden Hinweis »Wait«, und seitdem ziehen links und rechts Fußgänger an ihm vorbei auf die andere Straßenseite. Gut, ein Auto ist seit einer Minute auch nicht vorbeigekommen – aber wenn die Ampel doch nun mal rot zeigt … Peter erinnert sich an eine Begegnung mit einem Polizisten daheim in Deutschland, als er nach der Arbeit auf dem Fahrrad an einer menschenleeren Straße bei Rot über die Ampel gefahren war. Der eifrige Beamte zeigte sich damals weder beeindruckt von der Tatsache, dass weit und breit kein Auto in Sicht gewesen war, noch dass Peter aus Erfahrung wusste, dass einem in jener Gegend der Stadt um die damalige Uhrzeit praktisch nie auch nur irgendein Verkehrsmittel begegnete. 20 Euro Bußgeld und eine ausgiebige Belehrung über die deutschen Straßenverkehrsregeln waren die Folge. Seitdem hatte sich Peter nie wieder über diese Straße gewagt, ohne mindestens dreimal nach jeder Seite Ausschau zu halten nach einem eventuell auflauernden Polizisten. Bei Rot war er dann allerdings weiterhin dann und wann gefahren.

Peter beginnt unruhig zu werden, und zieht nun auch hier in London die Möglichkeit in Erwägung, sich in Bewegung zu setzen, zeige die Ampel, was sie wolle. Doch die nimmt ihm die Entscheidung in diesem Moment ab: Der Schriftzug »*Wait*« erlischt, stattdessen leuchtet ein kleines grünes Ampelmännchen auf und es erklingt ein schriller, penetranter Piepton. Allein der würde jeden über die Straße treiben, ganz gleich, welche Farbe das Ampelmännchen hat.

Anarchie im Straßenverkehr. Peter schüttelt den Kopf. Er marschiert weiter in Richtung U-Bahn-Station. Im Hotel hatte er einen kleinen Stadtplan bekommen, der zwar vor Werbeanzeigen nur so strotzte, auf dem aber auch die U-Bahn-Linien eingezeichnet waren. Peter wollte sich den Hyde Park anschauen, und so hielt er Ausschau nach der U-Bahn-Station. Wo er aussteigen musste, wusste er immerhin: *Marble Arch** hieß die Station, die sich offenbar an einer Ecke

* Marble Arch ist ein bekannter Torbogen in London: Das aus weißem Marmor erstellte Bauwerk (daher der Name) steht heute an einer Ecke des Hyde Parks am Ende der Oxford Street, direkt neben der gleichnamigen U-Bahn-Station. Entworfen wurde es 1828 vom Architekten John Nash jedoch für einen anderen Ort: Marble Arch stand bis 1850 als östliches Eingangstor vor dem Buckingham Palace, dessen heutiges Aussehen in Teilen ebenfalls von Nash entworfen worden war. Dann wurde der Torbogen im Zuge von Umbauarbeiten an seinen heutigen Ort versetzt – er stand dem neuen Ostflügel im Weg, an dem sich heute der bekannte Balkon befindet, auf dem sich die königliche Familie zu besonderen Anlässen zeigt. Der Konstantinbogen in Rom stand Pate für den Entwurf des Marble Arch.

des Parks befand – dort musste er hin. Doch noch war er nicht einmal an der U-Bahn-Station. Vor lauter Stadtplanstudiererei wäre Peter vorhin schon beinahe überfahren worden, weil er beim Überqueren einer Straße instinktiv auf die falsche Straßenseite geschaut hatte. An Überwegen sind in London auf dem Asphalt Hinweise angebracht wie *»Look right«* oder *»Look left«* (»Rechts schauen« / »Links schauen«). Aber wer die Straße zwischendurch mal überqueren wollte, musste selbst aufpassen. Für ungeübte Kontinentaleuropäer keine leichte Übung, wie Peter inzwischen einsehen muss.

An einem Zebrastreifen wird er erneut auf die Probe gestellt: Unter dem Eindruck des dichten Autoverkehrs in der Londoner Innenstadt stellt sich Peter brav an den Rand des Fußweges und wartet darauf, dass ein Auto anhält und ihn die Straße überqueren lässt. Doch aus irgendeinem Grund scheint es nicht sein Tag zu sein: Niemand tut ihm diesen Gefallen. Peter sieht schon die Schlagzeilen vor sich: »Deutscher Tourist an Zebrastreifen verhungert«, als sich neben ihm eine alte Dame mit einem Gehwagen an den Straßenrand stellt, um offenbar selbst auf die andere Straßenseite zu gelangen. Sie grüßt erst Peter freundlich, dann den nächsten nahenden Autofahrer und rollt auch schon los auf den Zebrastreifen. Der Autofahrer hebt die Hand zum Gruß und lässt sie passieren. Peter nutzt die Chance und schickt sich an, ebenfalls auf die andere Seite zu gelangen.

Er versteht die Welt nicht mehr: Er ist in einem Land, in dem ihn alte Damen über den Zebrastreifen helfen müssen – und nicht umgekehrt. Ob das etwas damit zu tun hat, dass auch die Autos auf der »falschen« Seite fahren? Peter hat für heute genug von Experimenten im Straßenverkehr: Er beschließt, den Rest des Weges mit einem der alten schwarzen Londoner Taxis zurückzulegen.

Londons Taxis

Sie sind in etwa so berühmt wie die roten Telefonzellen oder das englische Frühstück: Die schwarzen Taxis werden überall auf der Welt mit London in Verbindung gebracht. Dabei gibt es sie in vielen britischen Städten.

Hinter dem schwarzen Taxi verbirgt sich heute das Modell X4 des Herstellers London Taxis International Limited (LTI). Das Unternehmen aus Coventry ist eine Tochterfirma der Manganese Bronze Holdings und stellt die Fahrzeuge seit 1989 her (damals unter der Bezeichnung LTI Fairway). Vorgänger waren der FX4 und FX3 – mit Letzterem hatte der Automobilhersteller Austin 1948 den Grundstein für die Black Taxis der noch heute vorherrschenden Bauart gelegt. Das Unternehmen wurde schnell zum Marktführer in diesem Segment. Schwarz aber waren die britischen Taxis genau genommen bereits zuvor: 1897 stellte die London Electrical Cab Company ein Modell vor, das wegen seines Geräusches unter der Bezeichnung *Hummingbird* (Kolibri) bekannt wurde. Kurz darauf folgte die erste Benzinvariante.

Vom Fahrzeugmodell abgesehen unterscheidet sich Taxifahren in Großbritannien heutzutage nicht wesentlich von dem in Deutschland: Fahrzeuge können vorab bestellt, an einem Taxistand gemietet oder auf der Straße herangewinkt werden. Der Fahrpreis wird über ein Taxameter geregelt, das Fahrzeit, Streckenlänge und Tageszeit berücksichtigt. Fürs Trinkgeld wird in der Regel einfach bis zum nächsten Pfundbetrag aufgerundet – oder auf ein paar Pfund mehr, ganz nach Belieben.

Neben den Black Taxis gibt es vor allem in London sogenannte Minicabs, private Fahrer mit Fahrzeugen unterschiedlicher Hersteller. Viele von ihnen haben kein Taxameter – deswegen tut man gut daran, den Preis vor der Fahrt auszuhandeln. Wichtig: Bei Minicabs auf das offizielle Siegel von Transport for London an der Scheibe achten (sieht ähnlich aus wie das U-Bahn-Symbol mit einem Kreis, den ein Strich durchbricht, dazu der Hinweis »*Private Hire*«) – denn es gibt auch illegale Minicabs, deren Benutzung nicht erlaubt ist.

Was hat Peter diesmal falsch gemacht?

Im Grunde nichts – nur sind Theorie und Praxis nicht immer dasselbe. Streng genommen gilt auch im Straßenverkehr des Vereinigten Königreichs die international übliche Regel: Bei Rot stehen, bei Grün gehen – egal, ob für Fußgänger, Auto- oder Fahrradfahrer. Doch in der Praxis hat sich eine andere Verfahrensweise etabliert: Weil der Autoverkehr in Großbritannien viele Jahre als der einzig wahre Weg der Fortbewegung galt, hatte er auch im Straßenverkehr meist Vorrang. Das führte dazu, dass Grünphasen für Fußgänger mitunter überaus selten und vor allem kurz waren. Der kleine Mann von der Straße nahm so sein Schicksal selbst in die Hand: Er überquerte die Straße, sobald sie frei war – egal ob bei Rot oder Grün. Das funktionierte leidlich, wurde oftmals selbst von Polizisten so gehandhabt und etablierte sich mit den Jahren. Und wie es so ist: Einmal etabliert, lassen sich solche heimlichen Regeln nur schwer wieder ändern – auch wenn das Überqueren der Straße bei Rot im Vereinigten Königreich für Fußgänger genauso wenig erlaubt ist wie in den meisten anderen Ländern. Als Kontinentaleuropäer sollte man sich indes durchaus gut überlegen, wann, wo und bei welcher Farbe man auf die andere Straßenseite geht. Der Linksverkehr bewirkt leider auch, dass man in seinen eingefahrenen Bewegungsabläufen instinktiv zur falschen Seite schaut, und im schlimmsten Fall ein Auto auf der Straße übersieht.

Ironie dieser Entwicklung: Die erste Fußgängerampel der Welt stand ausgerechnet in England. Vor dem Parlament von Westminster wurde am 10. Dezember 1868 eine einem Eisenbahnsignal ähnliche Verkehrszeichenanlage aufgebaut, die bei Dunkelheit mit Gaslampen betrieben wurde.

Für Autofahrer gilt diese anarchische Entwicklung indes nicht: Wer mit seinem Fahrzeug ein Rotlicht missachtet, kann empfindlich zur Kasse gebeten werden. Zudem gilt bei vielen Fußgängerampeln eine Besonderheit: Es gibt neben Grün und Rot noch eine Art Übergangsphase, in der für Autofahrer das Gelblicht blinkt und für Fußgänger das Grünlicht. In dieser Zeit dürfen Fußgänger nicht mehr beginnen, die Straße zu überqueren, sie dürfen aber in Ruhe zur anderen Straßenseite gehen, wenn sie noch zu Beginn des Blinkens damit begonnen haben. Autos dürfen anfahren, sobald sich wirklich kein Fußgänger mehr auf der Fahrbahn befindet – selbst wenn das Gelblicht noch blinkt. Zur Warnung sei gesagt: Briten sind sehr empfindlich, was Drängeln angeht: Selbst wenn sich ein Fußgänger Zeit lässt beim Überqueren der Straße, muss man ihm diese Zeit lassen. In keinem Fall sollte man hupen und erst recht nicht anfahren oder auch nur beginnen zu rollen.

Auch bei Zebrastreifen gilt eine etwas andere Regel als in Deutschland: Man sollte als Autofahrer darauf achten, ob ein Fußgänger den Zebrastreifen überqueren möchte und dann möglichst auch anhalten – verpflichtet ist man dazu aber erst, sobald ein Passant auch wirklich den Fuß auf der Straße hat. Als Fußgänger bedankt man sich übrigens per Handzeichen beim Autofahrer, wenn dieser angehalten hat und den Passanten den Überweg hat überqueren lassen. Zu erkennen sind Zebrastreifen im Vereinigten Königreich oftmals schon von Weitem durch gelb blinkende Glaskugeln auf einer weißen Stange am Straßenrand. Und mitunter auch durch ältere Damen und Herren in signalgelben Mänteln: Im ganzen Land sind nach wie vor Schülerlotsen im Einsatz, die meist mit großem Ehrgeiz Kinder auf dem Schul- und Nachhauseweg über die Straße geleiten. Wenn ein solcher Lotse mit seinem Schild die Fahrbahn versperrt, tut man als Autofahrer gut daran, umgehend anzuhalten.

Übrigens soll auch der Zebrastreifen in Großbritannien erfunden worden sein: Nach einzelnen Experimenten hielt er dort 1949 in den Straßenverkehr Einzug und wurde 1951 auch gesetzlich verankert. Inzwischen gibt es zumindest testweise Abwandlungen: Sogenannte Tigerstreifen, also gelbe Balken auf schwarzem Asphalt, die formal auch Radfahrern das Recht geben, die Straße zu überqueren, ohne dabei vom Rad abzusteigen.

Peter fährt U-Bahn

London, 30. Juli, 9.48 Uhr

Es ist noch nicht einmal 10 Uhr an diesem wunderschönen Sommersonnenmorgen in London, doch Peter hat bereits die erste Lektion hinter sich: Welche U-Bahn-Linie er denn nehmen müsse, um zum British Museum* zu kommen, wollte er an der Rezeption wissen. »Central oder Piccadilly Line«, hatte die Dame geantwortet, »Sie können hier in die Circle oder District Line einsteigen und dann am Monument wechseln.« Das war eine zu große Informationsdichte auf einen Schlag für Peter: Er wollte doch lediglich die Nummer der U-Bahn-Linie wissen.

Nun steht er in der Station Tower Hill und begreift langsam, weshalb die Informationsdichte so hoch war: Es scheint keine Liniennummern zu geben – die Schilder weisen ausschließlich auf die mit einem grünen Streifen versehene District Line hin sowie auf die Circle Line, die mit einem gelben Strich markiert ist. Mit Zahlen haben sie es wohl nicht so, denkt sich Peter, und macht sich auf zum Fahrkartenautoma-

* Das British Museum wurde 1753 gegründet und ist nach eigenen Angaben das erste öffentliche staatliche Museum der Welt. Noch heute gilt es als das größte und vor allem als eines der bedeutendsten kulturhistorischen Museen der Welt. Rund sechs Millionen Besucher zählt es jährlich. Der Grundstock des British Museums geht auf den Naturwissenschaftler Sir Hans Sloane zurück, der seine umfangreiche Sammlung an Kunstgegenständen und historischen Stücken dem britischen Staat unter König Georg II. vermachte.

ten. Der ist, wie sich herausstellt, kundenfreundlich mit einem Monitor versehen und kann sogar auf die deutsche Sprache umgestellt werden. Peter ist hoch erfreut: Üblicherweise kommt er mit solchen Geräten im Ausland nicht zurecht. Am Ende zahlt er dann viel mehr als nötig, weil er sich mit den richtigen Klicks und Tarifzonen nicht auskennt. Oder auch zu wenig: In Berlin war er einmal von einem Kontrolleur in der S-Bahn mit einem falschen Ticket erwischt worden und hatte 40 Euro Strafe zahlen müssen. Das würde er nun gern vermeiden und studiert deswegen den kleinen Liniennetzplan unter dem Monitor penibelst. Dass die Schlange an potenziellen Fahrkartenkäufern hinter ihm immer länger wird, nimmt Peter gar nicht wahr.

Doch irgendwann kommt bekanntlich alles zu einem Ende: Peter hat nach wenigen Minuten feinster Recherche herausgefunden, dass er bis zur Station Holborn fahren muss – und die liegt in der Tarifzone 1, wie der Tower Hill auch. Die Schlange hinter ihm atmet erleichtert auf.

Mit seinem scheckkartengroßen Pappticket in der Hand macht sich Peter schließlich auf in Richtung Bahnsteig. Und das ist leichter als gedacht: Er lässt sich einfach von der Menge treiben und landet so unweigerlich vor einer Absperrung aus einer Reihe flacher, mauerähnlicher Kästen, zwischen denen jeweils zwei schmale Flügeltüren hängen. Peter begreift: In einen Schlitz am rechten Ende muss er sein Ticket stecken, um die Absperrung zu öffnen. Hinter ihm bildet sich erneut eine kleine Schlange, als er überlegt, wie herum er seine Fahrkarte denn nun in den Schlitz stecken muss. Er macht es dem Herrn nach, der gerade neben ihm durch die Absperrung tritt – Schrift nach oben. Die Flügeltüren öffnen sich, Peter tritt hindurch und zwar schnellen Schrittes, denn unmittelbar hinter sich vernimmt er bereits das Schließgeräusch der Absperrung.

Geschafft! Über nicht gerade kurze Wege hangelt sich Peter zum Bahnsteig vor – um beim Einfahren der U-Bahn erst einmal reflexartig einen Schritt zurückzusetzen: Der Zug fährt mit einer Geschwindigkeit in die Station ein, die der öffentliche Nahverkehr in seiner Heimatstadt noch nicht mal auf freier Strecke erreicht. Peter steigt ein und hält sich prophylaktisch mit beiden Händen an einer Stange fest. Seine kurzzeitige Sorge, ob er denn wohl den richtigen Zug erwischt habe, zerstreut sich durch eine freundliche Ansage aus dem Lautsprecher: »Dies ist ein District-Line-Zug nach Richmond.« Die Richtung stimmt – das hatte Peter bei seinem Studium des Liniennetzplans herausgefunden. Und auch die übervorsichtige Entscheidung, sich gut festzuhalten, entpuppt sich als durchaus sinnvoll: Im Eiltempo ist der U-Bahn-Zug in der nächsten Station eingetroffen – Monument, Peters Umsteigepunkt.

Er macht sich auf die Suche nach dem Bahnsteig für seine Weiterfahrt. An jenem, an dem er sich gerade befindet, geht es offenbar nicht zum Ziel: Die Zuganzeige unter der Decke listet ausschließlich Züge aus Richtung Tower Hill auf. Also muss es anderswo weitergehen: »*Way Out*«, Ausgang, steht auf einem Schild. Er beschließt, diesen Weg einzuschlagen, bemerkt dann aber doch noch rechtzeitig den kleinen Hinweis auf die Central Line daneben. Und mit dieser Linie muss er ja weiterfahren.

Über Rolltreppen und durch lange, enge Gänge pirscht er sich vorwärts, immer wieder umschauend, ob er nicht etwa doch den falschen Weg genommen hat. Es dauert einige Minuten, bis er sich vor den Bahnsteigen der Central Line wiederfindet – und zwar in einer Station, die da nicht mehr »Monument« heißt, sondern »Bank«*. Peter leuchtet langsam ein: Der Weg hat sich so in die Länge gezogen, weil er offenbar unterirdisch die Station gewechselt hat.

Die Fahrt mit der Central Line dauert länger als die Erste – doch sie ist nicht weniger ruppig: Noch im Geschwindigkeitsrausch bahnt sich Peter in der Station Holborn den Weg Richtung *»Way Out«*. Gang entlang, Rolltreppe hoch, Gang links, Gang rechts – er ist langsam der Ansicht, zusätzlich zum Liniennetzplan sollten die U-Bahn-Betreiber einen Plan für die Labyrinthe ihrer Stationen aushängen. Peter kann es kaum erwarten, wieder Tageslicht zu sehen. Doch etwas trennt ihn noch davon: Oben angekommen steht er erneut vor einer Absperrung wie zu Beginn seiner Reise in der Station Tower Hill. Offenbar benötigt er sein Ticket, um wieder herauszukommen. Clever gemacht, denkt sich Peter. Noch cleverer wäre es gewesen, sich zu merken, wo er seinen Fahrschein aufbewahrt hat. Peter wird nervös. Mit beiden Händen durchsucht er seine Taschen – Fehlanzeige. Außer ein wenig Kleingeld und seinem Mobiltelefon findet er nichts. Und im Rucksack? Nein, den hatte er auf dem gesamten Weg nicht abgenommen. Peter ist verzweifelt: Sein Urlaub dauert zwar noch eine ganze Weile, doch wollte er ihn eigentlich nicht im Londoner U-Bahn-Netz verbringen. Demütig macht er sich

* Die beiden U-Bahn-Stationen *Bank* (benannt nach der Bank von England, die sich darüber befindet) und *Monument* (benannt nach einem Denkmal für das große Feuer von London im Jahr 1666) liegen dicht zusammen und sind miteinander verbunden. Sie gelten offiziell als eine Station mit zwei Namen. Hintergrund ist die Tatsache, dass die einzelnen Strecken in den frühen Jahren der U-Bahn von unterschiedlichen Gesellschaften betrieben wurden, jede mit einer eigenen Schalterhalle.

auf zum Stationsvorsteher, um sich als unwissender Tourist auszugeben ...

Was hat Peter falsch gemacht?

Er hat eines der schwarzfahrerunfreundlichsten U-Bahn-Systeme der Welt genutzt: Wer Zugang zum Londoner U-Bahn-Netz bekommen möchte, muss ihn sich mit einer Fahrkarte oder einer wiederaufladbaren Bezahlkarte *(Oyster Card)* verschaffen. Diese ist auch notwendig, um das U-Bahn-Netz wieder verlassen zu können. Das hat mehrere praktische Nutzen: Zum einen sind in den Zügen keine Kontrolleure notwendig. Zum anderen lässt sich am Ende einer jeden Reise feststellen, ob der Fahrgast für ausreichend viele Tarifzonen bezahlt hat: Das System erkennt, wo er eingestiegen ist und kann so die Summe der durchfahrenen Zonen errechnen.

Geschichte

London Underground ist die älteste U-Bahn der Welt. Sie verfügt mit 402 Kilometern Gleisen über das weltweit längste U-Bahn-Streckennetz, insgesamt 260 Stationen werden derzeit angefahren. Auch der international gebräuchliche Kurzname *Metro* für U-Bahnen hat seinen Ursprung in London: Die erste Linie der Stadt war die sogenannte Metropolitan Line (kurz Metro), die von 1863 an die Kopfbahnhöfe Paddington, Euston, St. Pancras und King's Cross miteinander verband und zunächst an der Station Farringdon endete. Anfangs wurde sie noch mit Dampflokomotiven betrieben – das war möglich, da die heutigen Tunnel damals noch in weiten

Abschnitten nach oben hin offen waren. Erst ein Teilabschnitt der heutigen Northern Line brachte 1890 die Elektrifizierung unter die Erde. 1900 kam es mit Eröffnung der Central Line erstmals zum bis heute etablierten Spitzennamen *Tube*: Die Züge dieser Linie waren die ersten, die durch röhrenförmige Tunnel fuhren (engl. *tube*).

Heute befördert die Londoner U-Bahn täglich bis zu 3,4 Millionen Fahrgäste. Sie wird in Teilen als sogenannte Overground (Hochbahn) weiter ausgebaut. Zudem gibt es in südlichen Vororten von London mit der Tram inzwischen auch ein Straßenbahnnetz.

London Underground gilt als eines der effizientesten Nahverkehrssysteme der Welt. Auf den stark frequentierten Linien fahren die Züge oftmals im Drei-Minuten-Takt, sodass man selten lange warten muss. Dennoch hat das Netz einige gravierende Mankos: Die Stationen sind größtenteils nicht barrierefrei, ältere Menschen sowie solche mit Gehbehinderungen können die U-Bahn oftmals nur mit Mühe nutzen. Zudem sind Stationen im Innenstadtkern mitunter sehr weitläufig, sodass zwischen Eingang und Bahnsteig noch weite Wege zu absolvieren sind. Nachts sind die Stationen geschlossen – die letzten Bahnen fahren meist zwischen 0 und 1 Uhr. Und schließlich gibt es angesichts des in Teilen deutlich über 100 Jahre alten Schienennetzes oftmals Beeinträchtigungen durch Arbeiten an Gleisen und Stationen. Vor allem an Wochenenden muss mit Streckenstilllegungen gerechnet werden – Einzelheiten dazu werden über Plakate in den Schalterhallen bekannt gegeben sowie per Durchsage in den Bahnen und außerdem auf der Homepage von Transport for London (www.tfl.gov.uk).

Unikate

Wohl kaum ein Nahverkehrszeichen ist weltweit so berühmt wie das der Londoner U-Bahn: Der rote Ring mit einem blauen Balken ist seit 1908 Erkennungszeichen der *Tube*. Er wird nicht nur als Logo für das U-Bahn-Netz selbst genutzt, sondern in jeder Station mit dem jeweiligen Namen des Haltepunktes versehen. Zudem nutzt ihn die Londoner Nahverkehrsgesellschaft in unterschiedlichen Farben inzwischen auch für andere Verkehrsmittel wie Busse, Hochbahnen oder Schiffe. Entworfen wurde das Logo von Harold Stabler. Der Typograph Edward Johnston entwickelte 1916 die passende Schrift: Johnston Sans ist noch heute fester Bestandteil des Corporate Designs von Transport for London.

Ebenfalls legendär ist die Durchsage *»Mind the Gap«* (Beachten Sie die Lücke) in den Stationen von London Underground. Sie soll vor einem Spalt zwischen Bahn und Bahnsteig warnen. Ursprünglich wurde sie für die Station Embankment geschaffen, weil der Bahnsteig dort kurvenförmig angelegt ist und sich somit sehr breite Lücken ergeben.

Peter trinkt ein Pint

London, 30. Juli, 19.45 Uhr

Die wahren Probleme des Lebens begegnen einem meist in der Freizeit. Peter steht am Tresen im *George*, einem rustikal eingerichteten *Pub* in Londons Great Portland Street. Und damit auch vor einer der größten Herausforderungen seines Lebens – zumindest beim Blick auf das Bierglas, das der Barkeeper gerade vor ihm auf die Theke gestellt hat. Wie, bitteschön, soll er ein Glas, das bis zum Rand vollgeschenkt ist, gut zehn Meter durch die Kneipe bis zu seinem Platz tragen, ohne etwas zu verschütten? Und wieso hat der junge Barkeeper gerade beim Einschenken auch noch den letzten Rest des Schaums abgegossen, um diesen durch noch mehr Flüssigkeit zu ersetzen? Ein Test? Als Kind machte er so etwas auch, um andere zu ärgern, erinnert sich Peter. Seinem Schulfreund Matthias schenkte er das Colaglas immer randvoll, damit sich dieser erst einmal über den Tisch beugen musste, um mit spitzem Mund etwas abzutrinken. Peter grinste dann wie ein kleiner gelber Smiley und freute sich diebisch.

Peter schaut sich um: Niemand grinst. Es schaut nicht mal irgendjemand in seine Richtung. Die beiden älteren Herren in ihren dunklen Anzügen am Ende der Theke unterhalten sich angeregt über das Fußballspiel vom Vorabend. Manchester United gegen Liverpool FC – eine Spitzenpartie der ewigen

Rivalen. Das ganze Land schien es vor den Fernsehgeräten verfolgt zu haben. Der junge Mann links neben den beiden Geschäftsleuten ist in die *Sun* vertieft – vermutlich in den Sportteil. Etwas anderes solle man in diesem Boulevardblatt gar nicht erst lesen, wurde Peter daheim in Deutschland gewarnt. Und der Barkeeper? Der sammelt inzwischen draußen die leeren Gläser ein, die eine Gruppe junger Leute auf den Fenstersims gestellt hatte. Seit der Einführung des Rauchverbots in öffentlichen Gebäuden und am Arbeitsplatz am 1. Juli 2007 erlebt die Außengastronomie in England geradezu eine Renaissance. Auch wenn sie meist lediglich daraus besteht, dass die Gäste mit ihrem Getränk vor der Tür stehen, um zu rauchen.

Ein Test also? Nein, kein Test, schlussfolgert Peter. Also beugt er sich langsam vor, noch zwei letzte Blicke nach links und rechts vorausgeschickt. Sein Mund nähert sich vorsichtig dem Glas mit dem goldgelben Getränk. Peter hatte einfach ein *»Beer«* bestellt, weil er sich von der Auswahl an fast einem Dutzend Zapfhähnen schlichtweg überfordert gefühlt hatte.

»Lager?«, hatte der Barkeeper einsilbig gefragt. *»Lager«*, hatte Peter geantwortet. So nennen die Briten ihre hellen Biere – egal, ob Pils oder Export. Der Barkeeper hatte eines seiner einfachen Pint-Gläser gegriffen, das traditionelle Maß auf den britischen Inseln, umgerechnet 0,568 Liter Fassungsvermögen und es mit fragendem Blick unter den mittleren vier Zapfhähnen entlang gleiten lassen. Welche Sorte, schien er wortlos wissen zu wollen. Peter lächelte nur und zuckte mit den Schultern. Ihm war die Sorte derart egal, solange er nur endlich sein lang ersehntes Feierabendbier bekommen würde. Schließlich hatte er bereits gut 20 Minuten an einem Tisch gesessen, bis er bemerkte, dass in dieser Kneipe ganz offenkundig nicht be-

dient wird. Jeder Gast holte sich selbst sein Bier vom Tresen – und zahlte dort auch gleich. Jeder im Raum hatte ein Getränk vor sich – nur Peter nicht. Das nervte ihn. Doch nun sollte er endlich am Ziel sein! Denn der Barkeeper hatte die Entscheidung längst für ihn getroffen – er machte Halt unter einem Hahn mit dem Schild »Kronenbourg 1664«.

Peter kannte nun also den Namen seines Herausforderers: Kronenbourg 1664. Das hatte er, erinnert er sich, schon einmal in Frankreich vorgesetzt bekommen. Damals allerdings noch mit Schaumkrone in einem sehr viel handlicheren Glas. Ob es ohne weißes Häubchen genauso schmeckt? Peter wird es gleich erfahren. Seine Lippen setzen an, sein Mund ist im Begriff den ersten Schluck saugartig aufzunehmen – da bemerkt er die junge Dame neben sich. Offenbar wartet sie auf den Barkeeper. Und vertreibt sich die Zeit damit, Peter bei der Getränkeaufnahme zuzuschauen. Er schreckt hoch.

Die junge Frau lächelt. »*Cheers*«, prostet sie zu.

Peter lächelt verlegen zurück: »*Cheers!*« Und er fragt sich: Wieso muss ein simples Feierabendbier bloß so kompliziert sein?

Was hat Peter falsch gemacht?

Bier wird auf den Britischen Inseln traditionell in *Pint*-Gläsern ausgeschenkt – oder in Gläsern mit einem halben *Pint*, sogenannten *Half Pints*. Ein *Pint* entspricht im Vereinigten Königreich, Kanada und in Irland exakt 0,568 Liter. Noch aus alten Zeiten trägt es auch die Bezeichnung »*Imperial Pint*« – anders als in den USA, wo ein *Pint* nur rund 0,473 Liter entspricht und mit *imperial* nichts am Hut hat.

Und das Vereinigte Königreich wäre nicht eine Nation der Traditionen, wenn es nicht andere Regeln für das Messen hätte: Eichstriche findet man auf den britischen Inseln so gut wie nie. Dafür entspricht das Fassungsvermögen eines *Pint*-Glases auch exakt einem *Pint*. Dafür bürgt die aufgedruckte Krone am Glasrand. Im Rahmen der Harmonisierung innerhalb der Europäischen Union müssen die Gläser allerdings inzwischen zusätzlich die Bezeichnung *»Pint«* sowie das »CE«-Verbraucherzeichen tragen.

Wer ein *Pint* verkauft, muss es auch ausschenken. Das führt dazu, dass Barkeeper ein Glas bis zum Rand vollfüllen und dann auf der Theke abstellen. Der Gast zahlt, gibt an der Bar ausdrücklich kein Trinkgeld (das erwartet man in Großbritannien nur für Service am Tisch) und trägt es dann gekonnt zu seinem Platz. Die Kunst besteht darin, das Glas oben anzufassen, um es besser balancieren zu können. Wer will, kann auch direkt am Tresen einen Schluck abtrinken – in diesem Fall aber bitteschön im Stehen, nicht, indem man sich über das Glas beugt wie Peter. Die einfachste Methode, wenn man mit mehreren Leuten anwesend ist: Gemeinsam an die Theke gehen, bestellen, bezahlen und gleich dort gemeinsam den ersten Schluck trinken. Doch Vorsicht: Das in Deutschland übliche Anstoßen mit den Gläsern ist in Großbritannien absolut unüblich. Sagen Sie *»Cheers«* beim ersten Bier (und nur bei dem) – das ist dann aber auch genug der Höflichkeit.

Ale hat Tradition

Dass ein Lagerbier aus Frankreich importiert wird, ist auf der Insel übrigens keine Seltenheit. In Großbritannien gibt es nur wenige Brauereien, die ihr eigenes helles Bier herstellen. Tradition hat auf der Insel eher das »*Real Ale*«, ein rotes obergäriges Bier. Es wird in der Regel ohne Stickstoff und Kohlensäure gezapft, lediglich durch Pumpendruck. Dadurch schmeckt es etwas lasch – und insofern auch nur wenigen Touristen, die oft etwas prickelnderes möchten. Was meist auch kein Problem darstellt: Die Auswahl an *Lager* (auch aus Deutschland) ist inzwischen sehr reichhaltig. In nahezu jedem *Pub* ist zudem Guinness aus Irland erhältlich, ein sogenanntes *Stout*, schwarzbraun, ebenfalls obergärig, gezapft in einer peniblen minutenlangen Prozedur mit Stickstoff, sodass es die typische flache, aber sehr feste Schaumkrone erhält. Guinness ist vor allem eines: weltberühmt. Es wird in mehr als 150 Ländern verkauft und in rund 50 Brauereien rund um den Globus hergestellt. Bekannte weitere Marken sind Murphys (etwas milder) und Beamish (etwas würziger) – beide ebenfalls aus Irland, genau genommen beide sogar aus derselben Stadt: Cork.

Wer sich wie Peter vor dem Verschütten seines Bieres scheut, sollte übrigens durchaus zum *Stout* greifen: Die feste Schaumkrone verhindert auch bei leichtem Wackeln das Überlaufen.

Der Real Ale Trail

Die Londoner Verkehrsbehörde Transport for London (TfL) ehrt das englische Bier in einem praktischen Angebot für Touristen wie Einheimische: Unter dem Namen *Real Ale Trail* hat TfL zwei Touren entlang der Hochbahn Docklands Light Railway ausgearbeitet, die zu besonderen Pubs zwischen den Haltestellen führen. Zu sehen bekommt man unter anderem Gordon Ramseys *Narrow* oder die *Old Brewey* auf dem Campus in Greenwich, in der ein gutes Dutzend Biere vor Ort hergestellt wird. Und das

Praktischste: Man kann selbst entscheiden, wie lange man in welchem Pub bleibt – denn die Touren sind nicht geführt, sondern nur als Anregungen für individuelle Spaziergänge zu verstehen. Alle Adressen und einen interaktiven Plan gibt es im Internet: www.dlrlondon.co.uk/pubTrail.aspx

Britische Maße

1	Pint	=	0,568 l
1	Gallon	=	4,55 l
1	Inch	=	2,54 cm
1	Foot	=	30,48 cm
1	Yard	=	91,44 cm
1	Mile	=	1,6 km
1	Ounce (oz)	=	28,35 g
1	Pound (lb)	=	0,45 kg
1	Ton	=	1.016 kg
0	Grad Celcius	=	32 Grad Fahrenheit
100	Grad Celcius	=	212 Grad Fahrenheit

Peter steht Schlange

London, 31. Juli, 12.22 Uhr

Es muss in der Grundschule gewesen sein, als sich Peter zuletzt derart geschämt hat. Eben wollte er am Hyde Park in einen roten Doppeldeckerbus* steigen, ganz so, wie er es daheim in Deutschland auch immer tut. Die Busse hier mögen anders aussehen, doch der Einsteigevorgang selbst sollte international derselbe sein – dachte sich Peter zumindest. Eine der normalsten Handlungen des Alltags: Der Bus hält, die Türen öffnen sich, der Fahrgast steigt ein. Doch weit gefehlt: Peter übersah, dass sich neben dem Haltestellenwartehäuschen eine recht beachtliche Schlange gebildet hatte. Einer nach dem anderen stieg ordentlich in den Bus ein – bis auf Peter. Der drängelte sich – ohne es selbst zu merken – ein-

* Der *Routemaster* gehört zu London wie die Queen: Die roten Doppeldeckerbusse der britischen Firma *Associated Equipment Company* (AEC) wurden erstmals 1956 eingeführt und mehrfach überarbeitet. Entwickelt wurden sie speziell für *Transport for London*, das Nahverkehrsunternehmen der britischen Hauptstadt. Ursprünglich bestand die Besatzung immer aus einem Fahrer und einem Schaffner. In den siebziger Jahren übernahmen jedoch zunehmend die Fahrer den Fahrscheinverkauf, sodass Personal eingespart werden konnte. Seit 2003 werden die Fahrzeuge nach und nach durch moderne einstöckige Niederflurbusse ersetzt – die Stadt wollte damit den strengeren Auflagen der EU nachkommen – die *Routemaster*-Busse waren beispielsweise nicht behindertengerecht. Es hegte sich starker Protest, sodass sich die Verantwortlichen dazu entschlossen, die Busse wenigstens auf einigen Linien wieder einzusetzen. Der neu gewählte konservative Bürgermeister Boris Johnson versprach zum Amtsantritt 2008 zudem, neue Doppeldeckerbusse in Betrieb zu nehmen. Und er hielt Wort: Seit Anfang 2012 fahren die ersten neuen Dieselhybrid-Modelle durch London. *Routemaster* heißen sie jedoch nur noch inoffiziell. Ihr offizieller Name lautet nun: *New Bus for London* (NB4L)

fach vor. »Entschuldigen Sie, Sir«, hatte ihn eine ältere Dame angefaucht mit einem für eine Engländerin äußerst strengen Gesichtsausdruck. Ungefähr so wie Peters Nachhilfelehrerin in der neunten Klasse, als diese ihn zum wiederholten Mal beim Konjugieren von *»être«* verbesserte.

Die alte Dame an der Bustür sparte sich weitere Worte. Die waren auch nicht mehr notwendig: Der flugs aus seinen Gedanken geweckte Peter sah reflexartig auf und blickte direkt in die überwiegend unerfreuten Gesichter von etwa 15 weiteren wartenden Fahrgästen, die sich anschickten, der Dame an Peter vorbei in den Bus zu folgen. Er ließ sie bereitwillig an sich entlang ziehen, so peinlich war ihm die Tatsache, dass er sich vorgedrängelt hatte. Hätte er einen Sitzplatz gehabt, er wäre für diese alte Dame aufgestanden.

Peter schaut sich noch einmal nach beiden Seiten um, bevor auch er in den Bus steigt – nicht, dass er noch jemanden anderes übersehen hat.

Als er vor dem Busfahrer, einem südeuropäisch aussehenden jungen Mann, steht, um sich seine Fahrkarte zu kaufen, lacht der ihn an: »Das ist England, Kumpel.« Noch einmal tief in die Wunde hinein, das ist ja toll, ärgert sich Peter. Der Fahrer hatte die Szene offenbar von seinem Sitz aus mitverfolgt. Er ahnt Schlimmes: Wahrscheinlich hatte der halbe Bus ihm zugesehen. Peter lächelt den Fahrer an: »Hier hat alles seine Ordnung, ich merk's.«

»Oyster?« Der Fahrer schaut seinen inzwischen erröteten Fahrgast fragend an.

Peter ist irritiert. Essen wollte er jetzt eigentlich nicht, schon gar nicht Austern und erst recht nicht hier im Bus. Er schüttelt freundlich den Kopf: »Nein, danke.«

Der Fahrer drängelt und zeigt mit einer Kopfbewegung nach hinten ins Businnere – wo die meisten Fahrgäste ungeduldig in Peters Richtung sehen. »Wo wollen Sie denn hin?«

Peter versteht: Er hält hier gerade den Betrieb auf. *»Piccadilly Circus«*, sagt er, denn dort will sich Peter in den Rummel des Londoner West End stürzen.

Der Fahrer tippt etwas ein in einen kleinen dunklen Kasten, der neben ihm hängt, da schicbt sich aus der Seite eben dieses Kastens auch schon ein länglicher Papierstreifen. Peter versteht: Der Fetzen stellt seine Fahrkarte dar. Er reißt sie ab und verschwindet ins Innere des Busses – und zwar schneller als gewollt, denn der Fahrer tritt in diesem Moment auch schon wieder aufs Gaspedal. Ja, gibt es denn hier kein ruhig fahrendes Verkehrsmittel?

Piccadilly Circus

Piccadilly Circus dürfte Londons mit Abstand bekanntester Platz sein: Die bunte Leuchtwerbung am Rundbau der Ecke Regent Street/Shaftesbury Avenue ist eines der bekanntesten Fotomotive der britischen Hauptstadt. Am Erosbrunnen (früher Shaftesbury Memorial Fountain) gegenüber treffen sich Tag für Tag Tausende von Touristen. Weil Piccadilly Circus auch einer der Hauptverkehrsknotenpunkte der Londoner Innenstadt ist, tüfteln Verkehrsexperten seit dessen Bestehen an einem ausgefeilten Konzept, um Staus weitestgehend zu vermeiden – bis heute, zumindest zu Stoßzeiten, ohne nennenswerten Erfolg. Der Begriff *»Circus«* hat übrigens nichts mit einem Akrobatenzelt zu tun, sondern bedeutet soviel wie »runder Platz«.

Entstanden ist Piccadilly Circus im Jahr 1819 im Zuge des Baus der Regent Street, einer Prachtmeile zu Ehren des damaligen Prinzregenten und späteren Königs Georg IV. Wie diese wurde auch Piccadilly Circus maßgeblich vom Architekten John Nash entworfen, der zu jener Zeit an zahlreichen Stellen des Vereinigten Königreichs seine Spuren hinterließ – neben anderem mit dem Trafalgar Square und dem Umbau des Buckingham Houses zum Buckingham Palace in London sowie mit dem Royal Pavilion in Brighton.

Piccadilly Circus verbindet heute die Regent Street mit der Shaftesbury Avenue, Coventry Street, Piccadilly und der Seitenstraße Glasshouse Street. Unter dem Platz befindet sich die stark genutzte U-Bahn-Station Piccadilly (Bakerloo-/Piccadilly-Linie).

Oberirdisch hat der Platz mehrfach seine Gestalt verändert. Ursprünglich als mehr oder weniger geschlossenes, rundes Ensemble entworfen, verlor Piccadilly Circus mit dem Bau der Shaftesbury Avenue seine Form. Der Erosbrunnen entstand 1893, wurde jedoch später mehrfach umgesetzt. Auch die Verkehrsführung änderte sich im Laufe der Jahrzehnte des Öfteren – zuletzt 2012 mit den Olympischen Spielen.

Die berühmte Leuchtwerbung darf inzwischen übrigens nur noch an einem Gebäude hängen – bis in die achtziger Jahre hinein prangten die Reklametafeln noch an zahlreichen weiteren Häusern. Dies wurde im Zuge einer Umgestaltung untersagt.

Was hat Peter falsch gemacht?

Das hat er im Grunde ja schon selbst zeitnah bemerkt: Schlange stehen ist das A und O im britischen Alltag und hat dort eine lange Tradition. Bushaltestelle, Postfiliale, *Coffee Shop* – kaum ein öffentlicher Ort, an dem sich der Brite nicht brav einreihen würde, um zum Ziel zu gelangen, immer ganz fair und ohne sich vorzudrängeln. Böse Zungen behaupten: Stellen Sie irgendwo an einem x-beliebigen Ort im Vereinigten Königreich ein Schild auf mit der Aufschrift »Bitte warten« – und wenig später werden Sie eine Schlange von Menschen davor finden.

Schon von klein auf wird dieses Verhalten den Briten eingetrichtert – von den Eltern, in der Schule, im Alltag. Dabei hat sich auf der Insel vor allem in öffentlichen Einrichtungen eine inzwischen auch in Deutschland beliebter werdende Methode etabliert: Es gibt selbst bei mehreren Schaltern (etwa bei der Post) nur eine Schlange. Am Ende verteilt sich derjenige, der an der Reihe ist, an den nächsten freien Mitarbeiter. Dieses Verfahren gilt allgemein als das fairste, und auf Fairness und Höflichkeit kommt es den Briten beim Schlangestehen an. Wer zuerst kommt, mahlt zuerst.

Auch Auswärtige tun gut daran, sich in dieser Tradition anzuschließen – nur so funktioniert das Prinzip. Außerdem sollte es natürlich selbstverständlich sein, sich den Gepflogenheiten eines Landes anzupassen, in dem man seine Zeit verbringt.

Bus fahren mit Papierschnipsel

Bus fahren ist abgesehen davon keine schwierige Angelegenheit in Großbritannien – es sei denn, das Schild an der Bushaltestelle trägt den Zusatz *»Request Stop«* (Stopp auf Nachfrage). Dann muss man den Bus per Handzeichen zum Stoppen auffordern, anderenfalls fährt er weiter. Beim Bezahlverfahren praktizieren die meisten Städte das Prinzip London: Man steigt vorn in den Bus ein und zahlt dort beim Fahrer unter Angabe des Fahrtzieles einen Betrag X. Hat man diesen nicht passend, erhält man Wechselgeld – das ist beispielsweise ein Unterschied zu vielen amerikanischen Städten, in denen Wechselgeld nicht vorgesehen ist. Der Papierschnipsel, den der Fahrer daraufhin ausdruckt, ist tatsächlich die Fahrkarte.

Es gibt aber noch weitere Möglichkeiten: In London etwa erhalten Sie auch sogenannte *Travelcards*, Zeitkarten wahlweise für einen Tag, drei Tage oder eine ganze Woche. Damit kann man während dieser Zeit beliebig oft Busse, U-Bahnen, Hoch- und Straßenbahnen sowie einige Eisenbahnstrecken nutzen. Dabei sollte man aber auf die Tarifzonen achten, für die man die Zeitkarte erworben hat. Denn dabei gibt es Unterschiede, die sich in den Preisen niederschlagen. Zeitkarten bekommt man entweder in den U- und Hochbahn-Stationen, beim Busfahrer oder in einigen Geschäften in London. Andere Städte haben vergleichbare Angebote – es empfiehlt sich, sich rechtzeitig vor Ort zu informieren.

Die Oyster Card

Eine Londoner Besonderheit ist die sogenannte *Oyster Card*. Die hat nichts mit Muscheln zu tun, sondern ist eine blaue Kunststoffkarte mit integriertem Chip, die als Fahrausweis auf Lebenszeit gilt – sofern man sie immer rechtzeitig mit einem Geldbetrag auflädt. Die *Oyster Card* hat jede Menge Vorteile – allen voran den, dass die Fahrten mit ihr günstiger sind als mit einem normalen Fahrschein. Zudem errechnet das Computersystem hinter der Karte stets den individuell günstigsten Preis. Fährt man an einem Tag so oft, dass die Summe der Einzelfahrten teurer ist als eine Tageskarte, wird am Ende auch nur eine Tageskarte berechnet und nicht mehr.

Wichtig ist, die Karte vor Fahrtantritt immer an ein rundes gelbes Lesegerät zu halten. Das findet man in Bussen immer an den Türen. Und dort hält man es auch nur *einmal* an dieses Lesegerät – nicht etwa beim Aussteigen noch einmal. Für *Oyster*-Karten-Inhaber gilt in den Buslinien ein Fixpreis, unabhängig von der Fahrtstrecke.

Anders in den U- und Hochbahnen: Dort muss man bereits an den Stationen quasi ein- und auschecken. In U-Bahn-Stationen muss man in der Regel die Karte schon auf ein Lesegerät halten, um überhaupt Zutritt zu bekommen. Das geht alternativ nur noch mit einem in der Station gekauften Fahrschein. Gleiches gilt für das Aussteigen: Um wieder durch die Absperrung am Ausgang zu gelangen, muss man sie per *Oyster Card* öffnen. Das System erkennt, wo der Fahrgast ein- und ausgestiegen ist, und berechnet automatisch den Fahrpreis je nach durchfahrener Tarifzonen. Vorsicht an Stationen der Docklands Light Railways, der Hochbahn in den und rund um die Docklands sowie das Olympiagelände: Dort gibt es meist keine Absperrungen, sondern man muss seine *Oyster Card* an ein oftmals eher unauffällig platziertes Lesegerät am Start- und Zielbahnhof halten. Was man freilich schnell vergessen kann.

Oyster Cards kann sich jedermann kaufen – auch Touristen, die nicht in England leben. Dazu wählt man dann beim Kauf nicht die Option des automatischen Abbuchens von einem Konto, sondern jene, bei der man ähnlich einer Pre-Paid-Karte fürs Mobiltelefon vorab Guthaben auflädt. Das kann man entweder in den U-Bahn-Stationen an Automaten erledigen oder in zahlreichen Geschäften an der Kasse. Dort erhält man auch die *Oyster Card* selbst gegen einen geringen Betrag, in dem bereits ein kleines Guthaben enthalten ist.

Olympische Spiele in London

Als dreimaliger Austragungsort der Olympischen Spiele ist London unangefochten Spitzenreiter unter den Olympia-Städten der Welt. 1908 war die Sportwelt zum ersten Mal an der Themse zu Gast. Nachdem die ursprünglich in Italien vorgesehenen Olympischen Spiele wegen organisatorischer Mängel und des Ausbruchs des Vesuvs ins Wasser zu fallen drohten, sprang London ein. Die Veranstaltung wurde an die Franco-British Exhibition angegliedert, die ohnehin in diesem Jahr stattfinden sollte. Austragungsort der Olympischen Spiele 1908 war das eigens zu diesem Zweck gebaute White City Stadium (damals noch *The Great Stadium Sheppherd's Bush* genannt). Es wurde 1985 abgerissen, um Platz für einen Neubau des BBC-Fernsehzentrums zu schaffen (BBC White City One). Die Ruderwettkämpfe fanden damals auf der Themse in Henley-on-Thames statt, Tennis wurde in Wimbledon gespielt. Eine Aufteilung, die sich auch bei den Folgeveranstaltungen aufdrängte.

1948 wurde London zum zweiten Mal Austragungsort der Olympischen Spiele – vier Jahre später als vorgesehen, denn die Spiele von 1944 mussten wegen des Zweiten Weltkriegs abgesagt werden. Hauptspielstätte war das damalige Empire Stadium (später Wembley Stadium genannt) im Nordwesten Londons. Auch dieses Stadion wurde inzwischen abgerissen – 2007 wich es einem Neubau, der heute denselben Namen trägt.

Für die Olympischen Spiele 2012 baute die britische Hauptstadt gleich einen ganzen Stadtteil um: Aus dem früheren Industriebezirk Stratford im Osten der Stadt wurde das Olympiagelände mit zahlreichen Sportstätten, dem Olympischen Dorf sowie einer umfangreichen Infrastruktur aus Wohnungen, Büros, Geschäften und zahlreichen neuen Hotels. Eigens für die Spiele entstand auch das Olympia-Stadion.

Die Londoner U-Bahnstation Kensington-Olympia hat übrigens entgegen einem oft kursierenden Irrtum nichts mit den Olympischen Spielen zu tun: Sie ist nach der gleichnamigen Veranstaltungshalle im Stadtteil Hammersmith-Fulham benannt. Die wurde bereits 1886 eröffnet und ist damit älter als Londons Bezug zu den Olympischen Spielen.

Peter wird beobachtet

London, 31. Juli, 14.19 Uhr

Es ist eine der normalsten Begebenheiten der Welt und doch immer wieder aufs Neue lästig. Peter verspürt einen leichten Druck in der Nase. Der Feinstaub des dichten Straßenverkehrs lagert sich über kurz oder lang in den Nasenhöhlen ab. Das hatte er schon in den vergangenen Tagen immer mal wieder bemerkt. Beim Naseputzen färbte sich sein Taschentuch regelrecht gräulich. Nun aber hilft ihm auch kein Taschentuch mehr weiter. Er muss quasi Hand anlegen, auch wenn er das nicht gern tut, schon gar nicht in der Öffentlichkeit wie hier in diesem *Coffee Shop* am nördlichen Ende der Regent Street im Londoner West End. Aber es geht nicht anders. Es befindet sich etwas in seiner Nase, das nun wirklich nicht dorthin gehört. Naja, im Grunde schon, weil es dort entstanden war. Doch es handelt sich um etwas, das Peter in seiner Konzentration einschränkt, weil er ständig versucht, seine Nasenflügel zu bewegen, um den lästigen Fremdkörper zu beseitigen. Der Versuch, sich dessen dezent per Taschentuch zu entledigen ist leider mehrfach fehlgeschlagen.

Peter schaut sich um. Er war eigens in das Untergeschoss des *Coffee Shops* gegangen, weil es ihm oben zu hektisch erschien. Es war eines dieser Cafés, die unter dem Motto »Italien« standen, um sich von der amerikanischen Konkurrenz abzuheben. Doch im Grunde verfolgten sie dasselbe Konzept:

Guter Kaffee auf Espressobasis, der vor allem massenweise im Pappbecher zum Mitnehmen über die Theke gereicht wird. Das führte zu einem regen Betrieb hinter dem Tresen: Die Kaffeemühle mahlte fast ununterbrochen lautstark dunkle Bohnen zu Pulver, aus dem das Personal hinter dem großen dunklen Holztresen die übliche Palette an Großstadtheißgetränken zubereitete: Caffe Latte, Cappuccino, Espresso, Ristretto. Die Schlange vor dem Tresen war lang, die Plätze davor nahezu komplett belegt. Stimmen unterschiedlicher Nationalitäten schienen zu versuchen, gegen den Lärm der Kaffeemühle anzubrüllen. Eine Geräuschkulisse waberte durch den Raum, die Peter geradezu in den Ohren wehtat.

Ganz anders im Untergeschoss*: Nur wenige scheinen bemerkt zu haben, dass es sich hier unten weit weg vom Lärm in Ledersesseln bei einer Tageszeitung bestens entspannen lässt. Leise und unaufdringlich hört man Jazzmusik. Drei Tische neben Peter sitzt eine junge Asiatin mit einem Laptop und tippt ohne Unterbrechung auf ihrer Tastatur herum. Gegenüber hat ein älteres Ehepaar Platz genommen, einen Stapel Zeitungen vor sich auf dem Tisch. Nun sitzen die beiden dort, trinken ihre Cappuccini und blättern sich wortlos durch die Tagespresse. So, als ob sie das tagtäglich an dieser Stelle tun.

Peter ist erleichtert: Niemand scheint sich so recht für ihn zu interessieren. Er kann es also angehen, sein Projekt »Freies Atmen«. Peter dreht sich zur Seite, hebt seinen Zeigefinger

* Aus Platzmangel werden überall in Großbritannien – exzessiv im dicht bebauten London mit seinen exorbitanten Immobilienpreisen – Untergeschosse von Häusern genutzt. In vielen Cafés und Restaurants in Innenstädten sind dort die Sitzplätze untergebracht. Manche Hotels haben etwa ihren Frühstücksraum und Konferenzräume in den Keller gelegt. Einige *Bed-&-Breakfast*-Unterkünfte (wenn auch eine immer geringer werdende Zahl) vermietet sogar Souterrainzimmer – immerhin keine fensterlosen Kellerräume.

und führt ihn langsam zur Nase, noch einen letzten Blick auf die anderen Anwesenden werfend. Nicht, dass sich einer von ihnen nun doch plötzlich dazu entschieden hat, Peter etwas genauer anzusehen. Doch die Luft ist rein. Also setzt Peter seine Bohrung fort und wird auch schnell fündig.

Er ist erleichtert. Ruckartig atmet Peter ein paar Mal ein und wieder aus – frei! Projekt erfolgreich, Feind beseitigt. Naja, nicht ganz. Peter bemerkt, dass er sich des Fremdkörpers noch nicht vollends entledigt hat und bedient sich zu diesem Zweck kurzerhand des Tisches vor ihm: Er schmiert seinen Zeigefinger an der Tischunterkante ab und schaut – sich seiner Schuld und der Tatsache, dass manch einer diesen Endlagerort zurecht für unangebracht halten könnte – reflexartig noch einmal um sich. Das ältere Ehepaar? Er in den Sportteil des *Daily Telegraph* vertieft, sie gerade bei der bunten Wochenendbeilage des *Guardian*. Entwarnung. Die asiatische junge Frau? Tippt und tippt und tippt. Nichts gesehen. Die Kamera schräg oberhalb von Peter? Direkt auf ihn und seinen Tisch gerichtet. Moment, Kamera?

Peter zuckt zusammen. Er hatte sich exakt ins Visier einer Überwachungskamera gesetzt. Hektisch schaut er sich um: In jeder Ecke des Raumes hängt eine solche Kamera, die zusammen nahezu jeden Winkel des Untergeschosses im Blickfeld haben dürften. Irgendein armer Bediensteter hat möglicherweise gerade miterleben dürfen, wie ein deutscher Tourist in der Nase bohrte und dabei Erfolg hatte. Peter schämt sich. Er schickt sich an, mit einem Taschentuch die Tischunterseite zu säubern, und malt sich aus, wie sich das Personal beim Zuschauen vor Ekel vom Bildschirm abgewendet haben wird. Ja, ist er denn hier bei irgendeiner *Reality-Show* im Fernsehen??

Was hat Peter diesmal falsch gemacht?

Er hätte zunächst einmal auf seine Mutter hören sollen: Die wird ihm vermutlich gepredigt haben, dass man nicht in der Nase bohrt. Aber davon abgesehen hätte Peter auch auf ein Schild am Eingang achten können. Dort wird nämlich in der Regel angekündigt, wenn ein Geschäft oder ein Lokal mit Überwachungskameras ausgestattet ist. »*CCTV in operation*«, heißt es dort dann meist, wobei *CCTV* für *Closed-circuit Television* steht (Fernsehen für einen geschlossenen Benutzerkreis). Hinter diesem komplizierten Begriff verbirgt sich nichts anderes als die Überwachung per Kamera. Und die ist im Vereinigten Königreich überaus beliebt. Es gibt kaum einen öffentlichen Platz, der nicht von einer Kamera ins Visier genommen würde. Dasselbe gilt für Bahnhöfe, Flughäfen, Kaufhäuser, größere *Pubs*, *Coffee Shops*, Museen oder Autobahnen.

Während sich Ladenbesitzer mit dieser Technik in erster Linie vor Dieben und Schlimmerem schützen wollen, führten Regierung und Polizei vor allem in den achtziger Jahren stets die Terrorgefahr durch die Irisch-Republikanische Armee (IRA, siehe Kasten) an. Datenschützer warnten dennoch unnachgiebig vor orwellschen Ausmaßen – und blieben auch dabei, als im Sommer 2005 die Attentäter der U-Bahn-Anschläge von London* durch Auswertung der Kameraüberwachung in den U-Bahn-Stationen bereits nach sehr kurzer Zeit ermittelt werden konnten. Für die Behörden galt dieser Fahndungserfolg

* Am 7. Juli 2005 zündeten islamistische Terroristen Sprengsätze in drei Londoner U-Bahnen und in einem Linienbus. 56 Menschen wurden dabei getötet, darunter die vier Täter, rund 700 weitere Menschen teilweise schwer verletzt.

als unschlagbares Argument für *CCTV* – weshalb in den folgenden Jahren massiv in diese Technik investiert wurde. Nach einem Bericht der linksliberalen Tageszeitung *The Guardian* waren in Großbritannien 2008 mehr Überwachungskameras in Betrieb als in jedem anderen europäischen Land. Genaue Zahlen gibt es nach Aussagen des britischen Innenministeriums nicht – doch beruft man sich auch hier auf eine Schätzung von 2002, wonach rund 4,2 Millionen Kameras an öffentlichen Orten im Vereinigten Königreich aktiv sind.

Der Nordirlandkonflikt

Der Nordirlandkonflikt hat die britische Sicherheitspolitik über Jahrzehnte maßgeblich bestimmt – und vor allem den Alltag in der nur 1,7 Millionen Einwohner zählenden Provinz im Norden der irischen Insel. Insgesamt mehr als 3800 Menschen verloren im Zuge der Kämpfe und Anschläge ihr Leben, bevor 1998 mit dem sogenannten Karfreitag-Friedensabkommen das langsame Ende der *Troubles* (Unruhen) eingeläutet wurde. Der Konflikt wird irrtümlicherweise oft als ein Kampf zwischen den unterschiedlichen Konfessionen ausgelegt – doch das ist nicht ganz richtig. Im Kern versuchten proirische Paramilitärs (genannt Nationalisten) mit Gewalt die Vorherrschaft der englischen Krone auch im Norden der irischen Insel zu beenden und so ein vereintes Groß-Irland zu schaffen. Auf der anderen Seite wollten probritische Kämpfer (Loyalisten) den Verbleib im Vereinigten Königreich besiegeln. Dass die Nationalisten traditionell Katholiken waren und die Loyalisten Protestanten, spielte streng genommen nur eine untergeordnete Rolle – doch die Konfliktparteien wurden schnell auf dieses kleine Kriterium reduziert.

Die Vorgeschichte

Es mag absurd erscheinen, aber die Wurzeln des Konflikts reichen zurück bis ins 12. Jahrhundert, als Engländer und Normannen die irische Insel eroberten. Der englische König Heinrich VIII. verschärfte die Situation, indem er sich 1541 auch zum König von Irland ernannte. Er war jener König, der auch den Bruch mit der römisch-katholischen Kirche vollzog und die unabhängige Kirche von England gründete. Ihr gehören noch heute die meisten Briten an. Anfang des 17. Jahrhunderts begann das Königreich, die Provinz Ulster (das heutige Nordirland) zunehmend mit Engländern und Schotten zu besiedeln. Dies gelang vor allem durch Enteignung der früheren irischen Bevölkerung in diesem Gebiet – nur eines von zahlreichen Beispielen für die damals konsequente Unterdrückung der Iren durch die Engländer. Infolgedessen kam es mehrfach zu Aufständen. Einer der bekanntesten ist die Belagerung der nordirischen Stadt Derry durch Iren im Jahr 1689. Die Niederschlagung dieses Aufstands durch Wilhelm von Oranien am 1. Juli 1690 ging als *Battle of the Boyne* (Schlacht an der Boyne) in die Geschichte ein. Noch heute gedenken die probritischen Unionisten in jedem Sommer mit großen Paraden dieser Schlacht. Dies führte vor allem Anfang der neunziger Jahre zu heftigen Ausschreitungen mit katholischen Anwohnern.

Der sogenannte *Act of Union* (Unionsgesetz) besiegelte 1800 die faktisch längst geltende Oberherrschaft der Briten über Irland: Das Dubliner Parlament wurde aufgelöst und Irland vollständig in das Vereinigte Königreich integriert. Die Zufriedenheit der Iren nahm weiter ab, als die Kartoffelpest Mitte des 19. Jahrhunderts zu einer großen Hungerkrise auf der Insel führte. Die Bevölkerung verringerte sich um gut die Hälfte, viele wanderten auf der Suche nach einem besseren Leben nach Nordamerika aus.

Der Politiker Arthur Griffith nahm die Vision eines vereinten, unabhängigen Irland 1905 wieder auf und gründete die Partei Sinn Fein (»Wir selbst«). Mitglieder der Partei besetzten am 24. April 1916 das Hauptpostamt in Dublin und riefen die unabhängige Republik aus, die jedoch zunächst nur kurz existieren sollte: Wenige Tage später schlugen britische Truppen den Osteraufstand blutig nieder. Die Empörung in der Bevölkerung führte dazu, dass Sinn Fein bei den britischen Unterhauswahlen 80 Prozent der Stimmen auf der irischen Insel auf sich vereinen konnte. Die Politiker traten ihr Mandat jedoch nicht an, sondern gründeten ihrerseits in Dublin das irische Parlament, das erneut die unabhängige Republik ausrief.

Es kam zum Guerillakrieg mit England, bei dem die Irisch-Republikanische Armee (IRA) in Erscheinung trat. Mit dem Anglo-Irischen Vertrag wurde 1921 schließlich der irische Freistaat gegründet, der 1948 in der Republik Irland mündete. Die mehrheitlich protestantische Bevölkerung Ulsters wehrte sich jedoch gegen die neue politische Lage. Sie verblieb im Vereinigten Königreich und erhielt in Stormont vor den Toren Belfasts ein eigenes Parlament. Die Verfassungen des Freistaates und der späteren Republik sahen das Ziel eines wiedervereinigten Irlands vor, was im Norden die Besorgnis vor einer Invasion auslöste. Dies führte in den Folgejahren zu einem immer größer werdenden Misstrauen gegenüber dem katholischen proirischen Teil der Bevölkerung, das in erneuter Unterdrückung mündete.

Die Troubles

Mitte der sechziger Jahre verschärfte sich die Situation im Norden der Insel. Die Bürgerrechtsbewegung Northern Ireland Civil-Rights Association (NICRA) forderte seit 1967 die Gleichberechtigung zwischen Katholiken und Protestanten. Ihre Protestmärsche wurden jedoch von der nordirischen Polizei niedergeschlagen. Der IRA, die in der Zwischenzeit den Waffen abgeschworen hatte, wurde von den Nationalisten Versagen vorgeworfen. Infolge dieses internen Streits kam es zur Aufspaltung der Untergrundarmee: Die sogenannte Provisional IRA (Provisorische IRA, PIRA) gründete sich und nahm den bewaffneten Kampf wieder auf. Auf der anderen Seite war längst die Untergrundgruppe Ulster Volunteer Force (UVF) neubelebt worden, um die Unterdrückung der Katholiken zu zementieren.

Weil die nordirische Polizei RUC (Royal Ulster Constabulary) die Lage nicht mehr im Griff zu haben schien, griff Ende der sechziger Jahre die britische Armee ein. Am 30. Januar 1972 erschossen britische Fallschirmjäger bei einer Demonstration in Derry 14 Menschen. Dieser Tag ging als *Bloody Sunday* (Blutiger Sonntag) in die Geschichte ein. Die Gewalt eskalierte. Die PIRA erhielt großen Zulauf, zudem großzügige Spenden von Exiliren aus den USA, und verlagerte ihre Taktik hin zum Guerillakrieg. Das nordirische Parlament wurde aufgelöst und die Provinz wieder vollständig unter Kontrolle der britischen Regierung gestellt.

Der Kampf geriet außer Kontrolle. Nicht nur die PIRA und die britische Armee waren de facto im Krieg, auch zahlreiche weitere kleinere Terrorgruppen auf beiden Seiten beteiligten sich. Die Anschläge waren bald nicht mehr nur auf Nordirland beschränkt – auch in englischen Städten zündete die IRA in den achtziger und neunziger Jahren ihre Bomben.

Der Friedensprozess

Auf beiden Seiten sah man Ende der achtziger Jahre ein, dass ein Ende der Gewalt nicht herbeigebombt werden kann. Offizielle Verhandlungen gestalteten sich jedoch schwierig, weil die konservative britische Regierung unter Premierministerin Margaret Thatcher sich weigerte, Sinn Fein einzubinden. Die Partei wurde als politischer Arm der PIRA angesehen. Es kam zu Geheimgesprächen zwischen den Parteivorsitzenden und hochrangigen Beamten aus England und Irland, die später in offiziellen Friedensverhandlungen mündeten.

Erst unter neuen Regierungen jedoch gelang der Durchbruch: In London machte der Labour-Politiker Tony Blair den Frieden in Nordirland zu einem Wahlversprechen, in Dublin setzte Regierungschef Bertie Ahern alles daran, sich den wirtschaftlichen Aufschwung in der Republik nicht durch die unstabile Lage im Norden der Insel kaputtmachen zu lassen. Und überdies machte US-Präsident Bill Clinton den Frieden in Nordirland zur Chefsache. Unter Vermittlung seines Unterhändlers George Mitchell gelang am 10. April 1998 der Durchbruch: Mit dem sogenannten Karfreitagsabkommen wurde der Grundstein für eine Allparteienregierung in Belfast gelegt und ein Zeitplan für die Entwaffnung der Terrorgruppen festgeschrieben. Die Vorsitzenden der katholischen Sozialdemokraten SDLP und der protestantischen Ulster Unionist Party (UUP), John Hume und David Trimble, erhielten dafür 1998 den Friedensnobelpreis.

Die Normalität hielt aber nicht über Nacht Einzug: Nach Unterzeichnung des Karfreitagsabkommens verübte die sogenannte *Real IRA* (Wahre IRA), eine Splittergruppe der PIRA, den verheerendsten Anschlag des Konflikts: Im Zentrum der kleinen Stadt Omagh starben bei der Explosion einer Autobombe insgesamt 29 Menschen, 220 wurden verletzt. Es folgten zahlreiche politische Krisen und mehrere Wahlen, bei denen schließlich die radikalen Parteien beider Lager, Sinn Fein und DUP, die Mehrheit erlangten. Paradoxerweise kehrte genau damit vermehrt Ruhe und Normalität ein.

Am 28. Juli 2005 erklärte die PIRA ihren bewaffneten Kampf für beendet. Zuvor hatte sie bereits ihre Waffen unter Zeugen vernichtet. Andere paramilitärische Gruppen taten es ihr nach. Die britische Armee beendete ihren Einsatz in Nordirland formell am 30. Juli 2007 – nach 38 Jahren. Trotz einzelner Rückschläge, vor allem in sozialen Brennpunkten, gilt die Provinz heute als friedlich. Eine Grenze zwischen der Republik Irland und dem Norden existiert nur noch auf dem Papier.

Peter entschuldigt sich

London, 1. August, 10.26 Uhr

Es ist einer dieser Tage, an dem das Leben an Peter vorbeizieht. Bei schönstem Sonnenschein schlendert er durch Covent Garden, einem fast mediterran anmutenden Marktplatz in der Londoner Innenstadt.

Zu allen Seiten gehen Wege ab, mal eine Fußgängerzone, mal schmale Straßen mit kleinen, unabhängigen Läden. Peter bleibt bei fast jedem Geschäft stehen und guckt ins Schaufenster. Er liebt solche Augenblicke: Keine Hektik, keine Telefonate, keine Verpflichtungen, einfach nur treiben lassen.

Dass er zu diesem Zeitpunkt und an diesem Ort eine echte Ausnahme darstellt, nimmt Peter gar nicht so recht wahr: Um ihn herum herrscht reger Verkehr. Menschen mit Einkaufstüten drängeln sich an ihm vorbei, Touristen schlängeln sich durch die Masse und bleiben vor allem direkt vor dem Markt stehen, um wie wild die dortigen Straßenkünstler zu fotografieren.

Peter tangiert das alles nicht. Mit einer Seelenruhe schaut er sich beim Herumschlendern die Gebäude und Schaufenster an – »Hans-guck-in-die-Luft« macht Ferien.

Und so kommt es, wie es kommen muss: In Höhe eines kleinen Bekleidungsladens rempelt Peter ungewollt den Verkäufer des Obdachlosenmagazins *Big Issue** an. Das reißt ihn jäh aus seinen Gedanken. Gerade noch hatte er sich über die vielen Rohre gewundert, die oben aus den Schornsteinen ragen – offenbar führt in dieser Stadt aus jeder Wohnung ein eigener Abzug direkt an die Luft. Und nun steht er etwas erschreckt vor dem jungen Herrn, der vielleicht Mitte 20 ist, leidlich verwahrlost, und Peter mit großen Augen anschaut.

»Entschuldigung, Sir.« Peter ist verwirrt: Noch bevor er sich selbst dafür entschuldigen kann, dass er den Herrn beinahe über den Haufen gerannt hätte, tut der dies. Dabei wäre es doch Peter gewesen, der hätte um Verzeihung bitten müssen! Er sucht nach Worten und blickt den Zeitschriftenverkäufer von oben bis unten an. Schließlich bringt er nicht mehr heraus als: »Ja, Entschuldigung. Ich habe geträumt.«

Was für ein seltsames Land, denkt Peter. In der U-Bahn in Frankfurt hatte er neulich jemanden angerempelt, ebenfalls aus Versehen, weil er gerade eine SMS auf seinem Mobiltelefon getippt hatte. Der Herr damals, vielleicht Mitte 50, hatte ihn angefaucht: »Können Sie nicht aufpassen? Nicht so viel mit dem Handy rumspielen, dann bleiben auch die Augen offen, Freundchen!«

Eine Reaktion, die ihm nicht ganz ungewöhnlich vorkam. Peter denkt zurück an die unfreundliche Verkäuferin der Bäckerei, in der er sich jeden Morgen sein Brötchen für die Ar-

* Es gibt sie in vielen britischen Städten – und jeder Menge weiterer auf der ganzen Welt: *Big Issue* (ein Wortspiel, denn *»Issue«* ist sowohl ein Wort für die Ausgabe einer Zeitschrift als auch ein Begriff für »Problem«) wurde 1991 in London gegründet und gilt heute als das international erfolgreichste Obdachlosenmagazin. Jede Woche werden allein in Großbritannien rund 125.000 Exemplare verkauft. Professionelle Journalisten erstellen das Blatt, Obdachlose verkaufen es und können 50 Prozent des Verkaufspreises für sich behalten. Seit 1995 gibt es auch eine Big-Issue-Stiftung, die Obdachlosen weitere Hilfe zuteil kommen lässt.

beit kauft. Schon wenn sie sich an guten Tagen ein »Morgen« herausquält, möchte er sich mir ihr anlegen – denn sie trägt selbst dabei ihre chronische Demotivation provokant vor sich her. Peter geht dennoch jeden Morgen in diese eine Bäckerei, obwohl er noch an ein, zwei weiteren auf dem Weg vorbeikommt. Wahrscheinlich ist er einfach nur vergnügungssüchtig, philosophiert er vor sich hin. Hier hatte er sich vorhin einen *Muffin* in einer Bäckerei gekauft – und die Verkäuferin überschlug sich förmlich vor Freundlichkeit. »Was hätten Sie gern?«, »Kann ich noch etwas für Sie tun?«, »Haben Sie noch einen wundervollen Tag!« – Peter kam gar nicht so schnell mit, wie die Dame ihre Höflichkeiten verteilte. Er überlegt: Ob man die Verkäuferin seiner heimischen Bäckerei vielleicht mal ins Trainingslager nach London schicken sollte?

Was hat Peter denn jetzt wieder falsch gemacht?

Die Faustregel könnte lauten: Immer zweimal öfter entschuldigen als in Deutschland – dann hat man das Normalmaß der Briten erreicht. Auf der Insel ist ein höflicher und respektvoller Umgangston weit verbreitet. Wer angerempelt wird, entschuldigt sich auch mal dafür – schließlich könnte er ja im Weg gestanden haben. Aber natürlich entschuldigt sich auch derjenige, der anrempelt. Und zwar ausgiebig und aufrichtig.

Doch die Höflichkeit geht noch weiter: Absehbare Störungen oder Fragen werden vorsichtig mit einem *»Excuse me«* eingeläutet. Wer bereits gestört hat, entschuldigt sich schleunigst mit einem *»Oh, please excuse me«* oder auch einem *»I am awfully sorry«* – oder, wenn es denn sein muss, auch schlicht mit einem *»Sorry«*.

Die Wortwahl ist im Einzelfall ebenfalls wichtig: Möchte man etwas haben, beispielsweise in einem Geschäft etwas kaufen, kündigt man dies in keinem Fall mit einem *»I want«* an, sondern wählt die freundlichere Variante *»I would like to«*. Zudem ist es dringend angeraten, Worte wie »Bitte« (*»please«*) und »Danke« (*»thank you«*, bei nicht förmlichen Situationen auch mal *»thanks«*) möglichst inflationär zu nutzen. Die Grundregel: lieber einmal zu viel als zu wenig. Bedankt sich jemand für etwas, antwortet man darauf stets mit einem *»You're welcome«* (»Gern geschehen«). In Großbritannien ist das Klassendenken sehr ausgeprägt. Wer auf solche Höflichkeitsformen verzichtet, wird sehr schnell einer eher unteren Schicht zugeordnet, in der ein etwas rüderer Ton herrscht.

Peter feilscht

London, 1. August, 13.22 Uhr

Peter kennt das nur zu gut: Der Urlaub ist fast vorbei, doch am Ende hat man noch kein einziges Mitbringsel erworben – darf aber zu Hause auch nicht mit leeren Händen dastehen. Die Nachbarin, die den Briefkasten geleert hat, erwartet eine Kleinigkeit. Die beste Freundin oder der beste Freund ohnehin. Und dann das Patenkind natürlich. Peter ist jemand, der solche Pflichtaufgaben gern aufschiebt, bis es nicht mehr anders geht. In *Duty-Free*-Läden an Flughäfen ist er Stammkunde, in erster Linie für derlei Geschenke. Doch im Grunde hasst er solche Last-Minute-Aktionen. Und so hat er im Sinne eines stressfreien Urlaubs diesmal bereits auf dem Hinflug damit begonnen, sich über Mitbringsel aus Großbritannien Gedanken zu machen. Wenn auch ohne Erfolg: Die Stewardess kam gleich zu Beginn seiner Überlegungen vorbei und lenkte ihn mit der Frage »Käse- oder Schinkensandwich?« so sehr ab, dass er dann doch nicht mehr über Geschenke und dergleichen nachdachte. Was ihn im Nachhinein ärgerte: Das Schinkensandwich war bei Weitem nicht so lecker, als dass er sich davon hätte ablenken lassen sollen.

So nutzt Peter den heutigen Tag für die Pflichteinkäufe – wo er doch ohnehin schon relativ ziellos durch das Londoner Westend spaziert. Ein Laden mit Souvenirs und Büchern aus Großbritannien hat es ihm angetan. Im Schaufenster steht eine ganze Herde von kleinen Stoffteddys, jeder Einzelne in passender englischer Verkleidung: als Polizist, Palastwächter oder *Beefeater*[*]. Peter überlegt, dass solch ein Bär nicht nur ein perfektes Geschenk für sein fünfjähriges Patenkind Charlotte wäre, sondern auch ein lustiges Mitbringsel für Hannelore. Er beschließt, kurzen Prozess zu machen – dann braucht er sich über die Geschenke in diesem Urlaub keine Gedanken mehr zu machen.

Ein Blick auf das Etikett relativiert Peters Euphorie jedoch: Jeder dieser Stoffteddys kostet 15 Pfund. Da er eben noch daran dachte, auch seiner Lieblingsarbeitskollegin Anke einen davon mitzubringen, würden die Pflichtandenken seine Urlaubskasse mit stolzen 45 Pfund belasten. ›Wahnsinn‹, denkt Peter. Als Diplom-Ökonom hat er eine ungefähre Vorstellung davon, wie viel solch ein in Asien gefertigtes Stofftier im Einkauf kostet – nämlich einen Bruchteil. Und wie hoch die Handelsspanne für solch ein Produkt sein dürfte – nämlich ein Vielfaches der Herstellkosten.

Peter beschließt zu verhandeln. Wenn er drei dieser überteuerten Bären kaufe, sollte sich bei dem Preis doch etwas machen lassen. In seinem Wohnviertel ist er dafür berüchtigt, ständig die Preise drücken zu wollen. Beim Gemüsehändler meckert er stets pro forma schon bei Betreten des Geschäftes über die angeblich alte Ware. Auch wenn die meist gar nicht alt ist. Aber der Gemüsehändler hat dann oft so ein schlech-

* *Beefeater*, eigentlich *Yeomen Warders* genannt, sind seit dem 15. Jahrhundert die Wächter des *Tower* von London. Damit sind sie traditionell auch jene Garde, die die dort aufbewarten britischen Kronjuwelen hütet. Die Herkunft des Namens *Beefeater* ist nicht eindeutig geklärt. Historiker gehen jedoch davon aus, dass die Wächter im Tower früher unter anderem mit Fleisch ausbezahlt wurden, das damals sehr wertvoll war. Heute übernehmen die *Beefeater* im Wesentlichen die Führungen im Tower.

tes Gewissen, dass er Peter noch einen Salatkopf oder eine Ananas gratis dazugibt. Wäre doch gelacht, wenn er hier im hart umkämpften Einzelhandel der Großstadt London nicht auch gelänge.

Peter wendet sich an den Verkäufer hinter der Kasse: »Guten Tag!«

»Guten Tag, Sir.«

»Ich interessiere mich für diese Bären. Wenn ich zwei davon kaufe, bekomme ich dann einen Dritten umsonst dazu?« Dreistheit siegt. Mit dieser Masche ist Peter schon mehr als einmal erfolgreich gewesen, auch wenn ihn das immer auch selbst verwundert hat.

»Entschuldigung?«

»Ich meine, 15 Pfund sind sehr viel für so etwas. Lässt sich da beim Preis noch etwas machen?«

»Das tut mir leid, aber unsere Geschäftspolitik sind feste Preise. Sonderangebote haben wir nur ab und zu, und dann markieren wir die günstigeren Waren auch entsprechend.«

Versuch Nummer eins scheint gescheitert. Aber auch das ist nicht das erste Mal in Peters Feilschkarriere. Deswegen legt er nach: »Und wenn ich noch zehn Postkarten dazu nehme?«

»Entschuldigung, aber wie ich sagte: Wir haben feste Preise in unserem Unternehmen. Tut mir wirklich sehr leid.«

Eine Niederlage, so wie es aussieht. Normalerweise ist Peter ein begnadeter Geschäftsmann. Für seinen Arbeitgeber drückt er mit Hingabe Preise von Zulieferern. Und hier soll er mit seinem Können gescheitert sein? Peter ist verärgert. Er beschließt, die Mitbringsel in einem anderen Geschäft zu kaufen und verabschiedet sich pampig: »Mir tut es auch leid, Sir.«

Was hat Peter falsch gemacht?

Er hat die feine englische Art im Geschäftsleben missachtet. Der britische Einzelhandel liebt Rabattaktionen – doch er möchte in der Regel selbst bestimmen können, wann er welchen Kunden wie viel Nachlass einräumt. Deshalb ist Feilschen im Vereinigten Königreich absolut unüblich. Es gilt sogar als unhöflich. Die weitverbreitete Ansicht lautet: Jedes Produkt oder jede Dienstleistung hat einen Preis X, der ohne Diskussionen zu zahlen ist. Kaum jemand würde auf die Idee kommen, diesen Preis infrage zu stellen.

Die britische Komikergruppe Monty Python hat diese Eigenart in ihrem Film *Das Leben des Brian* wunderbar aufgenommen: Graham Chapman, der den sehr britisch wirkenden Brian spielt, will auf der Flucht vor den Römern auf einem Basar einen falschen Bart kaufen. Der soll 20 Schekel kosten, die Brian in seiner Hektik auch umgehend bezahlen möchte, ohne nach Rabatt zu fragen. Denn seine Verfolger nahen bereits. Doch der Verkäufer dringt darauf, zu feilschen. Brian wehrt sich zunächst, willigt dann aber notgedrungen ein, und sagt: 19 Schekel – bescheiden und in der Hoffnung, nun doch schnell fortzukommen. Der Basarverkäufer aber will richtig feilschen und bringt es ihm bei.

Und da wären wir auch schon beim wesentlichen Unterschied zwischen Großbritannien und einigen südlichen Ländern: Es gibt keine Basare im Vereinigten Königreich, bestenfalls Flohmärkte. Der tägliche Handel verläuft wie allgemein in den meisten Ländern über Geschäfte. Und der weitaus größte Teil dieser Läden gehört zu großen Konzernen wie Debenhams, Boots oder Next. Die geben ihren Filialen in der Regel strenge Preisvorgaben, sodass der Spielraum für Rabatte gleich null ist. Diese Einzelhandelsstruktur führt im Übrigen zu einer gewissen Uniformität der britischen Innenstädte. In jeder größeren Fußgängerzone beziehungsweise jedem größeren Einkaufszentrum haben sich mehr oder weniger dieselben Filialketten niedergelassen. Ob Aberdeen oder Bristol, Belfast oder Cardiff, Birmingham oder Manchester – das Angebot an Waren und Marken ähnelt sich auffallend. Eine inzwischen international nicht seltene Entwicklung.

Peter telefoniert

London, 1. August, 14.50 Uhr

Peter ist noch nicht besonders lang in London, doch er hat schon eine Reihe von Vorteilen der britischen Hauptstadt entdeckt – unter anderem jenen, wonach die staatlichen Museen kein Eintrittsgeld verlangen. Lediglich für Sonderausstellungen ist meist ein Obolus fällig.

Doch so sehr möchte Peter gar nicht in die Tiefe dringen: Heute reicht ihm ein Gang durch die Standardsammlung der National Gallery am Trafalgar Square. Schon das viktorianische Äußere des aus hellem Stein erbauten Gebäudes hat es ihm angetan. Unmittelbar hinter der Nelson-Gedenksäule erhebt sich der mächtige Bau unweit der königlichen Mall, die entlang des St. James' Parks direkt auf den Buckingham Palast führt.

Doch Peter hat sich längst losgeeist vom Anblick der schönen Außenmauern. Im Inneren ist er noch weit mehr beeindruckt – nicht nur von der Architektur, sondern vor allem von der Vielfalt der dort gezeigten Gemälde.

Peter ist bis ins Obergeschoss geschlendert und schaut sich inzwischen die reichhaltige Sammlung an Rembrandts Werken aus dem 17. Jahrhundert an.

Die staatlichen Museen

Viele von ihnen gehören im internationalen Vergleich zu den besten – und die meisten sind für Besucher dennoch kostenlos zu besichtigen: In den staatlichen britischen Museen wurde 2001 das Eintrittsgeld gestrichen, und bis heute wird es nicht wieder erhoben. Deswegen sind in London unter anderem das große British Museum, das Kunstmuseum National Gallery, die Tate Gallery sowie das Victoria and Albert Museum frei besuchbar. Es gibt im ganzen Land inzwischen mehr als 50 Museen, die ebenfalls keinen Eintritt verlangen – bei den sonst in Großbritannien oftmals üblichen Preisen von 10 bis 20 Pfund pro Person eine echte Entlastung für die Urlaubskasse.

Eine vollständige Liste der staatlichen Museen gibt es im Internet unter: www.nationalmuseums.org.uk/free-admission

Vor einem Bild, das Rembrandts Frau Saskia van Uylenburgh zeigt, hält er inne: An irgendwen erinnert ihn die abgebildete Dame. Peter kramt in seinem Gedächtnis. Diese langen roten Haare, dieses moppelige Gesicht – er kommt nicht drauf. Vielleicht eine Arbeitskollegin? Nein, niemand in seiner Abteilung. Vielleicht jemand, den er vom Sehen aus der Kantine kennt? Peter durchlebt in Gedanken einen ganz gewöhnlichen Besuch durch die in seiner Firma vollmundig »Betriebsrestaurant« genannte Etage. Doch nichts. Viele rundliche Gesichter, aber niemand mit roten Haaren. Peter muss passen – es will ihm einfach nicht einfallen. Er wendet sich dem nächsten Bild zu, einem Selbstporträt Rembrandts im Alter von 34 Jahren. Das ist einfach – da steckt auffallend viel von einem chronisch bleichen Kollegen aus Peters Buchhaltung drin. Er vergleicht das barocke Werk mit seinen Erinnerungen: das krause Haar, die roten Wangen, die Ringe unter den Augen, der schrille Klingelton.

Moment – Klingelton? Peter schaut sich um: Irgendwo läutet da ein Mobiltelefon, und zwar in verdächtig geringer Entfernung. Reflexartig fasst er in seine Tasche – und hat Erfolg: Das Klingeln wird lauter, als er sein Handy herausholt. Er hatte sich kürzlich einen neuen Signalton aus dem Internet geladen: Das Geigen-Intro aus Hitchcocks *Psycho* – in einer alles andere als zurückhaltenden Lautstärke zieht er damit immer die Blicke der Anwesenden auf sich. So auch hier im Obergeschoss der National Gallery. Peter grinst in sich hinein und vergisst dabei beinahe, den Anruf entgegenzunehmen. Auf dem Display erscheint Hannelores Name – was für eine Überraschung für Peter. Müsste sie nicht eigentlich gerade arbeiten? Er nimmt das Gespräch mit einem Tastenklick an.

»Peter hier, hallo? ... Wolltest du nicht heute ... ach so, ja ... ja ... ja ... jahaaaa ... nein ... doch, klar ... pass auf ... in der National Gallery ... im Mu-se-um ... ja, sehr schön. Kennst du e... ja ... ach ja ... okay ... ja, mache ich. Danke ... du auch ... Ich melde mich ... ja, versprochen ... Okay, du auch ... tschüss erstmal.«

Peter atmet tief durch. Wenn Hannelore in Fahrt ist, bestimmt sie jedes Gespräch. Und heute scheint so ein Tag zu sein. Eigentlich wollte sie ihm nur sagen, er möge bitte den Käse nicht vergessen, den er ihr mitbringen soll. Den wird er aber schon deswegen nicht vergessen, weil er ohnehin geplant hat, auch für sich ein Stück mitzubringen. *Leicester*, eine Cheddar-ähnliche Sorte, die außerhalb Großbritanniens kaum zu finden ist.

Großbritanniens Käse

Frankreich gilt als Land des Käses – dabei vergisst man meist, dass auch in Großbritannien mehr als 700 Sorten hergestellt werden.

Die Käseplatte mit Crackern gehört auf der Insel zum Digestif wie das abendliche Pint Bier im Pub. Die wohl bekannteste britische Käsesorte ist der *Cheddar*, ein Kuhmilch-Hartkäse, der ursprünglich aus dem gleichnamigen südenglischen Ort stammt und oftmals als Synonym für englischen Käse insgesamt steht – nicht zuletzt, weil er so beliebt ist: Rund die Hälfte des britischen Käseumsatzes macht diese Sorte aus. Nach dem Originalrezept muss *Cheddar* ein Jahr reifen. Heutzutage gibt es aber auch mildere Sorten, die bereits nach zwei oder drei Monaten in den Handel kommen. Hergestellt wird er längst nicht mehr nur in *Cheddar*.

Sorten wie *Gloucester* oder *Red Leicester* werden gern mit *Cheddar* verwechselt: Sie werden auf ähnliche Weise hergestellt, schmecken auch ähnlich, bekommen im Herstellungsprozess jedoch durch die Zugabe von Annatto (Samen des Orleansstrauches) eine orange-gelbliche Farbe. Auch der aus der Zeichentrickfilmreihe *Wallace & Gromit* bekannte Wensleydale ist ein Hartkäse, ebenso *Chester*, der hierzulande gern in Form von Schmelzkäsescheiben angeboten wird.

Die englische Antwort auf Gorgonzola & Co. ist der *Blue Stilton*, ein Blauschimmelkäse. Eine der ältesten britischen Käsesorten ist der *Cheshire*, der aus der Zeit der römischen Besatzung stammen soll.

Eine ordentliche Auswahl an britischen Käsesorten findet man in jedem großen Supermarkt. Wer Wert auf Besonderes legt, sollte einen der traditionellen Käseläden besuchen, etwa den Hoflieferanten Paxton and Whitfield in London (Jermyn Street), der inzwischen auch Filialen in Bath und Statford upon Avon unterhält.

Und für echte Käsefans: In jedem Jahr findet Anfang Mai in Stilton das traditionelle Käserollen statt: Das Team, das als erstes einen Stilton durch den Ort ins Ziel rollt, gewinnt. Kein Witz!

Erschöpft vom Wortschwall, der über ihn hineingebrochen ist, steckt er sein Mobiltelefon wieder in die Tasche und bemerkt noch immer nicht den Museumsmitarbeiter, der sich während des Gesprächs genähert und nun vor Peter postiert hat.

»Entschuldigen Sie, Sir.« Peter zuckt zusammen – wo um Himmels Willen kommt denn der großgewachsene Herr in seiner blauen Uniform plötzlich her? Doch der setzt seine

Ansprache bereits fort: »Dies ist ein Museum. Ich würde Sie bitten, hier keine Mobiltelefone zu nutzen.«

Peter ist entsetzt: Warum soll man in einem Museum nicht telefonieren dürfen? Fallen dann die Bilder von der Wand? Stört man damit religiöse Gefühle? Sind wir im Landeanflug? Peter schüttelt bedächtig seinen Kopf. »Okay, sorry. Wusste ich nicht. Ich schalte es aus.«

Er würde es nicht laut sagen, doch er ist sich ganz sicher: Die Briten mögen *Psycho* nicht ...

Was hat Peter falsch gemacht?

Eine der vielen schönen Errungenschaften von Mobiltelefonen ist der Knopf zum Ausschalten. Und den sollte man auch dann und wann benutzen – vor allem in Großbritannien. Beispielsweise in Museen, Kirchen und Bibliotheken wird es dort ganz und gar nicht gern gesehen, wenn jemand mit dem Handy telefoniert. Am besten verzichtet man dort auch auf einen Vibrationsalarm und schaltet es komplett aus. Gleiches gilt für geschäftliche Zusammenkünfte: In Konferenzen sollte man seine ganze Aufmerksamkeit den anwesenden Personen widmen – nicht dem Telefon. Selbst mit dem Gerät eine Sitzung zu verlassen, weil ein Gespräch eingegangen ist, gilt als überaus unhöflich.

Auch beim Essen mit anderen Personen sollte das Telefon ausgeschaltet sein, erst recht bei Einladungen. Übrigens gilt auch das Tippen von Kurznachrichten während einer Unterhaltung als unhöflich. Das sollte im Grunde auch in Deutschland so sein, doch liegt die Toleranzschwelle in diesem Punkt in Großbritannien noch etwas niedriger.

Telefonieren

Wer sich in Großbritannien am Telefon meldet, tut dies in der Regel ohne Namensnennung. Stattdessen ist nur ein einfaches »*Hello*« üblich, selbst das »*Ja?*« gilt nicht als unhöflich, ein »*Hi*« hingegen schon.

Bei Firmen wird stattdessen der Unternehmensname genannt, teilweise anschließend der Name des entsprechenden Mitarbeiters. Wichtig ist bei geschäftlichen Telefonaten – wie immer in Großbritannien – ein Höchstmaß an Freundlichkeit: Zusätze wie »*Please*« gehören dazu, außerdem das Bemühen, das Anliegen eines Anrufers ernst zu nehmen. Möchte dieser beispielsweise den Kollegen Müller sprechen, der aber nicht am Platz ist, reicht nicht der schlichte Hinweis darauf, dass sich Müller beispielsweise in einer Besprechung befindet. Stattdessen muss ein Lösungsansatz mitgeliefert werden: Darf ich eine Notiz hinterlassen? Kann er Sie zurückrufen? Kann ich versuchen, Ihnen weiterzuhelfen?

Das Land ohne »Handy«

Das Wort »Handy« klingt zwar sehr schön englisch – ist es aber nicht. Spricht man gegenüber einem Briten von diesem Ausdruck, wird er sehr wahrscheinlich nicht verstehen, worum es sich handelt. Das Mobiltelefon ist nämlich auf der Insel (wie in weiten Teilen des englischsprachigen Auslands) ein *mobile* und trägt damit im Grunde eine wesentlich logischere Bezeichnung als im Deutschen. Vorsicht bei Gesprächen mit Amerikanern: Dort heißt das *mobile* nicht so, sondern *cellphone*.

Peter fährt Zug

London, 2. August, 9.45 Uhr

Sich bei acht Millionen Einwohnern in einer Stadt nicht auf die Füße zu treten, ist schon eine hohe Kunst. Peter hat an diesem Morgen bei einem kurzen Resümee am Frühstückstisch den Eindruck, dass er sie nicht so ganz beherrscht. Er weiß nicht, was ihm mehr auf die Nerven geht: Die dichten Menschentrauben im Berufsverkehr oder die Touristenmassen, denen er zunehmend begegnet: Kleingruppen, die bevorzugt nebeneinander auf den Fußwegen gehen, und dies in einer schneckenartigen Geschwindigkeit, sodass andere nicht mehr vorbeikommen.

Gestern hatte Peter den Besuch des Riesenrads *London Eye** wegen der Massen an Besuchern schon im Vorfeld abgebrochen – die Schlange war so lang, dass er gut zwei Stunden hätte anstehen müssen. Wer, fragt er sich noch immer, stellt sich im Urlaub zwei Stunden irgendwo an, nur um Riesenrad fahren zu können? So langsam wäre ein bisschen weniger Trubel angenehm, findet Peter; zumal das Thermometer wieder die 25-Grad-Marke überschritten hat, und London erneut beginnt, sich aufzuheizen. Seine Freundin Hannelore hatte in

* Das *London Eye* ist Europas höchstes Riesenrad. Es misst 135 Meter und steht seit dem Jahr 2000 neben der *County Hall* unweit der *Westminster Bridge* direkt am Südufer der Themse. Seitdem ist es eine der Haupttouristenattraktionen Londons.

einer morgendlichen SMS-Kurznachricht die rettende Idee: »Zuviel Trubel? Fahr ans Meer nach Brighton. Relax! ;-) LG Hanne«. Sehr Witzig, findet Peter zunächst. »Relaxen«, wo die SMS ihn mitten beim Frühstück gestört hat. Doch an sich ist entspannen natürlich ein guter Vorschlag. Also los!

An der Rezeption erfährt Peter, dass es sich bei Brighton um einen Küstenort südlich von London handelt. In gut einer Stunde sei er mit dem Zug erreichbar. »Kann ich mitkommen?«, scherzt die Hotelmitarbeiterin an der Rezeption. Aha, schlussfolgert Peter, Einheimische würden dorthin reisen, also kann es so schlecht nicht sein. Und ein Bad im Meer – das ist ihm die Fahrt allemal wert. Zumal sie nicht weit von seinem Hotel beginnt, wie ihn die Dame an der Rezeption weiter aufklärt: am Bahnhof London Bridge auf der anderen Seite der Themse. Also packt er seine sieben Sachen für einen Tag am Strand. Die Hotelmitarbeiterin will dann aber doch nicht wirklich mitkommen. Obwohl Peter noch scherzt, er nehme ein Handtuch für sie mit.

Erste Hürde Bahnhof: Peter steht vor dem Fahrkartenautomaten an der London Bridge und muss sich erst wieder orientieren: Die Maschine sieht ähnlich aus wie jene in der U-Bahn-Station. Doch das Menü auf dem Touchscreen ist anders. Und wie um Himmels Willen kann er dem Gerät beibringen, dass er gern nach Brighton möchte? Und hieß dieser Ort überhaupt Brighton, zu dem er möchte? Er gleicht sein Gedächtnis vorsichtshalber noch einmal mit Hannelores SMS in seinem Mobiltelefon ab. »Brighton« – da steht es. Also weiter. Nach ein paar Berührungen des Bildschirms hat es Peter geschafft, sein Ziel auszuwählen. Aber was möchte der Automat nun schon wieder? *Single? Return? Off-Peak?*

Peter versteht nur Teile von dem, was der Automat von ihm wissen will – und drückt, was er für das Wahrscheinlichste hält: »*Adult Single: 21 Pfund*«. Ein teurer Spaß, findet er, rechnet dann aber nach, wie weit ihn die heimische Bahn für den Betrag transportieren würde – und relativiert seine Ansicht umgehend wieder. Die Bahn scheint eben nirgends ein wirklich günstiges Transportmittel zu sein. Dafür aber eines mit Atmosphäre: Schon am Bahnsteig genießt Peter die Szenen von wartenden Fahrgästen, von Schienengeräuschen der einfahrenden Züge und schließlich auch von einem Herrn, der von innen die Fensterscheibe einer Zugtür herunterdrückt, um eben jene Tür von außen über einen Griff zu öffnen. Peter fasst es nicht: In diesem Land wurden zahlreiche Errungenschaften der modernen Zivilisation erfunden – und zwar nicht nur die Spielereien des Geheimagenten James Bond. Aber für Zugtüren hat es nicht mehr gereicht?

Der Zug nach Brighton fährt ein – und Peter hat selten im Leben so genau auf die Türen eines Waggons gestarrt. Doch er hat Glück: Der Zug ist zwar alles andere als neuen Datums, doch verfügt er über alle Ausstattungsmerkmale eines zeitgemäßen Verkehrsmittels. Wenn doch nur die Gleise entsprechend auf der Höhe der Zeit wären ... Peter erinnert sich an seine schaukelnde Anreise im Stansted Express, als der Zug den Bahnhof London Bridge verlässt. Die Fahrt nach Brighton scheint nicht gerade komfortabler zu werden. Doch es könnte schlimmer kommen – gleich im ersten Waggon sichtet er eine Handvoll freier Sitzplätze. Er nimmt am Fenster Platz und genießt den Ausblick. Städte mögen von der Schiene aus immer gleich trist aussehen – doch Peter genießt es, einfach den Alltag an sich vorbeirauschen zu lassen. Nirgends, so meint er, kann man besser entspannen als im Zug am Fenster. Er starrt ins Leere und denkt zurück an die ersten Tage in London und die Zeit, die ihm in der Stadt noch bleibt. Auch wenn er heute einen Tag Auszeit nimmt, möchte er doch noch eine Menge anschauen.

Zunächst jedoch möchte jemand anderes etwas sehen: Der Schaffner steht neben Peter und bittet um die Fahrscheine: »*Tickets, please!*« Peter kramt seine Fahrkarte hervor und reicht sie hoch.

»Brighton?«

»Ja, genau«, antwortet Peter freundlich und wahrheitsgemäß.

»Ein schöner Tag für einen Ausflug ans Meer.« Der ältere Schaffner ist offenbar angesichts der wenigen Fahrgäste gesprächig.

»Ja, das hoffe ich«, entgegnet Peter. »Auch wenn es nur für ein paar Stunden ist.«

»Nur für ein paar Stunden? Dann hätten Sie aber einen günstigeren Fahrschein kaufen können!«

Das war es, das Peter nicht hören wollte. Er wusste, dass ihn der Automat überfordert hatte, aber muss er sich nun gleich wieder als Tourist outen?

»Wie meinen Sie?«

Der Schaffner schlägt einen leicht oberlehrerhaften Ton an: »Na, hätten Sie ein *Day-Return-Ticket* genommen, wären Sie für wenig mehr auch wieder zurück nach London gekommen.«

Peter seufzt in sich hinein. Er lebt ohnehin in der Vorstellung, immer und überall über den Tisch gezogen zu werden. Von den Engländern, hatte ihm Hannelore aber versichert, habe er da absolut nichts zu befürchten. Doch bei denen, ärgert sich Peter, braucht man offenbar schon ein Diplom, um eine Fahrkarte zu kaufen.

Was hat Peter falsch gemacht?

Ein Preisvergleich lohnt sich in Großbritannien oft: Nicht nur Flughafenzubringer wie der Stansted Express bieten im Internet oder an Bord auf den Flügen nach Stansted vergünstigte Fahrtkarten an. Es ist auf der Insel heutzutage allgemein üblich, Rabatte zu gewähren, sei es für Frühbucher, Vielkäufer, Späteinkehrer oder einfach nur für Leute, die an einem bestimmten Wochentag einkaufen. Bei öffentlichen Verkehrsmitteln kommt hinzu, dass der Preis pro Fahrt oftmals günstiger wird, wenn man Hin- und Rückweg zusammen bucht statt der Einzelfahrten. Meist wird ein sogenanntes *Open-Return-Ticket* ausgestellt, bei dem man den Zeitpunkt der Rückfahrt selbst bestimmen kann. Manchmal ist es noch günstiger, wenn Hin- und Rückfahrt an einem Tag stattfinden. – »*Day Return*«. Beispiel London–Brighton (Stand Mitte 2012): *Single* rund 21 Pfund, hin und zurück an einem Tag 27,90 Pfund. Beispiel Stansted Express: Einzelfahrt 22,50 Pfund, Hin- und Rückfahrt 31,50 Pfund. Bei Internetbuchungen gibt es noch mal ein Pfund Rabatt pro Strecke, wer das Ticket über die Homepage einer Fluggesellschaft kauft oder direkt an Bord seines Fluges nach Stansted erhält es mitunter noch günstiger.

Gleiches gilt für zahlreiche weitere Zugverbindungen der unterschiedlichen Betreibergesellschaften: Viele gewähren deutliche Rabatte bei rechtzeitiger Buchung über das Internet. Ein nicht unwesentlicher Nebeneffekt ist, dass man dabei in der Regel gleich einen Sitzplatz mitbucht und nicht

Gefahr läuft, stehen zu müssen. Meist kann man sein Ticket sogar vorab aus Deutschland buchen und es dann am Bahnhof über einen Buchungscode am Automaten abrufen. Das zentrale Buchungsportal ist unter der Internet-Adresse www.thetrainline.co.uk erreichbar.

Das Schienennetz

Was die Briten in ihre Flughäfen investieren, sparen sie beim Schienenverkehr ein: Das Eisenbahnnetz auf der Insel ist über Jahrzehnte vernachlässigt worden und gilt inzwischen als dringend sanierungsbedürftig. Von Hochgeschwindigkeitszügen wie dem deutschen ICE oder dem französischen Thalys können die Briten nur träumen. Einzig der Eurostar, der den Londoner Bahnhof St. Pancras durch den Eurotunnel mit Paris und Brüssel verbindet, gilt als schnell, zeitgemäß und verfügt über eine modern ausgebaute eigene Trassenführung. Im übrigen Land sind Dieselloks bis heute keine Seltenheit. Immer wieder kommt es auf den teils maroden Gleisen zu Unglücken.

Das Übel nahm nach Ansicht vieler mit der Privatisierung des einstigen Staatsbetriebs British Rail im Jahr 1994 seinen Lauf. Nachdem die konservative Regierung unter Margaret Thatcher in den achtziger Jahren die Vorbereitungen getroffen hatte, leitete ihr Nachfolger John Major 1994 die Aufteilung des Unternehmens in 100 Einzelfirmen ein – die in den Folgejahren bis 1997 an private Konzerne verkauft wurden. Auch das Schienennetz wurde privatisiert: Fortan kümmerte sich eine Gesellschaft namens Railtrack darum. Oder besser: Sie kümmerte sich nicht, wie sich im Nachhinein zeigte. Offenbar aus Gründen der Gewinnmaximierung vernachlässigte Railtrack die dringend notwendige Sanierung der Schieneninfrastruktur. Doch auch mit dem Gewinn klappte es nicht so wie erhofft, da das wegen zunehmender Zugausfälle und mehrerer Unglücke in Verruf geratene Transportmittel Bahn an Popularität einbüßte. 2001 musste Railtrack Insolvenz anmelden. Ein Jahr später übernahm die öffentlich-rechtliche Network Rail das Schienennetz.

Bis heute hat Großbritannien Nachholbedarf an moderner Zuginfrastruktur. Die Verspätungen im Schienenverkehr haben zwar abgenommen, doch sind teilweise nach wie vor sehr alte Züge im Einsatz – vor allem auf ländlichen Strecken sowie bei Vorortzügen rund um London. Geplant sind hier größere Neuinvestitionen in den nächsten Jahren. Betreiber wie der britische Mischkonzern Virgin hingegen haben schon früh die Marktlücke des zeitgemäßen Zugverkehrs entdeckt. So fährt Virgin Trains auf einzelnen Intercity-Strecken mit durchaus modernen Zügen.

Fahrkarte aufheben

Übrigens gilt auch beim Bahnfahren in Großbritannien, was die U-Bahn in London perfektioniert hat: Nach Ankunft ist oftmals das Zugticket vorzuzeigen, um den Bahnsteig verlassen zu können.

Alternative Bus

Ähnlich wie in den USA und anderen Ländern hat sich der nationale Linienbusverkehr in Großbritannien zu einem ernst zu nehmenden Wettbewerber der Bahn entwickelt. Vor allem das Transportunternehmen National Express hat ein sehr dichtes Netz von Städteverbindungen auf der Insel. Es ging Anfang der siebziger Jahre aus der staatlichen Busgesellschaft hervor. Darüber hinaus gibt es inzwischen zahlreiche Mitbewerber, die auf wichtigen Strecken wie jenen zu großen Flughäfen mit Niedrigpreisen werben. Generell sind Busfahrten in Großbritannien meist günstiger als Bahnreisen auf vergleichbaren Strecken.

Alternative Flugzeug

Großbritannien ist auch flächenmäßig kein sehr kleines Land – was mitunter die Wahl der Verkehrsmittel beeinflussen kann: Um etwa von London nach Edinburgh zu gelangen, müsste man knapp fünf Stunden Zugfahrt einkalkulieren. Wer von London nach Cornwall reisen möchte, sitzt fast noch eine Stunde länger im Zug, da er hierbei auch noch umsteigen muss. Die Alternative für längere Strecken (und vor allem für Ziele auf den zahlreichen Inseln) ist das Flugzeug. Und das ist unter den Briten sehr beliebt, unter anderem wegen der überschaubaren Kosten: In Großbritannien herrscht einer der heftigsten Wettbewerbe unter den Billigfliegern in Europa. Airlines wie Easyjet, Ryanair, FlyBe, Jet2 und Aurigny beugen sich dem Druck und bieten inländische Flüge oder solche nach Irland oftmals zu Dumpingpreisen an. Selbst die altehrwürdige British Airways hat sich längst eingereiht und oftmals recht günstige Tarife im Angebot. Die Faustregel zum Schnäppchenflug gilt hier wie überall auf der Welt: Je eher man bucht, desto günstiger wird es.

Peter und das Dosenbier

Greenwich, 3. August, 23.28 Uhr

Fantastisch, diese Stille. Peter schlendert durch die verlassenen Straßen von Greenwich* und mag nicht glauben, dass er sich nach wie vor in einer Acht-Millionen-Weltstadt befindet. Der Londoner Stadtteil am Südufer der Themse wirkt an diesem Abend ähnlich beschaulich wie eine Kleinstadt irgendwo im nordöstlichen Niedersachsen, kurz nachdem die Bürgersteige hochgeklappt worden sind.

Eigentlich hatte Peter schon längst auf dem Weg in Richtung Südwesten sein wollen – doch zu viel stand noch auf seinem Programm für London, als dass er auf seinen groben Reiseplan hätte pochen wollen. Hannelore hatte ihm am Telefon geraten, eine Nacht hier in Greenwich dranzuhängen. So ist er noch den ganzen Tag durch die Londoner Innenstadt gelaufen, hat das Transport Museum gesehen, den Bahnhof St. Pancras, in dem der Eurostar-Zug endet, das angesagte Gebiet um den Spittalfield Market und vieles mehr.

* *Greenwich*, das »grüne Dorf«, ist ein Stadtteil von London. Er befindet sich am Südufer der Themse, vis-à-vis der *Isle of Dogs*, die einen großen Teil der *Docklands* beinhaltet. Beide Stadtteile sind über einen Fußgängertunnel unter der Themse verbunden (der Abgang befindet sich unter einer Kuppel am Themse-Ufer). *Greenwich* ist bekannt für den Nullmeridian, der durch den Ort verläuft, sowie die *Greenwich Mean Time* (GMT). Die GMT war bis 1928 der Standard für die Weltzeit.

Der Eurotunnel

Eurostar nennt sich der bislang einzige reine Passagierzug, der den Eurotunnel zwischen Frankreich und Großbritannien passieren darf. Er verkehrt zwischen London-St. Pancras und den Bahnhöfen Paris-Gare du Nord sowie Brüssel-Midi – Strecken, die er jeweils in rund zwei Stunden zurücklegt. Daneben verkehrt noch der Autozug *Le Shuttle* durch den Tunnel – er bringt quasi als Fähralternative Fahrzeuge samt Passagieren von Folkestone nach Calais (und zurück). Für diese Strecke benötigt er weniger als 30 Minuten und ist damit die schnellste Möglichkeit, ein Auto von Frankreich nach England zu bringen. Fähren benötigen auf der schnellsten Route zwischen Dover und Calais rund 1,5 Stunden.

Auch andere Betreiber drängen auf den lukrativen Verkehr nach Großbritannien – so plant die Deutsche Bahn beispielsweise, ihrerseits einen ICE durch den Eurotunnel zu schicken. Einen ersten Test hat es 2011 gegeben.

Der Eurotunnel ist der langgehegte, wahr gewordene Traum von einer festen Verbindung zwischen Großbritannien und dem Kontinent. Schon seit dem 18. Jahrhundert hatte es immer wieder Anläufe gegeben, ein solches Projekt zu realisieren. Auf englischer Seite gab es sogar schon einmal den Versuch eines Baus. Doch erst ein länderübergreifender Anlauf im Jahr 1984 führte zum Erfolg: Geplant waren nun zwei voneinander getrennte Tunnelröhren, dazwischen eine kleinere Röhre für Servicefahrzeuge. Die Arbeiten begannen schon drei Jahre später. 1994 wurde der Eurotunnel schließlich eröffnet. Auf 54 Kilometern führt er seitdem durch den Boden zwischen England und Frankreich unter dem Ärmelkanal entlang. Befahren werden darf er ausschließlich von der Eisenbahn – nicht von Autos.

Mit dem Zug war Peter anschließend vom Bahnhof Charing Cross nach Greenwich zurückgefahren – doch so recht wollte er nun doch noch nicht in sein Hotel. Zu schön ist dieser Sommerabend, als dass er ihn gleich auf dem Zimmer beenden möchte. Also hat er sich aufgemacht, um noch ein Bier im *Pub* zu trinken und Leute zu sehen, wenn auch bloß wildfremde.

So langsam findet er Gefallen an dieser Institution. Ein Feierabend-*Pint* in gediegener Atmosphäre – zu Hause geht er eigentlich nie in Kneipen. Hier schon, und das sogar allein.

Doch Peter schwant Böses: Das St. Christopher's Inn in der Greenwich High Road ist bereits verrammelt – und das um halb zwölf. Also schlendert Peter weiter die Straße hinunter, dorthin, wo er das Ufer der Themse und das Zentrum von Greenwich vermutet. Doch von pulsierendem Innenstadtleben keine Spur. Egal ob links oder rechts – zu beiden Seiten sind die Geschäfte, Restaurants und *Pubs* in der High Road dunkel. Einzig in einem Tante-Emma-Laden leuchtet noch Licht. Ein pakistanisch aussehender junger Mann steht hinter dem Schaufenster an der Kasse, Kundschaft scheint er nicht mehr zu haben.

Peter geht weiter Richtung Ufer. An der Abzweigung der Creek Road hört er Lärm. Eine Gruppe steht vor einem Haus und erzählt sich rauchend Witze. Haben sie nicht auch Gläser in der Hand? Peter geht näher und ist erleichtert: Zwei junge Frauen in kurzen Röcken (zu kurzen Röcken angesichts dieser stämmigen Beine, findet Peter) scherzen mit einem jungen Mann in weißem T-Shirt – vor einem *Pub*, in dem auch noch Licht brennt. »*The Gate Clock*« steht über dem Eingang. War ja klar, denkt sich Peter. Greenwich und seine Uhren. Der Nullmeridian verläuft durch diesen Londoner Stadtteil, weshalb er als Namensgeber für die britische Zeitzone fungiert: Greenwich Mean Time, kurz GMT. Der Stadtteil prahlt gern damit und hat sich selbst einen passenden Slogan verpasst: »Wo die Zeit beginnt.«

Höchste Zeit für ein Getränk, findet Peter, egal ob GMT, MEZ oder welche Zeitzone auch immer. Seine Beine tun weh vom langen Laufen, seine Schuhe drücken. Er möchte nur noch zwei Dinge: ein kühles Bier und einen Stuhl. Und dann ein wenig den Gesprächen der anderen Gäste lauschen. An der Eingangstür hängt ein Poster mit Eigenwerbung des *Pubs*: »Temperatur unserer Lagerbiere: Kühle 1 bis 3 Grad Celsius. Garantiert!« Na, wenn das nicht einladend ist, freut sich Peter. Er betritt das Lokal, steuert zielstrebig die lange Theke am Ende des Raumes an und schaut sich im Gehen links und rechts um: Die *»Gate Clock«* scheint ein vergleichsweise großer *Pub* zu sein, viel moderner als er das aus der Londoner Innenstadt kannte. Und viel leerer. Auf den ersten Blick kann Peter nur noch an einem der gut drei Dutzend Tische Gäste entdecken. Viel weiter kommt er mit seinen Beobachtungen auch nicht – der Barkeeper ruft ihm bereits entgegen: »Sorry, Kumpel, wir schließen.«

Kumpel. Weshalb nennen ihn Leute, die sich alles andere als sympathisch verhalten, in diesem Land bloß ständig Kumpel? Ein echter Kumpel würde ihn schließlich noch zu einem Bier einladen. Peter wirft dem Mittzwanziger hinter der Theke einen verächtlichen Blick zu: »Kein Problem, Kumpel.«

Er verlässt den *Pub*, wie er ihn betreten hatte, und hört hinter sich den Barkeeper noch ein *»Cheers*, Kumpel« sagen.

Gestrandet im Zentrum der Spaßlosigkeit. Was kann es Schlimmeres geben, fragt sich Peter, und ist auf dem besten Wege in eine seiner Selbstmitleidphasen, für die ihn seine Exfreundin Tanja immer so gehasst hatte. Da erinnert er sich an den pakistanischen Tante-Emma-Laden. Vor der *»Gate Clock«* schaut er noch einmal auf die antik wirkende Uhr, die am Gebäude des *Pubs* prangt: 23.58 Uhr. Peter schwant erneut Unheil – er macht sich schnellen Schrittes auf zu dem kleinen

Laden, den er auf dem Hinweg gesehen hatte. Ein kühles Flaschenbier sollte es auch tun nach einem Tag wie diesem. Eigentlich findet er so etwas immer ein bisschen unwürdig. Aber was soll's – es ist schließlich Urlaub, denkt sich Peter.

Dem Himmel sei Dank: Als Peter um die Ecke in die High Road einbiegt, kann er erkennen, dass in dem Geschäft noch immer Licht brennt. Zufriedenheit überkommt ihn, als er sich dem Eingang nähert. Durch die Türscheibe kann er erkennen, dass inzwischen offenbar mehr Leute in dem Geschäft sind.

Ein Kunde bezahlt bei dem vorhin bereits erblickten Kassierer. Ein anderer pakistanisch wirkender junger Mann steht innen hinter der Tür. Peter drückt gegen die Klinke – doch die Tür ist verschlossen. Jetzt fuchtelt der junge Mann innen mit den Händen. »Schon geschlossen«, soll das wohl heißen.

›Das merke ich wohl selbst, Kumpel‹, ärgert sich Peter, ohne es aber laut zu sagen. Stattdessen entscheidet er sich spontan für die freundliche Methode: Er setzt sein sympathischstes Lächeln auf und versucht dem Ladeninneren deutlich zu machen, dass er doch nur ein Bier haben möchte, und dann auch auf Nimmerwiedersehen verschwinden würde, um die Herrschaften niemals auch nur im Entferntesten wieder zu solch später Stunde zu stören. Jedenfalls nicht, wenn es sich vermeiden lässt. Die Methode scheint zu funktionieren: Der junge Mann schließt die Tür auf, und lässt den letzten Kunden heraus – stellt sich dann aber direkt vor den Eingang und sagt nun noch einmal, diesmal mit einem leicht unsicheren Gesichtsausdruck: »*Sorry*, schon geschlossen.«

»Bitte, ich möchte doch nur ein Getränk kaufen.« Peter hält an seiner Strategie fest. Der junge Mann ist weiter verunsichert. Er schließt die Tür und wendet sich fragend an den

Kassierer. Sie liefern sich einen kurzen Wortwechsel, den Peter aber akustisch nicht versteht. Dann schließt der Türwächter erneut auf.

»Komm rein, aber beeil dich.« Er zerrt Peter fast in den Laden, der sein Glück kaum fassen kann und instinktiv auf die Kühlregale zusteuert. Er würde jetzt gern einen Preisvergleich starten, wie er das montagmorgens immer in den Lebensmittelprospekten seiner Tageszeitung tut. Doch er schaut nun lieber in Windeseile nach Flaschenbier – entdeckt aber ausschließlich Dosen. Er schnappt sich zwei Stella Artois und zahlt. Bevor er sich versieht, steht er schon wieder vor der Tür, ausgestattet mit einer weißen raschelnden Plastiktüte, in der der Kassierer die beiden Bierdosen verpackt hat.

Peter zieht zurück in Richtung Themse-Ufer. Ein Feierabendbier am Wasser, das ist es, wonach ihm jetzt der Sinn steht.

Die Uferpromenade ist schneller erreicht als gedacht. Eine grüne Kuppel prangt auf einem Backsteinrondell, dahinter erblickt Peter die erleuchtete Skyline der Docklands. Und er ist beeindruckt. Da reisen die Leute immer wegen der viktorianischen Architektur nach London, und hier zeigt sich das komplette Gegenteil: eine amerikanisch anmutende Siedlung von Bankenhochhäusern.

Docklands

Die Londoner Docklands sind ein eigenes Kapitel in der Geschichte der Stadt. Wo sich einst der größte Hafen der Welt befand – zwischen den Stadtteilen Southwark, Newham und Greenwich – existiert heute vermutlich eines der teuersten Wohn- und Finanzzentren der Welt. Die seit den sechziger Jahren immer größer werdenden Containerschiffe konnten in den alten, engen Docks nicht mehr abgefertigt werden. Die Reedereien wichen an die Themsemündung aus – die Londoner Hafengebiete verkamen. Erst als die britische Regierung in den achtziger Jahren eingriff, geriet eine Umgestaltung des Gebietes im großen Stil in Gang: Die von ihr neu gründete London Docklands Development Corporation (LDDC) hatte entscheidenden Anteil daran, dass beispielsweise die Isle of Dogs ihre heutige Funktion als Finanzzentrum bekommen hat. Sie half bei der Planung der Hochbahn Docklands Light Railway, initiierte die Planungen für den City Airport, der sich ebenfalls in den Docklands befindet. Das Prinzip der LDDC war simpel: Land kaufen, dieses entwickeln und anschließend gewinnbringend wieder veräußern. Dafür hatte sie unterschiedliche Instrumente an die Hand bekommen – so war das Gebiet um Canary Wharf beispielsweise von der Grundstückssteuer befreit, was etliche Investoren anlockte.

Heute haben nicht nur große Unternehmen ihren Sitz in diesem Teil Londons – die Gegend um die alten Docks und Kanäle ist auch ein beliebtes Wohnviertel geworden. Alte Lagerhäuser sind hier zu Appartements ausgebaut, neue Gebäude in ähnlichem Stil hinzugekommen.

Inzwischen ist dieser Bereich auch bei Reisenden beliebt: Canary Wharf lockt mit einem unterirdischen Einkaufszentrum, die West India Docks mit einer Reihe von Kneipen und Restaurants. Und rund um Wapping und Limehouse existieren heute schöne Radstrecken – unter anderem zum Olympiagelände, übrigens einem ebenfalls von Grund auf umstrukturierten früheren Industriegebiet (siehe auch Seite 68).

Die Revitalisierung der Londoner Docklands wurde zum Musterbeispiel. Im ganzen Land sind heute brachliegende Hafen- und Industriegebiete nach ähnlichem Muster umstrukturiert worden, etwa in Liverpool, Manchester und Cardiff.

Peter geht an die Brüstung und nimmt auf einer der Bänke Platz, die entlang des Ufers aufgestellt sind. Ein ganzes Stück entfernt hört er ein junges Pärchen lachen. Doch Peter starrt auf die Skyline und öffnet seine erste Bierdose. Ein herrlicher

Sommerabend! Und vergleichsweise günstig: Für eine Bierdose musste er nur 99 *Pence* bezahlen – im *Pub* wär er mehr als das Dreifache losgeworden. Peter nimmt einen großen Schluck des kühlen Getränks und streckt die Beine aus.

»Entschuldigung, Sir.«

Peter schreckt auf. Wer weckt ihn um diese Uhrzeit aus seiner hart erarbeiteten Regenerationsphase? Er dreht sich um. Hinter ihm steht ein Herr in schwarzer Uniform und mit einer schwarzen Mütze – ein Polizist.

»Entschuldigung. Es ist nicht erlaubt, hier Alkohol in der Öffentlichkeit zu trinken.«

Peter erschreckt noch einmal. Er schwankt zwischen spontanem Kniefall, einem Frontalangriff oder energischem Leugnen, je auch nur einen Tropfen Alkohol im Leben angerührt zu haben. Er drückt die Dose ein Stück zusammen, sodass es knackt. Peter lächelt und sagt: »Ich bin Tourist.« Was für Worte. Da bemüht er sich von ganzem Herzen, tagsüber nicht als Auswärtiger aufzufallen, sondern sich ganz dem englischen Leben hinzugeben, und nun rutscht ihm solch ein Satz heraus.

»Das gilt leider auch für Touristen, und auch Touristen können diese Schilder lesen.« Der Polizist, ein kleiner stämmiger Mann, vielleicht Anfang 50, zeigt auf ein weißes Schild an der Laterne: »Alkoholfreie Zone«, steht darauf. Dazu ist symbolhaft ein durchgestrichenes Pintglas abgebildet. Und Peter muss sich sehr anstrengen, um das kleiner Gedruckte darunter lesen zu können: »Maximale Strafe 500 Pfund«.

Peter wird schlagartig munter. Fünfhundert Pfund. Das wäre das teuerste Bier, das er je in seinem Leben getrunken hätte. Noch teurer als das 8,50-Euro-Glas, das man ihm vor ein paar Jahren in Venedig angedreht hatte, weil in der Getränkekarte geschickterweise keine Preise standen. Fünfhundert Pfund. Peter wirft reflexartig die Bierdose in den neben ihm stehenden Papierkorb.

»Entschuldigung, Sir«, sagt er reumütig, »hatte ich nicht gesehen.«

»Nun wissen Sie es fürs nächste Mal.« Der Polizist bäumt sich auf, als wolle er sich selbst sagen: Wieder mal eine gute Tat getan, was bin ich doch für ein Pfundskerl. Dann wünscht er Peter eine gute Nacht. »Soll ein schöner Tag werden morgen, Sie haben Glück.« Er geht weiter.

Peter atmet auf. Das zweite Bier trinkt er im Hotel. Heimlich.

Was hat Peter falsch gemacht?

Grundsätzlich ist es in Großbritannien nicht verboten, in der Öffentlichkeit Alkohol zu konsumieren. Doch viele Städte und Dörfer machen von ihrem Recht Gebrauch, es ihrerseits zu untersagen. So hängen in zig Orten die kleinen weißen Schilder mit dem durchgestrichenen Pintglas – mal ein modernes flaches, mal ein altes bauchiges mit Henkel. Das Ergebnis ist immer dasselbe: Wer erwischt wird, muss im schlimmsten Fall bis zu 500 Pfund Strafe zahlen.

Die Alternative: Viele *Pubs* verfügen angesichts des Rauchverbots in öffentlichen Gebäuden und am Arbeitsplatz inzwischen über Außenbestuhlung. Auf solchen Sitzplätzen darf man nicht nur rauchen, sondern durchaus auch unter freiem Himmel Alkohol trinken. Allerdings muss man sich streng an die vorgegebene Fläche halten – manche *Pubs* haben sie sogar mit Linien auf dem Boden vor ihrem Gebäude markiert.

Die aus dem Ersten Weltkrieg stammende Sperrstunde von 23 Uhr ist zwar inzwischen in ganz Großbritannien gefallen – doch das bedeutet nicht, dass nicht nach wie vor viele *Pubs* und Restaurants um 23 Uhr, spätestens um 0 Uhr schließen. Eine Viertelstunde zuvor werden meist mit einem Gongschlag die sogenannten *»Last Orders«* ausgerufen, die letzten Bestellungen. Sind sie vorbei, wird zwei- bis dreimal hintereinander gegongt, und fortan nichts mehr ausgeschenkt. Gäste haben dann meist noch eine Viertelstunde Zeit, um ihre Gläser zu leeren.

Ähnliches gilt für Geschäfte: Sie verfügen oft über Lizenzen, um bis zu einer bestimmten Uhrzeit Alkohol zu verkaufen. Werden sie danach dabei erwischt, droht ihnen eine Strafe. Deswegen achten Einzelhändler meist penibel darauf, dass sie nach Ablauf dieser Zeit auch wirklich ihre Türen schließen.

Überall Kumpel

Und man sollte sich nicht wundern, wenn einen mal jemand *»Mate«* (Kumpel) nennt. Das ist eine in Großbritannien durchaus übliche Form des Zusatzes zu einer persönlichen Ansprache und alles andere als böse gemeint. Nicht begegnen wird man diesem Zusatz in der Regel bei geschäftlichen oder offiziellen Begegnungen. Und vor allem sollte man hüten, ihn selbst zu solchen Anlässen zu benutzen.

Peter fährt Auto

London, 4. August, 10.31 Uhr

Das soll er nun also sein, Peters Partner für die nächsten zwei Wochen: ein kleiner silberner Wagen asiatischer Bauart. Peter schleicht auf dem Parkplatz der Autovermietung um das putzige Gefährt herum: vier Räder, zwei Türen, ein Dieselmotor, ein angesichts der geringen Größe kaum wahrnehmbarer Kofferraum, eine einfache Klimaanlage, Zentralverriegelung, ein Lenkrad. Ein Lenkrad? Ja, aber nicht dort, wo man es üblicherweise vermuten würde – sondern auf der anderen Seite des Wagens, nämlich rechts. Verkehr links, Lenkrad rechts. Logische Sache, denkt sich Peter. Dennoch ist es ungewohnt für ihn, als Fahrer auf der rechten Seite ins Auto zu steigen. Das merkt er unter anderem, als er sich reflexartig nach links dreht, um den Sicherheitsgurt zu greifen. Denn da fasst Peter ins Leere – der Gurt befindet sich selbstverständlich ebenfalls auf der anderen Seite. Er patscht sich mit der Hand selbst auf die Stirn: logisch!

Wie ein Fahrschüler am ersten Tag hinter dem Lenkrad erkundet Peter neugierig sein neues vierrädriges Gefährt: Rückspiegel? Vorhanden. Gangschaltung? In der Mitte, wo sie hingehört. Aber Moment: Wenn er nun rechts statt links sitzt, muss er ja mit links statt rechts schalten. Peter schwant Böses: Sind die Fußpedale etwa auch vertauscht? Er tritt vorsichtig das linke Pedal. Lässt sich schwer durchdrücken, der

Gang lässt sich anschließend ohne jede Rückmeldung des Getriebes herausnehmen. Glück gehabt – alles wie gewohnt! Peter verbucht einen Teilsieg für sich.

Das Gepäck ist verstaut, das Navigationsgerät an der Windschutzscheibe befestigt – es kann losgehen. »Bitte schalten Sie alle elektronischen Geräte zum Start ab und befestigen Sie die Sicherheitsgurte«, murmelt Peter in sich hinein und startet den Motor. Er legt den Gang ein, lässt die Kupplung kommen, drückt das Gaspedal leicht durch – und würgt den Motor mit einem Satz ab. Na prima, das geht ja gut los, ärgert er sich. Peter kontrolliert die Schaltung: Dritter statt erster Gang; so kann das ja auch nichts werden.

Zweiter Versuch – erfolgreich. Peter setzt den Wagen in Bewegung und folgt der freundlichen Stimme aus seinem Navigationsgerät quer durch London. Immer streng in Richtung der Autobahn, vorbei unter anderem an einem großen roten Kreis auf der Fahrbahn mit einem weißen »C« im Inneren.

»Verdammt«, flucht Peter. Zu Hause in der Zeitung hatte er vor ein paar Jahren interessiert die Berichte über die Londoner Innenstadtmautzone gelesen, die mit eben diesem Symbol markiert wurde. Und nun befindet er sich offenbar mittendrin. Hohe Strafen drohten, wenn man die Maut nicht bezahle, hatte Peter in Erinnerung. Doch wo soll er bloß bezahlen? Die Fahrbahnmarkierung, ein Schild – das war's. Kein Automat, kein Kassenhäuschen in Sicht. Peter beschließt abzuwarten, und die Augen offenzuhalten. Wenn niemand Geld von ihm verlange, werde er es natürlich auch niemandem aufdrängen.

»An der nächsten Abbiegung links fahren.« Peter gehorcht seiner Navigationsstimme aufs Wort – und landet direkt auf einer mit einem dicken weißen Strich vom Rest der Fahrbahn abgetrennten Spur. Hinter ihm naht ein großer roter Linienbus, etwa 30 Meter vor ihm steht bereits einer an einer Haltestelle. Peter kombiniert: Er ist mitten auf einer Busspur gelandet. Damit dürften Fahrer eines Kleinwagens nirgends auf der Welt gut ankommen.

Peter schaltet den rechten Blinker ein und blickt sich um: Auf der Fahrspur neben ihm zieht sich eine Autoschlange zäh Zentimeter für Zentimeter nach vorn. Also fährt er langsam weiter zwischen den Bussen, in der Hoffnung, dass sich bald neben ihm eine Lücke auftut. Tut sie aber nicht. Peter rollt und rollt – und bemerkt gar nicht die Kamera am Straßenrand, die ihn auf der falschen Spur ins Visier genommen hat.

Endlich: Der Fahrer eines kleinen weißen Opels, der in Großbritannien unter dem Namen Vauxhall über die Straßen rollt, hat ein Einsehen mit Peter: Er lässt ihn rechts einfädeln. Gerade rechtzeitig, denn auch das Navigationsgerät meldet sich wieder zu Wort: »Demnächst rechts abbiegen.« Peter schickt sich an, noch eine Spur weiter nach rechts zu kommen, um dem Verlangen seiner kleinen GPS-Begleitung nachzukommen. Er wechselt auf die ganz rechte Spur und sieht nun auch schon ein Hinweisschild auf die Autobahn – nein, er scheint sich sogar schon auf der Autobahn zu befinden: »A4« steht auf einem Hinweis am Straßenrand. Eine Autobahn mit Busspur? Peter schlussfolgert: »A« scheint hierzulande nicht die Bezeichnung einer Autobahn zu sein. Aber wenn dem so ist, sollte er vielleicht nicht so schnell fahren, wie er es gerade im Begriff ist zu tun?

Peter schaut auf den Tachometer vor ihm: knapp 50 Meilen pro Stunde. Er ist nicht ganz im Bilde über die britischen Geschwindigkeitsregelungen, doch er versucht es mit einfacher Kopfrechnung: Eine Meile entspricht rund 1,6 Kilometer; 50 Meilen pro Stunde dürften also demnach etwa 80 Kilometer pro Stunde sein. Peter kombiniert erneut: In Deutschland hätte er innerorts mit dieser Geschwindigkeit ein echtes rechtliches Problem. Und in Großbritannien? Das dürfte er demnächst erfahren – denn kurz vor sich nimmt Peter in diesem Augenblick einen grauen Mast wahr, auf dem ein kleiner viereckiger Kasten montiert ist. Das wird doch nicht …? Peter sieht in den Rückspiegel und hört sich einmal mehr fluchen. Es war ein fest installiertes Geschwindigkeitsmessgerät.

Peter ist ein routinierter Fahrer. Daheim kann ihm keine Großstadt, kein Stau etwas anhaben – doch in diesem Augenblick wünscht er sich zurück in den Zug oder in den Bus. Zu viel gilt es gerade zu beachten, und das noch dazu auf der »falschen« Straßenseite. Das Navigationsgerät zeigt 191 Kilometer bis zum Ziel an, zwei Stunden und 14 Minuten. Peter wünschte sich, er wäre schon dort.

Vauxhall

Vauxhall (benannt nach dem gleichnamigen Londoner Stadtteil) war im 19. Jahrhundert eine Maschinenfabrik, die zu Beginn des 20. Jahrhunderts auch mit der Fahrzeugproduktion begann. 1925 übernahm General Motors das britische Unternehmen, das sich zwischenzeitlich mit Sportwagen einen Namen gemacht hatte. Seit den siebziger Jahren konstruiert Vauxhall (übrigens inzwischen in Luton ansässig) selbst keine Fahrzeuge mehr, sondern übernimmt weitestgehend die Modelle von Opel. Ein eigenes Logo und eine eigene Modellbezeichnung werden dennoch weiter gepflegt.

Was hat Peter falsch gemacht?

Das wird er spätestens in Deutschland feststellen, wenn er eine Batterie von Zahlungsaufforderungen aus seinem Briefkasten fischt: Das Befahren einer Mautzone ohne Maut gezahlt zu haben, das Benutzen einer Busspur in einem PKW sowie Geschwindigkeitsüberschreitungen sind allesamt Vergehen, die die britischen Behörden auch über Ländergrenzen hinweg ahnden. Wer einen Mietwagen nutzt, kommt ohnehin nicht davon: Mietwagenfirmen schicken Strafzettel zum Mieter des Wagens nach Hause weiter – meist zuzüglich einer üppigen Bearbeitungsgebühr. Doch der Reihe nach.

Die Mautzone in London

Die Londoner Innenstadtmaut (*Congestion Charge* genannt, »Verstopfungsgebühr«) gilt für weite Teile der Innenstadt nördlich und südlich der Themse. Gekennzeichnet ist dieses Gebiet durch Schilder und auffällige Fahrbahnbeschriftungen mit dem Maut-Logo, einem weißen »C« auf einem roten Kreis. Die *Congestion Charge* beträgt täglich zehn Pfund (Stand 2012) und wird montags bis freitags von 7 bis 18 Uhr erhoben, nicht aber an Wochenenden oder Feiertagen. Bezahlt werden muss sie vorab per Telefon, SMS oder in einem der zahlreichen autorisierten Geschäfte – meist Zeitschriftenläden oder Tankstellen. Das Prinzip ist ausgefeilt, offenbar wenig fehlerträchtig und deswegen auch in anderen Städten weltweit auf großes Interesse gestoßen. Beim Bezahlen muss man sein Kennzeichen registrieren, überwacht wird die Bezahlung vollautomatisch durch Kameras an den Ein-

und Ausfahrtstraßen der Mautzone. Ein Computer gleicht die Kennzeichen der in die Mautzone fahrenden Fahrzeuge mit der Liste der registrierten Kennzeichen ab. Wer nicht gezahlt hat, muss mit empfindlichen Strafen rechnen – wobei die Strafzettel auch nach Deutschland geschickt werden. Wer sein Versäumnis rechtzeitig bemerkt, kann aber noch am nächsten Tag nach Befahren der Mautzone zahlen – gegen einen geringen Aufpreis. Dafür umgeht man so den Strafbefehl.

Der Mautbereich wurde zwischenzeitlich erweitert und wieder verkleinert, sodass er heute (Stand 2012) in etwa zwischen Hyde Park im Westen und Tower Bridge im Osten gilt sowie zwischen dem Bahnhof King's Cross im Norden und der Vauxhall-Bridge im Süden – also zu beiden Seiten der Themse. Die Zone ist deutlich ausgeschildert, in den Einfahrtbereichen ist zudem ein weißes C in einem roten Kreis auf den Asphalt gemalt – das Zeichen der *Congestion Charge*. Weitere Infos unter: www.tfl.gov.uk

Kameras zur Verkehrsüberwachung

Generell finden Briten auch im Straßenverkehr zunehmend Gefallen an Kameraüberwachung mit automatischer Kennzeichenerkennung. Busspuren etwa werden oft auf diese Weise kontrolliert (dort dürfen nur Taxis und Busse fahren, allen anderen, die darauf erwischt werden, droht ein Strafbefehl). Immer öfter gibt es auch Geschwindigkeitsmessungen auf dieser Basis: Kameras erfassen die Kennzeichen an mehreren Punkten einer festgelegten Strecke und ermitteln so die Geschwindigkeit der Fahrzeuge. Es empfiehlt sich, sich an die Geschwindigkeitsbegrenzungen zu halten. Die Strafen können empfindlich sein – der britische Bußgeldkatalog sieht bis zu vierstellige Beträge vor. Die Tempolimits im Einzelnen:

▪ Innerorts	30 mph (48 km/h)
▪ Außerorts	60 mph (96 km/h)
▪ Schnellstraßen	70 mph (112 km/h)
▪ Autobahnen	70 mph (112 km/h)

Traditionell weisen weiße, viereckige Schilder mit einer stilisierten schwarzen, alten Kamera auf Geschwindigkeitsmessungen hin. Die Messgeräte stehen am Straßenrand, sind meist auffallend markiert und blitzen in der Regel von hinten. Es gibt freilich mehr Kameraschilder als Kameras – was aber unter anderem daran liegt, dass diese Geschwindigkeitsmessgeräte in unregelmäßigen Abständen abmontiert und andernorts wieder aufgestellt werden. Die gute alte »Laserpistole« gibt es zusätzlich im Fundus der britischen Polizei. Vor allem in ländlichen Gebieten muss man damit rechnen, dass ein Polizist Autofahrer mit solch einem Gerät beispielsweise am Ortseingang erwartet.

Links fahren

Auch nicht unwichtig: Die Promillegrenze in Großbritannien liegt bei 0,8 (Stand 2012). Und ganz wichtig natürlich: Gefahren wird in Großbritannien links, überholt rechts. Normalerweise gewöhnt man sich schnell daran, da man vor allem in Städten im Grunde immer einem Auto hinterher fährt, und so kaum etwas falsch machen kann. Riskant sind ländliche Gebiete, in denen man auf leeren Straßen fährt. Dort vergessen Linksverkehrneulinge mitunter, welche Seite die Richtige ist. Beim ersten Besuch auf der Insel empfiehlt es sich beispielsweise, am Armaturenbrett einen kleinen Zettel anzubringen: »Links fahren«. Sicher ist sicher.

Rechts vor links gilt theoretisch auch in Großbritannien, praktisch allerdings meist nur im Kreisverkehr. Auf nahezu allen Kreuzungen regeln entweder Schilder oder Fahrbahnmarkierungen die Vorfahrt: Eine doppelte Linie bedeutet stoppen, eine doppelte, gestrichelte unterbrochene Linie langsam heranfahren. Vorsicht: Es gilt nicht links vor rechts!

Die Straßenbezeichnungen

Autobahnen sind wie in Deutschland blau beschildert, jedoch sind sie mit dem Buchstaben »M« (für *Motorway*) markiert, gefolgt von einer Ziffer. Das »A« bei den Straßennamen steht in Großbritannien und Nordirland nicht für Autobahn, sondern für *»A Road«*, eine Art Bundesstraßen, die wie diese oftmals sehr gut als Schnellstraßen ausgebaut sind. Solche A-Straßen sind mit grünen Schildern gekennzeichnet. Und um die Verwirrung komplett zu machen: Es gibt auch A-Straßen, die zusätzlich den Zusatz »(M)« tragen, also im Grunde einer Autobahn entsprechen, aber nicht als solche geführt werden.

Darüber hinaus gibt es noch *»B Roads«*, die am ehesten den Deutschen Landesstraßen entsprechen – regional wichtig, aber für einen Durchreisenden meist zu vernachlässigen. Streng genommen gibt es noch die Klassifizierungen C-, D-, und U-Straße, die jedoch werden in Karten und auf Schildern nahezu nie so genannt, sondern unterliegen nur einer verwaltungsinternen Klassifizierung.

Im Übrigen kann man unterschiedlicher Auffassung darüber sein, ob man nun zwingend in einem rechtslenkenden Auto sitzen muss, um im britischen Straßenverkehr zu überleben, oder nicht. Im Grunde funktioniert das nämlich auch mit einem Linkslenker vom europäischen Festland sehr gut. Das vermutlich größte Problem dürften jedoch Parkhäuser darstellen – die sind nämlich verständlicherweise für Rechtslenker gebaut worden. Wer nun auf der linken Seite des Autos sitzt und im Parkhaus am Eingang einen Parkschein ziehen möchte, muss zwangsläufig erst einmal aussteigen, um den gewöhnlich auf der rechten Seite stehenden Automaten bedienen zu können. Oder aber sich einen Beifahrer schnappen, der das dann stellvertretend erledigt.

Meilen statt Kilometer

Nicht verwirren lassen von den Verkehrsschildern und Tachometern bei englischen Mietwagen: Entfernungen werden im Vereinigten Königreich nach wie vor in Meilen gemessen. Eine Meile entspricht rund 1,6 Kilometer. Dementsprechend werden auch Geschwindigkeiten (und vor allem Geschwindigkeitsbegrenzungen) in Meilen pro Stunde angegeben.

Peter fährt im Kreis

Swindon, 4. August, 11.53 Uhr

Eine Autonavigation ist eine feine Sache. Glaubte Peter zumindest immer. Man wird sicher von A nach B geleitet, ohne irgendwelche Umwege zu fahren, sofern man sich nicht allzu dumm anstellt. In diesem Augenblick aber erwägt Peter zum ersten Mal, sein mitgebrachtes Navigationsgerät aus dem Fenster zu werfen.

Weil er die Autobahn umgehen wollte, ist er über die Landstraßen in Richtung Bristol unterwegs – auch, um zwischendurch noch einen Abstecher nach Stonehenge zu machen, den alten Steinkreis nördlich von Salisbury, um den sich so viele Mythen ranken. Doch seit gut zehn Minuten leitet ihn die Autonavigation durch einen Kreisel nach dem anderen.

Stonehenge

Er ist so etwas wie ein magischer Anziehungspunkt für jeden Südengland-Reisenden: Stonehenge, der berühmte Steinkreis nördlich von Salisbury an der A344. Vor allem im Sommer fahren Busse voller Touristen vor, sodass es sich empfiehlt, einen Besuch möglichst in die Morgen- oder Abendstunden zu legen (Die Öffnungszeiten sind im Internet zu finden unter: www.english-heritage.org.uk/stonehenge). Dann ist das Licht ohnehin besser, um eines der so beliebten mystisch anmutenden Fotos dieser Weltkulturerbestätte zu machen.

Wofür Stonehenge einmal gebaut worden ist, bleibt Forschern bis heute ein Rätsel. Der Steinkreis könnte ein Tempel gewesen sein, eine Stätte für huldvolle Beerdigungen – oder einfach nur ein großer Kalender. Denn eines ist sicher: Jeweils zur Mittsommernacht und zur Wintersonnenwende scheint die Sonne durch die beiden größten der Steine. Dies dürfte kein Zufall sein.

Genauso wenig wie über die Bedeutung weiß man über den Bau des Steinkreises: Die Megalythanlage ist nach heutigen Vermutungen etwa um 2000 bis 3000 v. Chr. erbaut worden, in mehreren Bauabschnitten. Rekonstruieren konnten Wissenschaftler, dass die Steine aus den Preseli-Bergen stammen, einer mehr als 300 Kilometer entfernten Hügelkette im Südwesten von Wales. Wie die schweren Blöcke zu jener Zeit über eine solch lange Distanz hierher gelangten, bleibt ein Rätsel.

Sehenswert (wenn auch heute nur in rekonstruierter Form zu erleben) ist auch das nahegelegen Woodhenge, eine ursprünglich aus mehreren sich umgebenden Kreisen aus Holzpfosten bestehende Stätte. Beeindruckend ist auch Avebury, ein Ort östlich von Bath, der vom größten Steinkreis der britischen Inseln durchzogen wird. Auch hier ist die Mittellinie auf die Sommersonnenwende ausgerichtet. Die Steine selbst (nicht alle sind heute noch vorhanden) bestehen aus Sandstein der Umgebung. Avebury gehört wie Stonehenge zum Weltkulturerbe *Stonehenge, Avebury and Associated Sites*.

Peter beißt die Zähne zusammen, sobald auch nur der Hauch einer Ansage zu hören ist: »Verlassen Sie den Kreisverkehr an der dritten Ausfahrt«. Immer und immer wieder abbremsen, Rechtsblick, anfahren, Lenkrad drehen, gucken, ausfahren. Peter ist genervt.

Zweimal schon hätte er beinahe Zusammenstöße mit anderen Autos verursacht: Einmal musste er einen Kreisel nutzen, um in die Gegenrichtung fahren zu können, weil er sich im vorhergehenden Kreisverkehr verzählt und eine Ausfahrt zu früh ausgefahren war. Er nahm die linke Spur und wollte ganz herumfahren, nichts ahnend, dass man wie in Deutschland für solche Aktionen die innere Spur nutzt. Kurz vor Ausfahrt Nummer drei musste er ein Hupkonzert über sich ergehen lassen, weil er einem innen fahrenden Wagen so aus Versehen am Verlassen des Kreisels gehindert hatte. Eine halbe Stunde später hatte er sich vor einen Wagen gedrängelt, der dieselbe Ausfahrt auf einer anderen Spur nutzen wollte – doch die Straße, in die diese Ausfahrt mündete, war nur einspurig.

Gleich nach einer Ausfahrt der Autobahn ist er sage und schreibe dreimal um einen gewaltigen Kreisverkehr herum gefahren. Eigentlich hatte er nur eine Pause an der Raststätte machen wollen. Doch dann entpuppte sich die Verkehrsführung als Riesenkreisel, aus dem heraus nur eine sehr unscheinbare Ausfahrt auf die Raststätte führte. *»Services«* stand da zwar auf einem noch kleineren Schild, doch hatte Peter dies bei Durchgang Nummer Eins nicht bewusst wahrgenommen, bei Durchgang Nummer Zwei überlegt, was denn *Services* wohl bedeuten könnte, um dann im dritten Anlauf auszufahren, um zu sehen, dass *Services* offenbar die Bezeichnung der hiesigen Raststätten ist.

Autofahren ist einfach eine hohe Kunst, denkt sich Peter nun, als er auf den gefühlt 100. Kreisverkehr zusteuert. Erst recht, wenn man auf der »falschen« Seite der Straße fährt.

Was hat Peter falsch gemacht?

Britische Verkehrsplaner lieben den Kreisverkehr. Kein Ort, keine Stadt, keine landschaftliche Gegend, in dem oder der man nicht früher oder später auf einen Kreisel (englisch *Roundabout*, ringsherum) stoßen würde. Seit den fünfziger

Jahren des 20. Jahrhunderts wurden diese Verkehrsknotenpunkte im Vereinigten Königreich massiv gebaut. Wissenschaftler hatten damals errechnet, dass ein Kreisel Wartezeit und Unfallaufkommen im Vergleich zu einer herkömmlichen Kreuzung um bis zu 40 Prozent senkt. Das liegt allerdings auch daran, dass es in Großbritannien und Nordirland früher keine festgelegte Vorfahrtsregel an unbeschilderten Kreuzungen gab. Seit 1966 hingegen ist gesetzlich festgeschrieben, dass im Kreisverkehr rechts vor links gilt – also der Verkehr im Kreisel Vorfahrt hat vor dem in den Kreisel einfahrenden.

Eingeführt worden waren die ersten Kreisverkehre in Großbritannien bereits in den zwanziger Jahren. Deren Erfinder, der Amerikaner William Phelps Eno, soll dabei persönlich beratend zur Seite gestanden haben. Der Geschäftsmann zeichnet sich verantwortlich für zahlreiche auch heute noch wichtige Sicherheitsstandards im Straßenverkehr – unter anderem das Stoppschild, die Einbahnstraße und die Verkehrsinsel.

Der Magic Roundabout

Einen der Höhepunkte moderner Verkehrsplanung hat Eno indes nicht mehr erlebt: Der *Magic Roundabout* (Magischer Kreisverkehr) in der südenglischen Stadt Swindon besteht aus fünf einzelnen Kreiseln, die allesamt in einen weiteren großen Kreisverkehr münden. Insgesamt fünf Hauptverkehrsstraßen – neben anderen eine Einfahrtsstraße von der stark befahrenen Ost-West-Autobahn M4 – sowie eine Ein- und Ausfahrt zu einem großen Parkplatz treffen im *Magic Roundabout* aufeinander. Böse Zungen behaupten, mit etwas Ungeschick könne man in diesem Kreisel leicht einen ganzen Tag verbringen.

Der *Magic Roundabout* wurde 1972 in Betrieb genommen. Er ersetzte eine Kreuzung, an der schon damals täglich der Verkehr zum Erliegen gekommen war. In mehreren Umfragen wählten ihn die Briten immer wieder zu einem der schlimmsten Verkehrsknotenpunkte ihres Landes – dennoch räumen auch Kritiker ein, dass der Kreisel den Verkehr besser aufnimmt, als es an dieser Stelle einer Kreuzung möglich wäre. Der Name *Magic Roundabout* entstand in Anlehnung an eine bekannte Kinderfernsehserie aus den sechziger Jahren. Inzwischen ist der Name zur ganz offiziellen Bezeichnung dieses Verkehrsknotenpunkts geworden, der auch auf Verkehrsschildern Verwendung findet. Weitere – kleinere – Versionen gibt es unter anderem in Colchester, High Wycombe und Hemel Hempstead.

Blinken und einfädeln

Beim Befahren eines Kreisverkehrs in Großbritannien gilt es auf einige Dinge Rücksicht zu nehmen – zu allererst natürlich auf den von rechts im Kreisel nahenden Verkehr. Kreisverkehre sind auf den britischen Inseln meist zweispurig. Falls Straßenmarkierungen nichts anderes besagen, richtet man sich an die einfache Regel: Wer den Kreisel um mehr als die Hälfte umrundet, nutzt die innere Spur, alle anderen die äußere. Zudem blinkt man üblicherweise rechts, wenn man den Kreisverkehr um mehr als die Hälfte befährt. Vorsicht beim Ausfahren von Fahrzeugen aus der inneren Spur: In Großbritannien fädelt man sich vor dem Ausfahren in die äußere Spur ein. Das hat vor allem den Zweck, dass man sich nicht ins Gehege kommt, wenn es nach der Ausfahrt einspurig weitergeht.

Services an der Autobahn

Hinter dem Wort *Services* an der Autobahn verbergen sich in der Tat Raststätten sowie auf kleineren *A-Roads* mitunter auch schlicht Tankstellen und Schnellrestaurants. Die größten Betreiber der Autobahnhöfe heißen *Welcome Break*, *Moto* oder *Roadchef*, und sie alle schicken sich an, noch vor der Ausfahrt ihr Angebot anzupreisen. Das besteht immer aus einer Tankstelle und einem Rasthaus, in dem sich meist unterschiedliche Schnellrestaurants mit Rang und Namen versammelt haben. Überwiegend gibt es auch noch ein Motel, einen *Coffee Shop*, ein SB-Restaurant wie an deutschen Raststätten sowie einen kleinen Laden mit Zeitschriften und Reisebedarf. Toiletten sind in Großbritannien generell kostenlos zu nutzen – auch an der Autobahn. Und zumindest dort werden sie üblicherweise auch häufig gereinigt. Sofern der Ansturm zu bewältigen ist, was unter anderem zu Ferienbeginn und an Brückentagwochenenden meist nicht der Fall ist.

Peter im Restaurant

Bristol, 4. August, 19.38 Uhr

Was für eine überflüssige Frage. Peter sieht den Kellner vor ihm mit einer Mischung aus Verwunderung und Verärgerung an. »Ein Tisch für einen?«, hatte der junge Mann wissen wollen, als Peter bereits – allein – auf einen Tisch zusteuerte. »Ja, offensichtlich nur für mich«, pflaumt er ihn nun an, nicht ohne sich demonstrativ nach links und rechts umzusehen, um noch einmal zu unterstreichen, dass er allein gekommen ist.

»Sehr gern.« Der Kellner mit einer hierzulande offenbar modisch ins weiße Hemd gesteckten schwarzen Krawatte begleitet seinen Gast weiter durch das Restaurant – genau an jenen Tisch, den sich Peter ohnehin schon ausgesucht hatte. Der grummelt nun in sich hinein: »Danke, dass wir uns wenigstens einig sind.«

Peter nimmt Platz, und noch bevor er es sich auf seinem Stuhl halbwegs bequem gemacht hat, fragt ihn die Bedienung bereits nach einem Getränkewunsch und hält ihm die Speisekarte unter die Nase. Peter ist überfordert. Eben noch war er bei Sommerhitze durch halb Bristol gelaufen – um dieses Restaurant zu erreichen, musste er sich eine der zahlreichen steil ansteigenden Straßen der südwestlichen Stadt emporhangeln. Und nun kann er noch nicht mal in Ruhe überlegen, wonach ihm eigentlich der Sinn steht. Peter atmet tief ein und aus. »Ein Bier, bitte.« Seine Notlösung. Funktioniert immer.

Bristol

Einst Hafenort mit florierendem Sklavenhandel, inzwischen eine lebendige Stadt mit Schwerpunkten auf Wissenschaft, Kultur und auch Tourismus: Bristol hat sich im Laufe der Jahre radikal gewandelt. Die mit 430.000 Einwohnern größte Stadt im Südwesten Englands lebte jahrelang im Schatten des benachbarten Weltkulturerbes Bath, inzwischen zieht sie selbst Touristen in üppiger Zahl an. Grund sind die Sehenswürdigkeiten, unter anderem das Hafenviertel, der beschauliche Stadtteil Clifton sowie die Clifton Suspension Bridge, eine Hängebrücke über die Schlucht des Avons. Am Hafen ist neben Museen und Cafés ein regelrechtes Partyviertel entstanden. Dabei lag hier vor 20 Jahren noch vieles brach: Weil die Schiffe immer größer wurden und so nicht mehr auf dem Avon in den Hafen von Bristol gelangen konnten, verlor dieser seine Bedeutung. Über Jahrzehnte standen Lagerhäuser leer, verkam die Gegend. Bis sich Investoren nach und nach einzelner Abschnitte annahmen. Bristol ist Sitz zahlreicher Hochschulen, die größte und bedeutendste ist die University of Bristol.

Peter schaut sich um. Das weitläufige Restaurant ist im kolonialen Stil eingerichtet. Holzjalousien hängen vor den hohen Fenstern, an der Decke kreisen Ventilatoren, Tische und Boden sind aus dunklem Holz. Sieht schick aus, beschließt Peter. Ein angenehm temperierter Ort zum Wohlfühlen an einem warmen Tag wie diesem. Die Tische um ihn herum sind besetzt mit jungen, offenbar gut verdienenden Leuten. Peter entdeckt auf den ersten Blick niemanden in zerrissenen Jeans, stattdessen eine Ansammlung durchgestylter, braun gebrannter und sorgenfrei dreinblickender Menschen. Beruflich vermutlich irgendwo zwischen Bank und Werbeagentur angesiedelt, in jedem Fall aber in hoher Position. Was für ein entspanntes Leben die Herrschaften doch führen müssen, denkt sich Peter.

Eine junge Dame kommt an den Tisch und bringt das bestellte Bier. Auch sie in weißem Hemd mit schwarzer Krawatte. Das erinnert Peter an die Speisekarte und an seinen zunehmenden Hunger. Er wagt einen Blick ins Menü. Steak, Fisch, Pasta – neue britische Küche, wie er sie in den vergangenen Tagen schon auf so vielen Speisekarten gesehen hat. Peter wählt das Sirloin-Steak, als Beilage gibt es laut Karte Pommes Frites und wahlweise Salat oder Gemüse. Schon wieder wählen, seufzt Peter. Hannelore hatte ihn vor dem Einheitsgemüse in kleinen Lokalen gewarnt. Dort gebe es meist verkochte Erbsen, bestenfalls angereichert mit verkochten Karotten, hatte sie gesagt. Also Gemüse – Peter stimmt selten mit Hannelores Geschmack überein, wenn es ums Essen geht.

Und er soll recht behalten: Fast 20 Minuten vergehen, bis eine weitere Dame Peter sein flugs bestelltes Steak serviert – samt bissfestem Gemüse und dicken, knackigen Pommes Frites. Peter ist rundum zufrieden. Er stochert mit der Gabel in den Beilagen herum und kann inzwischen verstehen, weshalb die Leute um ihn herum so sorgenfrei aussehen – bei solch einem hervorragenden Essen. Peter lehnt sich entspannt zurück und blickt sich um, als er auf einem Stück Steak herumkaut.

Was für eine angenehme Atmosphäre hier herrscht. Da fällt ihm etwas auf: Niemand um ihn herum stochert mit der Gabel in der rechten Hand in seinen Beilagen herum und kaut zurückgelehnt seine aufgespießten Pommes Frites. Schon seine Mutter hatte ihn ständig darauf hingewiesen, dass er am Esstisch vielleicht nicht auf dem aktuellsten Stand der

Manieren ist. In diesem Restaurant scheinen sich ausschließlich Mütter dieser Art zu befinden: Sehr aufrecht sitzen die Gäste auf ihren Stühlen, die Gabel links, das Messer rechts, und verzehren jeden Bissen Ihrer Speisen in einer entspannten Langsamkeit.

Peter schaut sich um: Hat ihn möglicherweise jemand bei seinem etwas provinziellen Essgewohnheiten beobachtet? Hat nicht den Anschein. Peter ist erleichtert. Er schickt sich an, den Rest auf seinem Teller mit angemessenen Tischmanieren zu verzehren. Selbst den letzten Bissen stopft er vorbildlich in sich hinein.

Peter ist satt wie lange nicht mehr, als das Angebot der Bedienung dankend ausschlägt, doch noch einmal die Dessertkarte vorbeizubringen. »Nur noch die Rechnung, bitte«, lächelt er sie an. Ein Steak, zwei Bier, das sollte zusammen weniger als 30 Pfund kosten, rechnet Peter im Kopf aus, als er die Preise aus der Karte revuepassieren lässt. Er holt sein Portemonnaie aus der Tasche und zählt schon einmal die Scheine ab: eine Zehn- und eine Zwanzig-Pfund-Note. Peter beschließt, als körperliche Wiedergutmachung des üppigen Essens zu Fuß zum Hotel zurückzugehen. Ein Verdauungsspaziergang sollte ihm gut tun, und angesichts der Tatsache, dass es von nun an nur noch bergab geht, auch erträglich sein.

Die Bedienung kommt mit einem kleinen Tablett zurück, darauf ein Zettel und ein kleines Stück Schokolade – Pfefferminzschokolade, wie Peter gleich erkennt, als er sich das Stück einverleibt. Fast beiläufig sieht er auf die Rechnung, als er seine beiden Pfundnoten auf das Tablett legt: 35,20 Pfund. Peter ist irritiert: Wie kann das sein? Hat er sich verrechnet? Reflexartig summiert er noch mal: ein Steak, zwei Bier –

theoretisch noch deutlich unter 30 Pfund. Peter nimmt die Rechnung unter die Lupe: Steak – stimmt; zwei Bier – stimmt auch. Aber mit jeweils 4,95 Pfund sind sie deutlich teurer als in den *Pubs*, in denen Peter bislang eingekehrt war. Und was ist das? 10 Prozent *Service Charge*? Peter ist irritiert. Dass man im Restaurant Trinkgeld gibt, war ihm durchaus bekannt. Aber dass das Restaurant das Trinkgeld gleich selbst zur Rechnung addiert, findet er nun doch ein wenig dreist. Murrend holt Peter sein Portemonnaie wieder hervor und legt den fehlenden Betrag auf das Tablett – passend abgezählt.

Was hat Peter falsch gemacht?

Es ist in Großbritannien üblich, dass Gäste im Restaurant zum Tisch geleitet werden. Oftmals steht am Eingang ein Schild wie *»Please wait to be seated«* (Bitte warten Sie, bis wir Sie platzieren), in besseren Restaurants findet man sich schlicht vor einem Pult wieder, hinter dem meist schon ein Mitarbeiter wartet und fragt, mit wie vielen Personen man eintrifft (*»Table for one/two/three …?«*). Und selbst falls dort niemand steht – es ist unhöflich, dann einfach selbst weiterzugehen, um sich einen Tisch auszusuchen. Stattdessen sollte man besser vorsichtig ins Restaurant schauen, ob dort vielleicht der Concierge gerade andere Aufgaben erledigt.

Ist gerade kein Tisch frei, dürfte man auf eine Warteliste gesetzt und an die Bar geleitetet werden. Dort bekommt man bereits die Speisekarte für einen ersten Überblick gereicht und kann schon mal einen Aperitif trinken. Für manchen Briten ist der Start in der Bar ohnehin die Standardprozedur – ganz gleich, ob nun gleich ein Tisch frei ist oder nicht.

Auf die Haltung kommt es an

Beim eigentlichen Essen ist die Gabelhaltung das A und O auf den britischen Inseln: Mit der Gabel zu schaufeln, wie es in Deutschland mancher praktiziert, ist im Vereinigten Königreich (und im Grunde auch in Irland) absolut verpönt. Stattdessen piekst man alles mit den nach unten zeigenden Gabelspitzen auf und führt die Häppchen langsam zum Mund, in der rechten Hand stets das Messer parat. Die Briten haben diese Art des Speisens perfektioniert: Viele können selbst das letzte Reiskorn eines Tellers noch auf diese Weise zum Mund führen. Manche stapeln dies dann auf die Unterseite der Gabel (die bei dieser Haltung ja nach oben zeigt).

Doch wie auch immer Sie sich dabei schlagen sollten: Verfallen Sie nicht ins Schaufeln. Auch die in den USA weitverbreitete Praxis, große Stücke erst komplett klein zu schneiden, das Messer dann abzulegen und schließlich mit der Gabel in der rechten Hand zu essen, während der linke Arm unter dem Tisch hängt, wird als überaus unhöflich angesehen.

Was das Besteck angeht, gilt zumindest in besseren Restaurants die international übliche Verfahrensweise: Es sollte während des Essens und danach nie wieder den Tisch berühren, sondern ausschließlich auf dem Teller abgelegt werden – über Kreuz, wenn man nur eine Pause machen und anschließend noch weiteressen möchte, diagonal am Tellerrand, wenn man satt und fertig ist, spitz zulaufend, wenn man gern noch einen Nachschlag hätte. Letzteres funktioniert selbstverständlich nur bei solchen Einladungen, bei denen ein Nachschlag vorgesehen ist – dieser Punkt ist dann auch nicht anders als überall auf der Welt.

Die Gebühr auf der Rechnung

Ist das Budget knapp kalkuliert, sollte man unbedingt vor dem Betreten eines Restaurants auf die Preise achten: Vor allem in touristischen Gegenden berechnen Lokale gern eine sogenannte Servicegebühr *(Service Charge)* zwischen zehn und 15 Prozent der Rechnungssumme. Das erspart dann zwar das Trinkgeld, doch wäre dieses eine freiwillige Zahlung gewesen – an der *Service Charge* kommt man dagegen nicht vorbei, sollte sie auf der Rechnung stehen. Als Trinkgeld ist – wie in anderen Ländern auch – rund zehn Prozent der Rechnungssumme üblich, mal mehr, mal weniger, je nach Begeisterung, Qualität und Rechnungssumme. In *Pubs* gibt es kein Trinkgeld, solange man seine Getränke am Tresen holt und bezahlt. In Restaurants zahlt man nach dem Essen zunächst die Rechnungssumme, bekommt das gesamte Restgeld zurück und gibt erst dann Trinkgeld – meist lässt man es einfach auf dem Tisch liegen.

Vorsicht unter anderem bei asiatischen Lokalen: Hier werden oftmals auch solche Bestandteile separat berechnet, die in Deutschland in der Regel inbegriffen sind – etwa Reis oder Brot.

Briten essen abends gern ihre Hauptmahlzeit – dies führt dazu, dass Restaurants dann oftmals voll und ihre Preise entsprechend hoch sind. In diesem Fall auf das kostengünstigere Essen in *Pubs* auszuweichen, klappt nicht oft – traditionell bieten viele *Pubs* Ihre Speisen nur tagsüber an. Abends konzentrieren sie sich auf die Getränke. Es gibt zunehmend Ausnahmen, doch die muss man suchen. Mittags können *Pubs* hingegen eine gute Alternative sein, wenn sie – wie viele Restaurants zu dieser Tageszeit auch – günstige Menüs oder andere Sonderangebote auf der Speisekarte stehen haben.

Peter trinkt Afternoon Tea

Cardiff, 5. August, 16.28 Uhr

Im Grunde hat Peter alles richtig gemacht: Statistisch gesehen gibt es in Cardiff 138 Regentage pro Jahr. Während im Winter auf einen trockenen Tag ein verregneter folgt, liegt das Verhältnis nass zu trocken im Sommer bei 1:2. Wir befinden uns im Juli, und Peter hätte reelle Chancen, die walisische Hauptstadt bei Sonnenschein zu sehen. Doch es hat nicht sein sollen.

In einem Drogeriemarkt hat er sich am Morgen einen kleinen zusammenschiebbaren Regenschirm gekauft. Aber zusammenzuschieben braucht er ihn an diesem Tag gar nicht. Das britische Wetter macht seinem Ruf alle Ehre: Wolke an Wolke zieht am Himmel entlang, und auf dem Straßenpflaster sieht man die Regentropfen unaufhaltsam in die Pfützen prasseln.

Peter ist froh, dass er für heute nicht seinen Ausflug in die walisischen Berge angesetzt hatte. Doch auch eine Innenstadt wäre bei Sonnenschein erträglicher. Der Wind pfeift ihm um die Ohren, als er auf die normannische Burgruine auf dem Gelände vom Cardiff Castle blickt.

Cardiff

Die Hauptstadt von Wales ist mit 340.000 Einwohnern zugleich die mit Abstand größte in diesem Teil Großbritanniens. Lange wurde Wales von vielen für ein Anhängsel Englands gehalten.

Doch es hat zu neuem Selbstbewusstsein gefunden – das zeigt sich vor allem in Cardiff. Hier sitzt die Nationalversammlung, hier ist das Geschäftszentrum. Mit dem Umbau des Hafenviertels hat Cardiff zudem eine Nationaloper bekommen, das Millennium Stadium ist über die Grenzen von Wales hinaus ein beliebtes Stadion für Rugby- und Fußballspiele sowie für Open-Air-Konzerte.

Cardiffs Wurzeln reichen weit zurück, wie vor allem am Schloss Cardiff Castle zu sehen ist. An diesem Ort entstand bereits zu Römerzeiten eine Festung. Im Laufe der Jahre wurde sie mehrfach erneuert und erweitert. Bis heute ist ein normannisches Fort von 1093 erhalten geblieben, das auf einem Hügel innerhalb der Schlossmauern steht. Im 19. Jahrhundert entstand daneben ein Herrenhaus, das später seinen heute typischen Glockenturm erhielt.

Es ist kalt. Es ist feucht. Es ist windig. Der Regenschirm hält dieser Herausforderung bislang wacker Stand. Aber Peters Schuhe geben langsam nach. Peter hasst solche Tage – ganz gleich, ob zu Hause oder im Urlaub. Man hangelt sich durch den Tag, um nichts zu verpassen. Doch im Grunde vermiest einem das Wetter alles. Selbst die schönste Landschaft sieht bei Regen nur noch trist, grau und langweilig aus.

Da erinnert sich Peter an ein Schild, dass er auf dem Weg zum Schloss an einem Hotel gesehen hatte: »*Afternoon Tea*« stand darauf. Es ist 16.30 Uhr – beste Nachmittagszeit, überlegt Peter. Und eine Tasse heißer Tee könnte ihn aufmuntern. Kurz entschlossen macht er sich auf zum Hotel.

Es ist ein modernes Gebäude, unmittelbar an der Schlossmauer gelegen. Peter schreckt zurück, als er die Eingangstür erblickt: Das Haus preist sich mit einem Fünf-Sterne-Standard, nicht gerade jener Standard, den sich Peter üblicherweise im Urlaub gönnt. Er blickt zurück in die trist-grauen, verregneten Straßen von Cardiff. Die einzigen Farbkleckse sind die Regenschirme der Passanten. Na gut, dann eben ausnahmsweise mal ein Fünf-Sterne-Tee, denkt sich Peter. Er betritt das Hotel und steuert zielstrebig das gleich vom Eingang aus ersichtliche Restaurant an. »*Afternoon Tea*«, steht auch hier wieder auf einer Tafel. Man kann es auch übertreiben, findet Peter.

»*Good afternoon, Sir.*« Eine junge Dame im dunklen Hosenanzug begrüßt ihn. »Ein Tisch für eine Person?«

Peter nickt freundlich. »Ja, ein Tisch nur für mich, bitte.« Er ist hoch erfreut: Fünf-Sterne-Höflichkeit – so mag er das.

Das Restaurant ist kaum besetzt. Peter wird ein Platz direkt am Fenster angeboten. Doch der Ausblick hält sich in Grenzen: Er blickt auf die verregnete Hauptverkehrsstraße vor dem Hotel, im Hintergrund erneut die Schlossmauer.

»Hätten Sie gern unseren Nachmittagstee?«, fragt ihn die junge Dame, nachdem Sie Peter erneut freundlich angelächelt hat. Peter sackt zufrieden in seinen gepolsterten Lehnstuhl. Hier weiß man, wonach ihm der Sinn steht. Er nickt der Bedienung freundlich zu.

»Nachmittagstee für eine Person, sehr gern, Sir.« Die junge Dame überschlägt sich derart in ihrer Freundlichkeit, dass es Peter langsam unangenehm wird. Er ist versucht, noch etwas zu Essen dazu zu bestellen. Doch angesichts der fünf Sterne vom Eingang nimmt er davon Abstand. Heute Abend, überlegt er, würde er lieber irgendwo in einem kleinen *Pub* etwas essen. Wer weiß, was dieses Restaurant für Preise hat. Eigentlich eine berechtigte Frage, überlegt Peter. Er schaut sich um. In einem Kartenhalter auf dem Tisch steckt eine kleine Speisekarte, offenbar das Nachmittagsangebot. Er nimmt sie und beginnt zu blättern.

»Tagessuppe: Lauch-Kartoffel, 9 Pfund.« Peter schüttelt den Kopf. Er hat während seiner Ausbildung selbst einmal Preise für die Gastronomie kalkulieren müssen. Beim Wareneinsatz Kartoffeln und Lauch können die Herstellungskosten für diese Suppe kaum über 1,50 Pfund liegen, überschlägt Peter. Er stöbert weiter: »Salat mit Thunfisch, 8 Pfund.« Vielleicht keine Supermarktdose, dann kommt das hin, rechnet Peter weiter – und erschrickt: Gerade als er bei der Zeile »Original englischer *Afternoon Tea*« angelangt ist, serviert ihm ein schlaksiger Kellner einen Teller mit klein geschnittenen Sandwiches, zwei Kännchen und eine leere Tasse. Den Preis nimmt er deswegen nur noch mit einem Auge wahr, weshalb er auch fest der Ansicht ist, sich verguckt zu haben: »24 Pfund« stand da. Vermutlich hat er ein Komma übersehen, mutmaßt Peter, doch zunächst will er die offenkundige Verwechslung aufklären.

»Das muss ein Irrtum sein, ich hatte lediglich Tee bestellt.«

»Ja, einmal *Afternoon Tea* für eine Person, ganz genau.« Der Kellner lächelt freundlich. »Genießen Sie Ihr Mahl.« Er schaut noch einmal zufrieden auf den Tisch und verschwindet.

Peter schaut erneut in die Karte: »Traditioneller britischer *Afternoon Tea*, 24 Pfund«, darunter steht, in kleinerer Schrift, eine Auflistung: »Beinhaltet Tee nach Wahl, Sandwiches, frisch gebackene *Scones*, *Shortbread* und ein Glas Champagner.«

Eine vollwertige Mahlzeit also. Peter ist entsetzt. Er kann sich nicht daran erinnern, wann er jemals eine Zwischenmahlzeit für 24 Pfund eingenommen hat. Dabei wollte er doch lediglich eine Tasse Tee trinken.

Was hat Peter nun schon wieder falsch gemacht?

Tee ist in Großbritannien nicht gleich Tee. Der Begriff wird zum einen für das auch hierzulande bekannte Heißgetränk verwendet – zusätzlich aber auch für Mahlzeiten. So wird in vielen Regionen Schottlands, Wales' und Mittelenglands das Abendessen »*Tea*« genannt. *High Tea* stellt im ganzen Land eine Art leichtes Abendessen dar, meist mit kalten Speisen. Der *Afternoon Tea* ist eine Art Zwischenmahlzeit zwischen dem mittäglichen *Lunch* (meist ein Sandwich oder ein Salat) und dem üppigen abendlichen *Dinner* (ein mitunter aus mehreren Gängen bestehendes Abendessen). Der *Cream Tea* stellt dabei eine vor allem in Südengland beliebte, vereinfachte Methode des *Afternoon Teas* dar, ohne *Sandwiches*.

Die Idee des *Afternoon Teas* wird der *Duchess of Bedford*, Anna Maria Russell (1783–1857), zugeschrieben. Der Überlieferung nach soll der Freundin Queen Victorias die Zeit zwischen dem *Lunch* am Mittag und dem zunehmend später servierten abendlichen *Dinner* zu lang gewesen sein, weshalb sie am Nachmittag eine Zwischenmahlzeit einschob.

Der traditionelle *Afternoon Tea* besteht aus drei Gängen:

- *Sandwiches* (belegt mit Gurke, Lachs, Ei und Kresse, Käse oder gekochtem Schinken)
- *Scones*, ein Gebäck aus Mehl, süßer Sahne, Eiern und Backpulver, das äußerlich einem zu klein geratenen Brötchen gleicht und warm gegessen wird. Bestrichen werden *Scones* traditionell mit *Clotted Cream* (dicker Rahm) sowie Marmelade. Was zuerst kommt, ist regional unterschiedlich und gleicht einer Glaubensfrage:

Während man in Sommerset und Devon traditionell erst die *Clotted Cream* auf den *Scone* streicht und dann die Marmelade, ist es in Cornwall andersrum.

- Gebäck, vor allem schottisches *Shortbread*, einem hellen Keks mit sehr hohem Butteranteil.

Dazu wird Tee serviert (traditionell Darjeeling*), den man mit Milch trinkt. Viele Hotels servieren jedoch inzwischen auf Wunsch auch Kaffee sowie zusätzlich ein Glas Champagner. Das hat in Fünf-Sterne-Häusern freilich seinen Preis – am besten informiert man sich natürlich vor der Bestellung über die Preise.

Sandwich

Es ist weltweit als Imbiss und Lunch-Ersatz beliebt, doch kaum jemand weiß, dass das *Sandwich* auch eine urenglische Erfindung ist: John Montagu, der vierte Earl of Sandwich, soll so etwas wie der Vater der belegten Klappstulle sein. Dieser galt als besonders emsig und duldete oftmals keine Unterbrechungen – nicht mal zum Essen. Der Überlieferung nach wies er seinen Butler an einem Tag im Jahr 1762 an, ihm eine zwischen zwei Brotscheiben gelegte Scheibe Rindfleisch zu servieren – weil er damit nicht so viel Zeit für eine Mahlzeit verlieren würde. Glaubt man den Forschern, so soll dieses beim Kartenspielen geschehen sein. Die Bestellung des Earls wiederum veranlasste die übrigen Anwesenden, dasselbe zu bestellen »wie Sandwich« – das Fast Food war geboren.

Seinen Titel hatte der erste Earl of Sandwich, der Urgroßvater des emsigen Essers, übrigens durch den gleichnamigen ostenglischen Ort erlangt. Die hübsche Kleinstadt nördlich von Dover lässt sich bis heute gern als Geburtsort des *Sandwiches* (des Snacks) feiern.

* *Darjeeling*: weltweit eine der renommiertesten Teesorten. Sie stammt aus der Region um das indische Darjiling am Fuße des Himalayas.

Auch die Nachfahren des Erfinders wollen nicht verhehlen, was der Earl einst angerichtet hat: Olando Mantagu, Sohn des 11. Earls of Sandwich, eröffnete mit seiner Familie eine Sandwich-Fast-Food-Kette namens Earl of Sandwich, um ein bisschen an der Erfindung teilhaben zu können. Filialen gibt es inzwischen in London, Paris sowie an zahlreichen Orten in den USA.

Feste Regeln

Es gibt im Vereinigten Königreich, wie bei so vielen Bräuchen auf der Insel, gewisse Regeln, an die man sich vor allem in feiner Gesellschaft halten sollte:

- Man hebt Tee- und Untertasse gleichermaßen an beim Trinken. Eine Hand führt die Untertasse bis kurz vor das Kinn, mit der anderen führt man schließlich die Teetasse vorsichtig zum Mund. Dabei ist die Selbstverständlichkeit zu beachten, dass man den Henkel der Tasse greift (mit Daumen und Zeigefinger), nicht die Tasse selbst.
- Der Tee wird vorsichtig umgerührt, möglichst geräuschlos.
- Niemals schlürfen, sondern lieber kleine Schlücke nehmen.
- Beim *Afternoon Tea* wird nicht geraucht (eine Regel, die sich angesichts des Rauchverbots in der Gastronomie von selbst erledigt hat).
- Der Gastgeber schenkt ein, nicht die Gäste.

Milch als Glaubensfrage

Auch die Teezubereitung unterscheidet sich in Großbritannien von weiten Teilen Deutschlands: Tee wird prinzipiell mit Milch vermengt. Dabei gilt als Frage aller Fragen, ähnlich jener, ob die Henne oder das Ei zuerst existierten: Gießt man erst die Milch oder erst den Tee in eine Tasse?

Der Schriftsteller George Orwell hat darauf 1942 in einem Artikel für die Zeitung *Evening Standard* seine eigene Antwort gefunden: zuerst den Tee. Denn nur dann, so Orwell, könne man die perfekte Menge Milch hinzugeben. Und die ist für einen echten Engländer fester Bestandteil.

Die Royal Society of Chemistry sah Orwells Text allerdings gut 60 Jahre später als falsch an: Zuerst müsse die Milch in die Tasse, kommunizierte die Gesellschaft in der Presse. Als Grund führte sie die Denaturierung von Milchproteinen an.

Wirklich überzeugen konnte bislang ohnehin keine der Thesen – bis heute wird man selbst in einem einzigen Haushalt beide Methoden antreffen. Die Briten haben sich übrigens Fraktionsnamen ausgedacht für die Tee-Milch-Frage: *Milk in first* (Mif) oder *Tea in first* (Tif).

Doch ob nun *Mif* oder *Tif* – die Prozedur für den Tee ist stets dieselbe: Serviert werden zwei Kännchen. Meist ein großes mit dem aufgebrühten Tee und ein kleineres ausschließlich mit heißem Wasser. Das dient dazu, den mit der Zeit stärker werdenden Tee zu verdünnen. Traditionell wurde in das größere Kännchen loser Tee gegeben (meist eine kräftige Sorte wie der bereits erwähnte Darjeeling oder z.B. Assam*)

* *Assam*: ebenfalls eine bekannte Teesorte, die als besonders kräftig gilt. Sie stammt aus dem gleichnamigen indischen Bundesstaat.

und mit heißem Wasser übergossen. Die Teeblätter verblieben im Wasser, sodass dieses immer mehr den Geschmack des Tees annahm, bis es irgendwann zu stark wurde und verdünnt werden musste. Heute findet man losen Tee nur noch selten in Cafés und Restaurants. Meist stecken Teebeutel (in der Regel ohne den hierzulande üblichen Bindfaden zum Herausziehen) in den Kännchen – doch auch sie verbleiben darin. Schon allein, weil man die fadenlosen Beutel sonst umständlich mit der Gabel oder dem Löffel herausfischen müsste.

Peter in Wales

Nordwales, 6. August, 15.27 Uhr

Bislang hatte Peter immer angenommen, sein Englisch sei durchaus passabel. Leistungskursus im Gymnasium, später drei Monate *Business English* in der Volkshochschule, hier und da mal ein Gespräch mit britischen Kollegen und neulich konnte er auf einer Messe sogar mal einem amerikanischen Besucher nachvollziehbar den Weg zum Ausgang erläutern. Auf Englisch! Alles in allem also eine solide Basis, die ihn ja nun auch leidlich durch die ersten Etappen seines Urlaubs gebracht hat.

Nun aber weiß Peter zum ersten Mal auf den Britischen Inseln nicht mehr weiter. Er hatte genug von der Hektik in Cardiff, deswegen machte er sich am Morgen auf, um den Norden von Wales zu entdecken, von dem er sich eine Prise beschauliches Landleben erhoffte. Doch während er im Süden des Landesteils nur am Rande mit walisischen Ausdrücken wie *Cymru* (Wales) konfrontiert worden war, sieht er sich nun im Zentrum dieser keltischen Sprache wieder.

Peter steht an einer Straßenkreuzung und weiß nicht so recht, wohin er fahren soll. Gut, im Grunde wollte er ohnehin ziellos die Landschaft erkunden; doch es beunruhigt ihn zunehmend, dass er mit den Ortsnamen nichts mehr anfangen kann. Auch ein Schild vor ihm wirft Fragen auf: Geradeaus geht es nach *Betws-y-Coed*, links nach *Dolwyddelan/Pentre-*

Bon und rechts nach *Llanrwst*. Peter fühlt sich überfordert. Selbst wenn er wüsste, wohin er wollte – er könnte die Ortsnamen nicht einmal aussprechen. Er probiert es leise für sich: »Lllllannnn-rrrrr-wssssst«. Nein, das kann einfach kein Ortsname sein, ist sich Peter sicher. Es hört sich eher an, als ob man ein Tonband verkehrt herum abspielt. Auch ein Blick auf die Karte verhilft ihm nicht zu mehr Optimismus: Er ist umgeben von Ortschaften, die er im Leben nicht wird aussprechen können: *Llanbedr-y-Cennin*, *Llanddoged*, *Rhiwddolion*, *Cwm-y-glo*. Verloren im Land der rückwärtsspielenden Tonbänder.

Peter erinnert sich an seinen vergangenen Aufenthalt in Polen. Auch dort hatte er in einem kleinen Ort in Masuren das Problem, die Speisekarte nicht lesen können. Seine Polnisch-Kenntnisse beschränkten sich auf *Piwo*, *Metka* und *Solidarnosc* – Bier, Mettwurst und die Gewerkschaft Lech Walesas. Die ersten beiden hatte ihm ein polnischer Bekannter beigebracht, der Gewerkschaftsname hatte sich ihm durch die zahlreichen Fernsehberichte in seiner Kindheit tief ins Gedächtnis eingebrannt. Drei Wörter Polnisch – das sind drei Wörter mehr als er aus der walisischen Sprache jemals würde im Gedächtnis behalten können. Da ist sich Peter inzwischen ganz sicher.

Die Landschaft gefällt ihm. Aber würde er sich hier verständigen können? Peter ist sich unsicher. Er beschließt auf Nummer sicher zu gehen und sucht auf seiner Karte nach einem aussprechbaren Namen in der Nähe: *Llansannan?* Nein. *Bodelwyddan?* Auch nicht wirklich. Broughton, Cleverton, Chester? Schon besser. Das klingt englisch genug für heute. Also los!

Was hat Peter falsch gemacht?

Auch wenn die englische Sprache auf den Britischen Inseln dominiert, gibt es sie noch, die linguistischen Oasen. Wales ist eine von ihnen. In diesem südwestlichen Teil Großbritanniens ist Walisisch (auch Kymrisch genannt) nach wie vor zweite Amtssprache neben Englisch. Und wird auch in den Schulen unterrichtet. Einer Volkszählung zufolge sprachen 2001 rund 600.000 der insgesamt knapp drei Millionen Einwohner von Wales diese keltische Sprache – Tendenz steigend, was vor allem an den Bemühungen der Regionalregierung liegt, Walisisch langfristig zu sichern. Vor allem im ländlichen Norden des Landes ist es für viele Waliser ganz normal, sich im Alltag in dieser Sprache zu verständigen – und nicht auf Englisch. Was aber natürlich nicht bedeutet, dass sie diese Sprache nicht beherrschen. Auch mit Englisch wäre Peter zum Ziel gekommen.

Alle offiziellen Schilder sind in Wales zweisprachig – mit der Besonderheit, dass im Süden meist der englische Ausdruck zuerst steht und daneben oder darunter das walisische Pendant. Im Norden des Landes ist es in der Regel umgekehrt. Und mitunter fehlt dort die englische Übersetzung sogar komplett. Viele Einwohner von Wales sind sehr stolz auf ihr Land und ihre Sprache.

Der Ort der Superlative

Höhepunkt der für Nicht-Waliser unaussprechlichen Namen dürfte übrigens der Ort *Llanfairpwllgwyngyllgogerychwyrndrobwllllantysiliogogogoch* auf der Insel Anglesey sein. Das 3000-Einwohner-Dorf würde an sich niemand kennen und wohl auch nicht vermissen. Wegen seines 58 Zeichen umfassenden Namens jedoch ist es weltberühmt geworden. *Llanfairpwllgwyngyllgogerychwyrndrobwllllantysiliogogogoch* kann sich rühmen, den Bahnhof mit dem längsten Namen auf den britischen Inseln zu beherbergen und obendrein noch den längsten Internetdomainnamen der Welt zu besitzen. Übersetzt heißt das Dorf »St.-Marien-Kirche in der Mulde weißer Haselbüsche in der Nähe eines reißenden Wirbels und in der Gegend der St.-Tysilio-Kirche an einer roten Höhle«.

Und dies nicht ohne Grund: Bis zur Mitte des 19. Jahrhunderts hieß der Ort lediglich *Llanfair Pwllgwyngyll*. Als die Eisenbahngesellschaft um 1850 die Strecke Holyhead–Chester ausbaute, wollte der Ort unbedingt mit einem Bahnhof davon profitieren. Man versprach sich dadurch einen deutlichen Aufschwung für den Handel. Um die Bahngesellschaft dazu zu bewegen, in dem damals relativ unbedeutenden Dorf einen Haltepunkt einzurichten, dachte sich eine Kommission den neuen Ortsnamen aus. Es entpuppte sich als einer der genialsten Marketingpläne der Tourismusbranche, der noch heute Besucher in Scharen anzieht. Eine Städtepartnerschaft pflegt der Ort übrigens mit dem niederländischen Ort Ee.

Weitere Sprachoasen

Walisisch ist allerdings nicht die einzige sprachliche Besonderheit auf den Britischen Inseln. In Schottland existiert noch eine Version der gälischen Sprache, das sogenannte Schottisch-Gälisch. Heute wird es von rund 60.000 Menschen gesprochen, überwiegend auf den Hybriden. In Cornwall im Südwesten Englands wurde Kornisch wiederbelebt, eine ebenfalls keltische Sprache, die mit dem Walisischen verwandt ist. Sie ist heutzutage jedoch nicht mehr besonders verbreitet. Auf den Kanalinseln wird vereinzelt noch die normannische Sprache gesprochen.

Das Vereinigte Königreich

England? Großbritannien? Vereinigtes Königreich? Es ist auf der Insel gar nicht so einfach, zu wissen, wo man sich gerade befindet. Wales beispielsweise gehört nicht zu England – ist aber durchaus Teil Großbritanniens und des Vereinigten Königreichs. Reist man auf die Nachbarinsel nach Nordirland, so befindet man sich ebenfalls nicht in England, allerdings auch nicht in Großbritannien, sondern ausschließlich im Vereinigten Königreich – denn das heißt mit vollem Namen »Vereinigtes Königreich von Großbritannien und Nordirland« und ist der offizielle Staatsname. Briten sprechen insofern meist vom »UK«, der Kurzform vom »United Kingdom« (Vereinigtes Königreich), wenn sie ihr Land meinen. Der Begriff Großbritannien umfasst lediglich die größte der Britischen Inseln und somit die Landesteile England, Schottland und Wales.

Doch es ist alles noch etwas verworrener: Es gibt auch den sogenannten autonomen Kronbesitz. Darunter fallen die Isle of Man in der irischen See sowie die Kanalinseln Jersey, Guernsey, Alderney, Sark und Herm. Sie alle sind weder Teil Großbritanniens noch des Vereinigten Königreichs (übrigens auch nicht der Europäischen Union), sondern verfügen über eigene Parlamente, die aber unmittelbar der englischen Königin unterstehen. Lediglich außen- und sicherheitspolitisch wird der autonome Kronbesitz von der britischen Regierung vertreten. Nicht zu verwechseln ist dies mit den sogenannten Kronkolonien. Diese britischen Überseegebiete* werden streng genommen über einen Gouver-

* Zu den britischen Überseegebieten zählen heute noch: Anguilla, Bermuda, Britisches Territorium in der Antarktis, Britische Jungferninseln, Britisches Territorium im Indischen Ozean, die Falklandinseln, Gibraltar, die Kaimaninseln, Montserrat, die Pitcairninseln, St. Helena, Ascension und Tristan da Cunha, Südgeorgien und die Südlichen Sandwichinseln, die Turks- und Caicosinseln sowie die souveränen Militärbasen Akrotiri und Dhekelia. Eine der bekanntesten Kronkolonien war Hongkong, das 1997 als Sonderverwaltungszone an China überging.

neur direkt durch Großbritannien verwaltet. Auch sie sind (mit Ausnahme von Gibraltar) nicht Teil der EU. Allerdings setzen sich zunehmend eigene Parlamente durch. Der Gouverneur fungiert meist lediglich noch als Staatschef.

Die Geschichte

Der Weg bis zum Vereinigten Königreich in seiner jetzigen Form war lang und mitunter nicht unkompliziert. Angeln, Sachsen und Jüten begannen im fünften Jahrhundert kleine Königreiche im heutigen Großbritannien zu gründen. Zuvor war die keltisch bevölkerte Insel in Teilen von den Römern erobert worden. Diese versuchten dabei auch mehrmals, in das heutige Schottland vorzudringen, mussten dies jedoch immer wieder aufgeben. Mit Hadrian's Wall zogen sie schließlich zwischen 122 und 128 nach Christi eine gemauerte Grenze zum Norden. Fast 400 Jahre beherrschten die Römer das heutige England und Wales.

Im achten und neunten Jahrhundert landeten die Wikinger an der britischen Küste, doch eine wesentliche Veränderung brachte erst die Eroberung Englands durch die Normannen im elften Jahrhundert mit sich. Wilhelm I. vereinigte die einzelnen kleinen Königreiche ab 1066, zentralisierte das heutige England und führte einen Feudalismus französischer Art ein. Die französische Sprache vermischte sich mit der Sprache der Angelsachsen und entwickelte sich so zum Englisch.

Die Vereinigung mit Schottland

Im Jahr 1296 annektierte der englische König Eduard I. Schottland, wurde jedoch schon bald darauf zurückgeschlagen. Robert the Bruce erlangte 1314 für Schottland die Unabhängigkeit. Nach den Thronfolgequerelen im Rosenkrieg zwischen 1455 bis 1485 wurde das Haus Tudor die herrschende Kraft im Königreich. Heinrich VIII. festigte ab 1509 die Macht des Königshauses endgültig. Er brach mit der römisch-katholischen Kirche, weil er sich von seiner Frau scheiden lassen wollte, und gründete kurzerhand die anglikanische Kirche von England. Zudem wurde unter seiner Herrschaft mit dem Act of Union Wales 1536 Teil von England.

Das elisabethanische Zeitalter

Unter Königin Elisabeth I. festigte sich ab 1558 die Macht Englands in der Welt. Unter ihrem Einfluss besiedelten erste englische Truppen Nordamerika und Sir Francis Drake erkundete die Welt. Im Jahr 1603 schließlich wurden die englische und die schottische Krone vereinigt: Jakob VI. von Schottland, Sohn Maria Stuarts, wurde als Jakob I. auch König von England. Zunächst blieben beide Königreiche jedoch formell eigenständig, unterstanden lediglich demselben Monarchen. Erst der Act of Union von 1707 besiegelte offiziell das Königreich Großbritannien. Es existierte bis zum Jahr 1800: Damals wurde Irland integriert und es entstand das Vereinigte Königreich von Großbritannien und Irland. Nach dem Erfolg der Unabhängigkeitsbestrebungen der Iren änderten sich Namen und Staatsgebiet 1922 erneut: Die Bezeichnung lautete fortan Vereinigtes Königreich von Großbritannien und Nordirland.

Das Haus Hannover

1714 gelangte das Haus von Hannover auf den britischen Thron: Georg I. regierte beide Königreiche in Personalunion. Seine Mutter Sophie von der Pfalz, Tochter von Elisabeth Stuart, war vom britischen Parlament im Act of Settlement ursprünglich als Thronfolgerin vorgesehen. Sie verstarb jedoch kurz vor der englischen Königin Anne, deren Nachfolgerin sie hätte werden sollen. Unter dem Haus von Hannover entwickelte das britische Parlament größeres Selbstbewusstsein. Die Personalunion endete im Jahr 1837, als der Thron von Hannover nicht an Königin Viktoria sondern an ihren Onkel Ernst August I. von Hannover überging.

Peter parkt

Chester, 7. August, 10.42 Uhr

Beim Parken ist Peter ein echter Zocker. Zu Hause sieht er die ganze Stadt als eine Art Kurzzeitparkzone an: Solange er nur kurz etwas besorgen muss, spart er sich in der Regel das Geld für einen Parkschein. Und auch Parkverbote findet Peter nicht wirklich beachtenswert, wenn er nur mal eben in einen Supermarkt möchte. Die Statistik gibt ihm recht: Fein säuberlich überschlägt er in regelmäßigen Abständen, was er spart oder auch nicht. Und in Summe sind die seltenen Strafzettel für ihn immer noch günstiger als das konsequente Füttern der Parkscheinautomaten. Moralisch bedenklich, zweifelsohne – aber betriebswirtschaftlich gesehen clever. Findet Peter zumindest. Ganz anders verhält es sich auf Reisen. Peter nutzt in fremden Ländern nahezu konsequent Parkhäuser, weil er sich darin nicht um das Kleingedruckte und irgendwelche regionsabhängige Parkregeln kümmern muss, ein Blick auf die Preisliste genügt.

Hier in Chester, südwestlich von Manchester, ist Peter jedoch auf Anhieb kein Parkhaus aufgefallen. Er hatte genau darauf geachtet, aber ohne Erfolg. Deswegen entschließt er sich kurzerhand, seinen kleinen Mietwagen in einer verlassenen Seitenstraße abzustellen. Der Standort scheint perfekt: Nur vor ihm steht noch ein weiteres Auto am Straßenrand, sonst weit und breit Leere. Zweimal schaut er sich noch um, ob nicht etwa doch ein Schild das Parken verbietet. Doch er sieht nichts dergleichen, kein Schild, keine Einfahrt, die frei gehalten werden müsste – also schließt Peter seinen Wagen ab und macht sich auf ins Getümmel.

Peter lässt sich Zeit. In aller Seelenruhe sieht er sich die alte Fachwerkstadt an, die unter anderem für die sogenannten *Chester Rows* (Chester-Zeilen) bekannt ist, offene Einkaufsarkaden, die sich durch die ersten Etagen ganzer Häuserblöcke ziehen. Die Stadtmauer, die am vollständigsten erhaltene in ganz Großbritannien, läuft Peter einmal komplett ab. So kommt es, dass er erst nach gut vier Stunden zurück zu seinem Wagen findet. ›Irgendetwas ist hier anders als vorhin‹, überlegt Peter, als er sich dem Auto nähert. Es ist inzwischen das Einzige am Straßenrand – dafür hängt an der Windschutzscheibe etwas, das vorhin dort noch nicht prangte: ein Plastiktütchen mit einem Zettel. Peter ahnt, dass sich seine Parkstatistik an diesem Tag ins Negative verändern wird. Mit einer Mischung aus Verärgerung und nochmaligem Ausschauhalten nach einem möglichen Parkverbotsschild greift er das Tütchen und öffnet es: Peter zieht einen Strafzettel über 50 Pfund heraus – und flucht: Warum um Himmels Willen soll man in dieser leeren Straße nicht parken dürfen? Kein Schild, kein Auto, kein Verkehr. Peter schaut an den Fahrbahnrand: Haben die beiden parallelen Linien auf dem Asphalt etwa noch eine andere Bedeutung als die Fahrbahn zu begrenzen?

Chester

Ein Exportartikel hat Chester (70.000 Einwohner) in aller Welt berühmt gemacht: Der nach der nordwestenglischen Stadt benannte Käse ist vor allem im englischsprachigen Raum äußerst beliebt. Unter Reisenden aber ist der mehr als 2.000 Jahre alte Ort vor allem wegen seiner hübschen Altstadt bekannt. Chester gilt als die am besten erhaltene, mit einer Mauer versehene Stadt Großbritanniens. Die Römer errichteten die Stadtmauer. Sie nutzten Chester am Fluss Dee im Wesentlichen als Verteidigungsposten gegen die im angrenzenden Wales lebenden Kelten. Die Stadt entwickelte sich zu einem wichtigen Handeszentrum im Land und genoss auch in den folgenden Jahrhunderten beachtlichen Wohlstand.

Heute ist Chester geprägt von mittelalterlichen Fachwerkhäusern, die eine bauliche Besonderheit aufweisen: die *Chester Rows* (Chester-Zeilen), Arkaden im ersten Obergeschoss einer Häuserzeile, die den Zugang zu Geschäften und Wohnungen ermöglichen. In dieser Form und Masse gelten sie als einmalig in der Welt.

Chester ist heute auch das Tor zum benachbarten Wales – viele Reisende übernachten hier, bevor sie auf Wandertour in die angrenzenden Berggebiete weiterziehen.

Was hat Peter falsch gemacht?

Er hat an einer Stelle geparkt, an der dies nicht erlaubt war. Halte- und Parkverbotsschilder gibt es auch im Vereinigten Königreich – doch sind sie nicht immer auf Anhieb sichtbar. Viele Kommunen verwenden überaus kleine Schilder, auf denen das Zeichen (wie im Deutschen ein blauer Kreis mit einer roten Umrandung und diagonalen Strichen) von Weitem kaum zu erkennen ist. Zu erkennen ist aber in jedem Fall die Straßenmarkierung: Fast überall in Großbritannien und Nordirland zeigen Linien am Fahrbahnrand, was zu tun ist:

- Eine durchgezogene gelbe Linie bedeutet Parkverbot zu bestimmten Zeiten.

- Eine doppelte durchgezogene gelbe Linie bedeutet Parkverbot zu jeder Zeit.
- Eine gestrichelte gelbe Linie steht für Kurzzeitparken oder halten – ein kleines Schild sagt meist aus, wie lange man seinen Wagen an dieser Stelle stehen lassen darf.
- Eine durchgezogene rote Linie (vor allem in London zu finden) bedeutet Halteverbot zu bestimmten Uhrzeiten (meist 7 bis 19 Uhr, ein Schild am Straßenrand wird meist Näheres erläutern).
- Zwei durchgezogene rote Linien bedeuten absolutes Halteverbot zu jeder Zeit – hier werden geparkte Autos umgehend abgeschleppt.

Wer die Linien missachtet, muss mit empfindlichen Strafen rechnen. Die meisten britischen Kommunen haben gemerkt, wie viel Geld sich mit Falschparkern erwirtschaften lässt, und beschäftigen infolgedessen mitunter ein ganzes Heer an Politessen. Bei Übereifrigen von ihnen kann es nach wie vor passieren, dass auch Radkrallen zum Einsatz kommen, zumal bei Autos mit ausländischen Kennzeichen. Ein Auto dann »auszulösen« kann langwierig und teuer sein.

Fahrbahnmarkierungen gibt es in Großbritannien übrigens auch für andere Zwecke zu Hauf: Vor allem in Großstädten sind Kreuzungen mitunter mit einem gelben Gittermuster bemalt. Das soll anschaulich darauf hinweisen, dass stehende Autos im so gekennzeichneten Bereich nichts zu suchen haben. Die deutsche Unsitte, auch in den Kreuzungsbereich einzufahren, selbst wenn sich der Verkehr in der Ausfahrtstraße staut, wird in Großbritannien zu Recht nicht toleriert. Wer eine mit einem Gitter bemalte Kreuzung versperrt, kann zur

Kasse gebeten werden. Zumindest steigt die Wahrscheinlichkeit, wenn man so beispielsweise dem ungeduldigen Fahrer eines Busses, Kranken- oder Polizeiwagens im Weg ist. Britische Verkehrsplaner schwören auf solche Kreuzungsmarkierungen. Seit deren Einführung im Jahr 1964 haben sie sich an vielen Stellen etabliert. Etwas Ähnliches gibt es auch für einzelne Straßenbereiche außerhalb von Kreuzungen. Dort steht dann meist in großen lang gezogenen Buchstaben »*Keep clear*« auf dem Asphalt – »Freihalten«.

Peter lernt Vornamen

Haxby, 7. August, 18.11 Uhr

Peter ist gespannt auf sein Nachtquartier: Nach all den Hotels der vergangenen Tage möchte er nun mal eine typisch britische Übernachtungsmöglichkeit ausprobieren, ein sogenanntes *Bed & Breakfast*. Im Touristenbüro von York hat er sich ein Zimmer vermitteln lassen, etwas außerhalb, wie ihm die Dame dort sagte. Doch das war ihm egal. Heute würde er ohnehin nur noch ein wenig lesen und früh schlafen gehen, da spielt die Lage keine entscheidende Rolle.

Nun steht er vor einem weiß angestrichenen Privathaus in Haxby, einem Ort im Norden der Stadt: Die Adresse stimmt, am Grundstücksrand baumelt ein Schild mit dem Aufdruck »*B&B*«, darunter ein weiteres mit dem Aufdruck »*Vacancies*«, Zimmer frei. Das Haus macht einen guten Eindruck. Der Vorgarten ist gepflegt, der Rasen akkurat geschnitten. Neben der roten Eingangstür hängt eine Grünpflanze, die dem Wasserfleck auf dem Boden nach zu urteilen gerade erst gegossen worden ist. Peter ist zufrieden mit seiner Wahl – gespannt auf das Innere des Hauses klingelt er.

Es dauert eine Weile, bis sich etwas regt, und Peter ist fast versucht noch einmal zu läuten, als die Tür aber doch noch geöffnet wird.

»Guten Abend!« Eine Dame, vielleicht Anfang 60, schaut ihn erwartungsvoll an.

Peter setzt sein freundlichstes Lächeln auf: »Hallo, ich bin Herr Bergmann. Ich habe ein Zimmer reserviert.«

Die Dame erwidert sein Lächeln. »Hallo, ich bin Madelaine. Ich habe Sie schon erwartet.« Sie schaut ihn kurz skeptisch an. »Wie war Ihr Name noch gleich?«

Peter wiederholt brav sein kurz zuvor Gesagtes: »Bergmann. Peter Bergmann. Und Ihrer, Frau …?« Er hatte ihren Nachnamen auch nicht verstanden. Hatte sie ihn überhaupt gesagt? Peter ist sich nicht sicher – und er möchte solche Punkte bei Begrüßungen immer gern abhandeln. Nichts ist seiner Ansicht nach peinlicher, als später noch mal nach dem Namen zu fragen, weil man ihn womöglich vergessen hat. Das signalisiere Unaufmerksamkeit und mangelnden Respekt, predigt er anderen Leuten immer.

Madelaine wechselt wieder zu ihrem freundlichen Gesichtsausdruck: »Willkommen in unserem Haus, Peter! Bitte treten Sie ein. Ich bin Madelaine.«

Peter ist einmal mehr verwundert: So schnell wurde ihm selten zuvor das Du angeboten. Möchte er das überhaupt? Er kennt diese Frau schließlich gar nicht. Peter lächelt pro forma und überlegt: Jetzt noch auf Nachnamen zu bestehen, wäre wohl nicht nur in England unhöflich.

Was hat Peter falsch gemacht?

Die korrekte Anrede ist in Großbritannien sehr einfach – und doch sehr kompliziert. Generell spricht man sich, vor allem im Kollegen- und im privaten Kreis, mit Vornamen an. »Herr sowieso« oder »Frau sowieso« wird eher selten genutzt – jedoch sollte beim Nutzen des Vornamens vor allem im Geschäftsleben die Hierarchie eingehalten werden: Es ist Aufgabe des Chefs oder des Kunden, diesen zuerst zu nutzen. Wird man mit Vornamen angesprochen, sollte man sein Gegenüber tunlichst ebenfalls auf diese Weise anreden. Alles andere wäre unhöflich.

Doch Vorsicht: Den Unterschied zwischen »Du« und »Sie« gibt es im Englischen nicht, sodass man schnell der Ansicht sein könnte, es bestehe bei der Anrede mit Vornamen eine freundschaftliche Beziehung. Dies ist aber nicht zwingend so. Vor allem im Geschäftsleben handelt es sich natürlich eher um ein »professionelles Du«. Der Vorgesetzte, der einen gerade erst mit Vornamen angesprochen hat, kann einen auch im nächsten Augenblick vor die Tür setzen. In Vorstellungsgesprächen ist es unüblich, den Vornamen zu nutzen. Doch auch hier gilt wieder: Wird der Bewerber vom potenziellen neuen Arbeitgeber auf diese Weise angesprochen, sollte er ebenso verfahren.

Die höfliche Form einer Begrüßung lautet in Großbritannien übrigens nach wie vor *»Good morning«*, *»Good afternoon«* oder *»Good evening«* (nicht *»Good night«*!). Alternativen wie *»Hello«* oder *»Hi«* sollten Begegnungen mit Freunden oder Bekannten vorbehalten bleiben.

Und auch für die Verabschiedung gibt es Standardfloskeln, beispielsweise *»It was nice meeting you«* (Es war schön, Sie/dich kennengelernt zu haben), *»Good to see you again«* (Es war toll, Sie/dich wiederzusehen) oder auch *»See you soon«* (Bis bald) oder *»See you later«* (Bis die Tage).

Bed & Breakfast

Hinter *Bed & Breakfast*, kurz *B&B*, verbirgt sich eine Unterkunft in einem privaten Wohnhaus. Privatleute vermieten dabei Zimmer mitsamt warmem Frühstück. Das hat nicht nur in Großbritannien eine lange Tradition, sondern auch in anderen Ländern mit britischer Vergangenheit, unter anderem Irland, Kanada und Australien. Solche Unterkünfte sind mitunter recht einfach, dafür jedoch vergleichsweise günstig. Zudem ermöglichen sie den direkten Kontakt zu den Menschen vor Ort. Auch einige Hotels werben mit dem Slogan *»Bed & Breakfast«*, jedoch ist damit dann die in britischen Hotels sonst eher unübliche Kombination von Übernachtung und Frühstück gemeint. In größeren Hotels muss man das Frühstück sonst in der Regel gesondert bezahlen.

Die erweiterte Variante eines *B&B* ist das *Guest House* – das hat den Rang einer Pension und wird somit professionell kommerziell betrieben, meist ohne den im *Bed & Breakfast* üblichen familiären Anschluss. Zudem können Gäste dort ihr Zimmer den gesamten Tag nutzen. In vielen *B&Bs* wird erwartet, dass man sich tagsüber nicht im Haus aufhält, da ja nur Übernachtung und Frühstück im Preis enthalten sind.

Peter lernt Smalltalk

Newcastle, 8. August, 21.45 Uhr

Newcastle – die Stadt der Brücken. Peter ist dabei, sie nahezu alle abzufahren. Auf der Suche nach seinem Hotel hat er wegen des Verkehrswirrwarrs mehrfach nicht so schnell reagieren können, wie sein Navigationsgerät das gern gehabt hätte. Einmal über den Tyne-Fluss – und wieder zurück. Und das öfter. Peter zweifelt langsam an sich, zumal er müde vom Tag ist, und greift schließlich zur Selbsthilfe: Der kleine Stadtplan aus seinem Reiseführer soll es richten. Diese Methode war bei ihm mal in Hamburg erfolgreich: Während seine damalige Freundin noch mit dem Faltplan kämpfte, hatte er das Ziel im Reiseführer schon längt entdeckt. Das hatte er ihr damals noch tagelang vorgehalten, und damit beinahe die Beziehung gefährdet. Peter genießt es, Recht zu haben.

Und siehe da: Die Methode funktioniert auch in einer relativ überschaubaren Stadt wie Newcastle wieder. Im Handumdrehen steht Peter vor seinem vorab gebuchten Hotel, genau neben einer der Brücken. ›Verlass dich auf die Technik und du bist verlassen‹, hörte er sich sagen. Doch er verzeiht seinem Navigationsgerät; vor allem, weil er nur noch eines will: nämlich ins Bett. Er ist geschafft vom Sightseeing-Programm des Tages. Er stellt sein Auto auf einem öffentlichen Parkplatz vor dem Hotel ab, greift sich sein Gepäck aus dem Kofferraum und hechtet übermüdet in Richtung Rezeption.

Newcastle

Newcastle (300.000 Einwohner) kann sich rühmen, in einer berühmten Redewendung verewigt worden zu sein: *»to carry coals to Newcastle«* (Kohlen nach Newcastle tragen, siehe auch Seite 233) hat im englischsprachigen Raum dieselbe Bedeutung wie im Deutschen der Ausdruck »Eulen nach Athen tragen« – also etwas völlig Überflüssiges tun. Der Hintergrund dieser Redewendung: Newcastle galt lange als britischer Hauptexportort für Kohle.

Heute setzt die Stadt nahe der schottischen Grenze eher auf Kultur. Entlang dem Fluss Tyne sind Museen und das Konzertzentrum The Sage entstanden. Exportschlager sind inzwischen vor allem das Fußballteam Newcastle United sowie ein Bier: Newcastle Brown Ale ist ein malzig-braunes Getränk, das inzwischen zur Brauerei Heineken gehört und nicht zuletzt deswegen überall auf der Welt vertrieben wird – meist in den typischen glasklaren Pint-Flaschen, aus denen man es auch trinkt. Kurioserweise wird es heute nicht mehr in Newcastle gebraut: Heineken setzte nach der Übernahme von Teilen des früheren Brauereikonzerns Scottish-Newcastle den Rotstift an und verlagerte die Produktion zunächst auf die andere Seite des Tyne nach Gateshead, 2010 schließlich vollständig in die John-Smith's-Brauerei nach Tadcaster (Yorkshire).

Typisch für Newcastle sind bis heute die zahlreichen Brücken, von denen die berühmteste die Tyne Bridge ist. Durch diese Bauwerke ist die Stadt im Alltag mit der Nachbargemeinde Gateshead auf der anderen Seite des Tyne-Flusses zusammengewachsen. Beide Orte werden inzwischen oft als eine Wirtschaftsregion betrachtet.

Newcastle verfügt über einen Hafen, der täglich auch von einer Fähre aus den Niederlanden angefahren wird. Eine Besonderheit ist im Nahverkehr zu finden: Newcastle ist neben London und Glasgow eine der wenigen britischen Städte, die über eine U-Bahn verfügt.

»Guten Abend!« Eine etwas schrill gekleidete Dame empfängt Peter, als er das Hotel betritt. »Wie geht es ihnen? War das nicht ein wunderbares Wetter heute?«

Peter versucht ruhig zu bleiben. Er war den halben Tag durch Schauer gefahren, zweimal beim Spazierengehen selbst richtig nass geworden. Wo das wunderbare Wetter denn gewesen sei, hätte er am liebsten fragen wollen – doch er hoffte nur noch auf eines: Bitte jetzt kein Gespräch. Wenn er müde ist, wird Peter muffig wie ein kleines Kind. Möge ihm die Dame seinen Zimmerschlüssel geben und dann einfach nur noch den Mund halten. Peter hasst sich in diesem Augenblick für sein Desinteresse. Schließlich war er hergekommen, um Land und Leute kennenzulernen. Aber er ist doch so müde ...

»Mir geht es gut, danke. Könnte ich bitte meinen Zimmerschlüssel haben? Ich hatte reserviert.« Rums. Kaum ausgesprochen merkt Peter selbst, dass das eben Gesagte etwas unfreundlich geklungen haben könnte. Schnell ist er versucht, noch etwas Relativierendes hinterherzuschicken. Doch es will ihm auf die Schnelle einfach nichts einfallen.

»Oh okay. Sie hatten sicherlich einen langen Tag.« Die Dame hat ihre überschwängliche Freundlichkeit abgelegt, bleibt aber höflich. »Ich habe Zimmer 12 für Sie frei gehalten. Es wird Ihnen gefallen, es ist ganz ruhig. Frühstück ist von 7.30 bis 9.30 Uhr.«

Peter nimmt den Schlüssel dankend an und entschwindet mit einem gequälten Lächeln auf sein Zimmer. Jetzt nur noch schlafen.

Am nächsten Morgen sieht die Welt schon viel freundlicher aus. Die Sonne scheint durch die Fenster, als Peter nach einer vorbildlich ruhigen Nacht zum Frühstück geht. Er fühlt sich munter, ausgeruht und voller Tatendrang, auch diese Stadt zu erkunden. Die Brücken kennt er ja nun schon, aber sonst weiß er mit Newcastle nicht so recht etwas anzufangen.

Er kennt die Stadt im Grunde nur aus den Flugplänen von Billigfliegern. Offenbar scheint es hier also irgendwas zu sehen zu geben, das Touristen anzieht.

Im Frühstücksraum begegnet ihm die Dame vom Vorabend wieder. »Guten Morgen, wie geht es Ihnen heute?« Sie scheint die Unfreundlichkeit von Peters Ankunft professionell vergessen zu haben. Und auch Peter will nun alles wieder gutmachen angesichts seiner hervorragenden Laune.

»Wunderbar«, sagt er. »Ich habe wie ein Baby geschlafen. Es war wirklich so ruhig, wie Sie sagten. Auch das Bett war sehr komfortabel. Dabei sind die hier in Großbritannien eigentlich allgemein schlechter als in Deutschland. Da habe ich den vergangenen Tagen Sachen erlebt, ich kann Ihnen sagen. Neulich in London war die Matratze weich wie warme Butter. Mir tat nach der ersten Nacht schon der Rücken weh. Und dann in Cardiff – noch eine Spur schlimmer! Ich musste morgens Rückenübungen machen, damit ich wieder gehen konnte. Zu Hause habe ich mir ja extra eine besonders harte Matratze gekauft. Sündhaft teuer, aber der Rücken sollte es einem wert sein. Auch mein Hausarzt hat mir dazu geraten, weil ich immer solche Probleme mit dem Rücken hatte. Das kommt aber auch vom Job. Ich sitze den ganzen Tag am Schreibtisch, da sackt man dann immer so in sich zusammen. Das rächt der Rücken dann mit der Zeit. Ich komme einfach nicht mehr so recht dazu, Sport zu treiben. Das ist natürlich der ganz falsche Weg, ich weiß ...«

Peter merkt gar nicht, dass die Dame nach anfänglichen Versuchen, ihn mit Lächeln zum Hinsetzen und vor allem zum Mundhalten zu bewegen, nun die brachiale Methode angewandt hat. Sie sortiert – immer noch mit einem Lächeln –

Teller und Besteck auf einem Tisch, der schon vorher perfekt eingedeckt gewesen ist. Nun nutzt sie eine Millisekunde, in der Peter Luft holt, und fällt ihm dezent, aber eindeutig ins Wort: »Hätten Sie gern Tee oder Kaffee?«

Was hat Peter falsch gemacht?

Was er am Abend unterließ, hat er am nächsten Morgen in viel zu hoher Dosis nachgeliefert: In Großbritannien liebt man den Smalltalk – aber er sollte dezent verlaufen. Nach der Standardfloskel *»How are you?«* (übrigens nicht wie oftmals in den USA *»How are you doing?«*) wird eine kurze Antwort erwartet. *»Fine«*, *»Very well«*, *»not too bad«*, der Amerikaner hört gern *»Good«* – Möglichkeiten gibt es viele, nur schönt man die Antwort je nach Bekanntheitsgrad auch gern mal. Die Empfangsdame im Hotel beispielsweise hat nicht zu interessieren, wenn man gerade bei Aktienspekulationen eine Millionen Euro verloren hat. Da tut es dann die Antwort *»not too bad«*. Man hätte immerhin auch zwei Millionen verlieren können. Dann noch einen Satz hinterher zu schieben lockert die Situation noch ein bisschen auf und wird auch meist gern dankend angenommen. Die halbe Lebensgeschichte sollte es aber nicht sein, schon gar nicht bei fremden Leuten.

Wichtig ist in jedem Fall die umgehend gestellte Gegenfrage: *»How are you?«* oder *»And yourself?«* Ob einen das nun interessiert oder nicht, tut nichts zur Sache. Die britische Höflichkeit gebietet es, wenn man schon selbst gefragt wird. Und meist ist diese Gegenfrage dann auch der Einstieg in einen kleinen Smalltalk, der durchaus unterhaltsam sein kann. Und der gerade für Touristen mitunter manch wertvollen Tipp hervorbringt.

Anders übrigens bei der inzwischen äußerst selten zu hörenden Frage »*How do you do?*« Darauf antwortet man gar nicht inhaltlich, sondern stellt dem Fragenden einfach dieselbe Frage: »*How do you do?*« Und schon sind alle Beteiligten zufrieden. Diese Form der Begrüßung gilt jedoch als etwas antiquiert und wird heutzutage kaum noch verwendet.

Vermeiden sollte man bei Gesprächen in jedem Fall zu viele Geschichten über sich selbst. Prahlerei ist etwas, das in Großbritannien überhaupt nicht geschätzt wird. Das viel gepriesene britische *Understatement*, die Untertreibung, führt dazu, dass man etwa eine Auszeichnung lieber verschweigt, statt sie jedem Dahergelaufenen auf die Nase zu binden.

Auch Kritik am Vereinigten Königreich sollte aufgespart werden. Briten sind allgemein sehr stolz auf ihr Land. Wer eine ruhige Unterhaltung haben möchte, vermeidet Kritik an britischen Errungenschaften. Auch heikle Themen wie die Nordirland-Politik, Kolonialisierung, Monarchie, Europa, der Euro, die Schichten in der britischen Gesellschaft oder Sexualität sollte man besser nicht antasten. Es sei denn, man legt Wert auf einen abrupten Abbruch des Gesprächs. Außerdem ist es nicht üblich, über den eigenen Beruf zu reden – und erst recht nicht zu fragen, was der Gesprächspartner denn für einen Job ausübt. In Großbritannien gilt die Regel, Menschen nicht nach ihrem Beruf, ihrem Aussehen, ihrer Religion zu beurteilen. Stattdessen haben sich viele Briten ihre eigene Interpretation von Beobachtungen zurechtgelegt: Die Sprache, die Kleidung oder die Tischmanieren führen automatisch dazu, dass man in der einen oder anderen Schublade landet.

Das Wetter ist Standardthema, und als Unterhaltungsstoff nie verkehrt – schließlich bietet es auch genügend Abwechslung: leichter Regen, starker Regen, mäßiger Regen, Nieselregen, Schauer, Gewitter ... Nein, das ist nur halb richtig. Man kann sich selbst in Schottland im Sommer durchaus mal einen Sonnenbrand einfangen, in Südengland ohnehin. Dort ist die Wetterlage wegen des Golfstroms auch im Winter sehr mild. Es regnet zwar viel auf den britischen Inseln, doch wechselt das Wetter mitunter innerhalb eines Tages oder von einer Region zur anderen sehr spontan. Wenn in Newcastle beispielsweise die Sonne scheint, kann etwas weiter im Landesinneren auch mal regnen wie aus Eimern. Die Insellage birgt in jedem Fall ausreichend Abwechslung.

Peter und das Pfund

Edinburgh, 9. August, 14.26 Uhr

Peter ist verwirrt. Er ist nun schon eine ganze Weile auf der Insel unterwegs und glaubte, sich in dieser Zeit auch mit den örtlichen Banknoten und Münzen vertraut gemacht zu haben. In diesem Punkt ist er sehr penibel, seit ihm Ende der achtziger Jahre in der damaligen Tschechoslowakei einmal falsche Scheine angedreht worden waren. Er hatte dort bei einem Schwarzhändler auf der offenen Straße illegal getauscht. Wenn man etwas nicht kennt, kann man es auch nicht als Fälschung entlarven, ist seitdem seine Devise.

Peter glaubte bis zu diesem Augenblick aber, die englische Währung im Laufe seiner zahlreichen Einkäufe genauestens studiert zu haben. Kleine, dicke, messingfarbene Münzen entsprechend einem Pfund, die größeren, siebeneckigen 50 *Pence*. Dann gibt es noch ein, zwei, fünf, zehn und 20 *Pence* sowie bei den Scheinen fünf, zehn, 20 und 50 Pfund. Würde man Peter nachts aufwecken, er könnte dieses Portfolio auf der Stelle herunterrasseln.

Nun aber scheint ihm hier im Supermarkt ein falscher Schein zurückgegeben worden zu sein. Die Zehn-Pfund-Note, die ihm die Kassiererin gerade in die Hand gedrückt hat, sieht anders aus als die, die er bislang kannte. Eben noch hatte sie ihn mit der Frage nach einer *Nectar*-Karte* durcheinandergebracht, denn Peter verstand zunächst nicht, was sie wollte. Dann musste er ihr klar machen, dass er solch eine Kundenkarte als Tourist natürlich nicht besaß. Und schon hatte er das Wechselgeld in der Hand. Darunter eine Zehn-Pfund-Note, die braun gefärbt ist, nicht orange wie jene, die er bislang immer besaß. Und statt Königin Elisabeth II. ist dort ein Herr abgebildet, Sir Walter Scott, wie er beim näheren Hinsehen liest. Auf der Rückseite ist eine Brücke namens Forth Bridge zu sehen. Und am Rand kann Peter nun erkennen, dass dort nicht »Bank of England« steht wie bei den Scheinen der vergangenen Tage, sondern »Bank of Scotland«. Ein Staat, zwei Sorten von Geldscheinen? Peter mag das nicht so recht glauben – doch da fällt ihm die Kassiererin bereits in seine Überlegungen. »Die sind legal, keine Sorge«, lacht ihn die junge Frau an, vermutlich eine Studentin, die sich mit dem Supermarktjob etwas Geld zum Leben verdient. »Aber ich gebe ihnen einen anderen, wenn Sie Schottland nicht mögen.«

Peter errötet – wahrscheinlich war er nur mal wieder nicht richtig informiert. Vor zwei Tagen schon war er gemäßigt beschimpft worden, weil er in einem kleinen Supermarkt die Frage stellte, ob er auch mit Euro bezahlen könne. Schließlich gilt die Währung nicht nur in großen Teilen Kontinentaleuropas, sondern auch auf der Nachbarinsel Irland. Also hatte Peter diese Frage als durchaus legitim erachtet, zumal

* Die *Nectar Card* ist ein weit verbreitetes Bonusprogramm in Großbritannien, ähnlich der Payback-Karte in Deutschland. In größeren Geschäften oder an Tankstellen gehört die Frage nach solch einer Kundenkarte inzwischen zum Standardrepertoire der Mitarbeiter an der Kasse.

sie ihm an diesem Tag einen Ausflug zum Geldautomaten hätte ersparen können. Doch der ältere Herr hinter der Kasse redete sich umgehend in Rage darüber, dass sie sich in England befänden, einer Weltmacht, die unter gar keinen Umständen auf ihr solides Pfund verzichten würde. Und schon gar nicht für eine, wie er es nannte, Spielgeldwährung wie den Euro. Frage beantwortet, dachte sich Peter, und kratzte seine letzten Pfundmünzen für den Kauf einer Wasserflasche zusammen.

Was hat Peter nun schon wieder falsch gemacht?

Die Währung im Vereinigten Königreich ist das Pfund – soweit klar. Doch Pfund ist leider nicht gleich Pfund. Denn (fast) jedes Mitglied im Vereinigten Königreich gibt seine eigenen Banknoten heraus, und die manchmal sogar in unterschiedlichen Varianten. In England und Wales werden alle Geldscheine zentral von der Bank of England gedruckt, der englischen Zentralbank. Das ist noch einfach zu merken. Doch in Schottland und Nordirland dürfen auch bestimmte andere Banken eigene Noten in Umlauf bringen. So gibt es in Schottland auch Scheine der Bank of Scotland, der Royal Bank of Scotland (das sind nicht dieselben!), der Clydesdale Bank sowie von Lloyds TSB. In Nordirland drucken die Ulster Bank, die Bank of Ireland, die First Trust Bank und die Northern Bank eigene Banknoten. Und dabei nutzt jedes Geldinstitut ein eigenes Motiv. Auswendig lernen lassen sich all diese Motive nur schwer. Man kann sich nur damit trösten, dass Falschgeld der kleineren Beträge im Vereinigten Königreich bislang keine große Rolle gespielt hat.

Es wird aber noch komplizierter: Auch der sogenannte Kronbesitz, also die Inseln Isle of Man sowie die Kanalinseln vor Frankreich, gibt eigene Banknoten und sogar Münzen heraus. Sie sehen ähnlich aus und unterliegen demselben Wechselkurs. Allerdings können diese Münzen und Scheine nur auf der jeweiligen Insel genutzt werden – im Vereinigten Königreich sind sie wertlos. Im Gegenzug akzeptieren die Geschäfte vor Ort jedoch üblicherweise britische Banknoten. Übrigens geben auch die britischen Überseegebiete Gibraltar, St. Helena sowie die Falklandinseln eigene Banknoten heraus. Auch sie sind in England, Schottland, Wales und Nordirland nicht gültig.

Inseln im Kronbesitz

Kanalinseln: Das, was man gemeinhin unter diesem Begriff zusammenfasst, sind genau genommen zwei eigenständige Verwaltungseinheiten mit jeweils eigenen Parlamenten: Die beliebte Sonneninsel Jersey sowie der Bailiwick of Guernsey, bestehend aus den Inseln Guernsey, Sark, Herm, Alderney, Jethou, Brecqhou und Burhou. Alle sind weder Teil Großbritanniens noch des Vereinigten Königreichs noch der EU – sondern direkt der britischen Königin/dem britischen König unterstellt. Allerdings werden die Inseln über einen Vertrag außenpolitisch von Großbritannien mitvertreten sowie bei Bedarf durch die britische Armee verteidigt. Hauptstädte sind St. Peter Port (Guernsey) und St. Helier (Jersey).

Die Inselgruppe liegt vor der normannischen Küste und gehörte dem Herzog der Normandie. Nach der Eroberung Englands durch Wilhelm dem Eroberer gab es eine Art Personalunion: Der König von England war zugleich Herzog der Normandie und somit Herr der Kanalinseln. Bis heute trägt der britische Monarch auch diesen normannischen Titel. Und bis heute wird von Teilen der Bevölkerung auf den Kanalinseln das Patois, ein normannischer Dialekt, gesprochen. Bis heute bestehen auch viele Straßennamen auf den Inseln aus französischen Wörtern. Im Alltag wird hingegen längst die englische Sprache genutzt.

Die Kanalinseln waren zwischen 1940 und 1945 von den Deutschen besetzt, die hier nicht nur den Bau ihres aberwitzigen Atlantikwalls vorantrieben, einem Bauwerk aus Flakstellungen, Mauern und Türmen in Stahlbetonbauweise (die bis heute zu sehen sind, weil sie nicht gesprengt werden können). Sie errichteten auch ein Konzentrationslager auf Alderney und führten den Rechtsverkehr ein. Hitler soll sich damit gebrüstet haben, ein Stück »England« erobert zu haben – was ja streng genommen gar nicht mal stimmte. Bis heute ist der Tag der Befreiung durch die Briten, der 9. Mai, als *Liberation Day* ein Feiertag auf den Inseln.

In den sechziger Jahren entwickelten sich die Kanalinseln zu einem Paradies für Finanzanleger: Wegen eines minimalen Steuersystems eröffneten zahlreiche internationale Banken Dependancen auf den Inseln. Gut 30 Prozent des Bruttoinlandsprodukts machen heute Finanzgeschäfte aus. Darüber hinaus leben die Kanalinseln vom Tourismus sowie wegen ihres milden Klimas vom Blumen- und Tomatenexport. Insgesamt rund 160.000 Menschen bewohnen die Kanalinseln.

Isle of Man: Die Isle of Man zwischen Irland und Großbritannien ist wie die Kanalinseln Kronbesitz und als solcher streng genommen weder Teil des Vereinigten Königreichs noch der Europäischen Union. Es gibt ein eigenes Parlament, das über die Inselgeschicke entscheidet. Und wie die Kanalinseln ist auch die Isle of Man eine Steueroase – weshalb sich hier ebenfalls zahlreiche internationale Banken niedergelassen haben. Neben dem Offshore-Banking spielt aber auch der Tourismus wirtschaftlich eine große Rolle.

Rund 85.000 Menschen leben auf der Isle of Man, Hauptstadt ist Douglas. Amtssprache ist Englisch, jedoch existiert bis heute vereinzelt ein keltischer Dialekt, genannt *Manx*. Eine Besonderheit gibt es im Straßenverkehr: Anders als auf den anderen Britischen Inseln existiert auf der Isle of Man kein allgemeines Tempolimit, weshalb die Insel gern von Autotestern heimgesucht wird. Auch das vermutlich gefährlichste und umstrittenste Motorradrennen der Welt, die Isle of Man Tourist Trophy, findet hier statt. Fast in jedem Jahr kommen dabei auf der gut 60 Kilometer langen Strecke Fahrer zu Tode.

Streng genommen müssen Scheine der Bank of England nur in England und Wales akzeptiert werden. In der Praxis ist dies jedoch auch in Schottland und Nordirland möglich, und in umgekehrter Richtung ebenso. Einzig mit nordirischen Banknoten der Bank of Ireland gibt es mitunter Probleme – manch nostalgisch veranlagter Kassierer denkt beim Anblick, er habe eine alte, nicht mehr gültige Banknote der Republik Irland in der Hand. Die Republik hatte am 1. Januar 2002 den Euro als gesetzliches Zahlungsmittel eingeführt. Zuvor galt dort das irische Pfund, das aber einem anderen Wechselkurs unterlag als das britische Pfund.

Die Briten und der Euro

Die Briten tun sich hingegen naturgemäß schwer mit der Einführung der europäischen Gemeinschaftswährung. Schon der Beitritt des Landes zur Europäischen Union 1973 war ein steiniger Weg. Viele konservative Briten leben nach wie vor in der Vorstellung, dass sie Bürger einer Kolonialmacht sind, die sich keinem Staatenbund unterzuordnen habe. Dass die Realität inzwischen anders aussieht, wird auch gern in der konservativen Presse verschwiegen. Unter der Labour-Regierung von Tony Blair und Gordon Brown gab es eine neue Annäherung an Europa. Die Einführung des Euro haben jedoch auch die Sozialdemokraten nicht übers Herz gebracht. Unter den traditionell europaskeptischen Konservativen dürfte sich dies nicht wesentlich verändern.

Dennoch kann man im Vereinigten Königreich Erfolg haben mit dem Vorhaben, in einem Geschäft in Euro zu bezahlen: Viele große Ketten akzeptieren mehrere Währungen (meist Pfund, Dollar, Euro, Australische Dollar), rechnen jedoch in der Regel mit einem unattraktiven Kurs deutlich zu ihren Gunsten um. Günstiger kommt davon, wer Geld in einer gebührenfreien Wechselstube tauscht. Die gibt es unter anderem in großen Filialen der Bekleidungskette Marks & Spencer sowie an Flughäfen. Manche deutsche Banken bieten zudem die Möglichkeit, in Großbritannien an bestimmten Geldautomaten ohne Gebühren Pfund abzuheben.

Eine Sonderrolle spielt Nordirland: Weil es de facto keine Grenze mehr zur Republik Irland gibt, hat sich zumindest im Grenzgebiet ein Mischmasch aus Euro und Pfund eingespielt. Geschäfte in dieser Gegend akzeptieren in der Regel beide Währungen, ganz gleich, in welchem Land man sich gerade befindet.

Die britische Parteienlandschaft

Das Spektrum der ernstzunehmenden britischen Parteien ist überschaubar: Die Sozialdemokraten *(Labour Party)* und die Konservativen *(Conservative Party, Tories)* sind in Wahlen traditionell die stärksten Parteien. Bedeutung haben auch noch die Liberalen *(Liberal Democrats)*, die 2010 durch eine Koalition mit den Konservativen an die Regierung kamen. Und dann ist auf nationaler Ebene auch schon Schluss mit Parlamentserfahrung. Zwar gibt es auch in Großbritannien Linke, Grüne, Nationalisten – doch im Unterhaus findet man sie in der Regel nicht. Der Grund liegt im Wahlsystem: In Großbritannien herrscht Mehrheitswahlrecht, das heißt, der Wahlsieger eines Wahlkreises zieht ins Parlament ein, ganz gleich, wie hoch der prozentuale Anteil einer Partei am Gesamtwahlergebnis ist. Überhangmandate gibt es in Großbritannien nicht. Da in der Regel die großen Parteien einen Wahlkreis gewinnen, sind sie es, die am Ende in Westminster mitreden.

Eine Ausnahme bilden regionale Parteien: Die *Scottish National Party* hat mit ihren Unabhängigkeitsbestrebungen in Schottland alle traditionellen Parteien überholt und gewinnt dadurch auch bei Unterhauswahlen einzelne Kreise. Gleiches gilt etwa für die nordirischen Parteien wie *Sinn Fein* oder die *Democratic Unionist Party*. Da der weitaus größte Teil der Bevölkerung jedoch in England lebt, werden hier auch die meisten Abgeordneten gewählt – weshalb regionale Parteien aus Schottland oder anderen Landesteilen auf nationaler Ebene weit davon entfernt sind, in die Regierung zu gelangen. Auf regionaler Ebene sind sie indes häufig sehr stark.

Marks & Spencer

Es ist eine Art britische Institution und vom Kultstatus in etwa mit jenem der Discounterkette Aldi in Deutschland vergleichbar: Die britische Kaufhauskette Marks & Spencer ist der Inbegriff für gute Qualität zu vergleichsweise günstigen Preisen – doch gelten die Waren eher als solide denn als angesagt. In jeder halbwegs größeren Stadt ist die Kette heute vertreten, insgesamt betreibt sie landesweit fast 400 Filialen. Der Versuch einer Expansion nach Kontinentaleuropa scheiterte in den neunziger Jahren, doch verfolgt das Unternehmen heute eine Franchisestrategie, um erneut im Ausland wachsen zu können.

Entstanden ist die Kette durch die Gründer Michael Marks und Thomas Spencer, die 1901 in Manchester ihr erstes Kaufhaus eröffneten. Heute hat sich das Unternehmen vor allem mit seinen Lebensmittelabteilungen einen Namen gemacht, in denen ausschließlich Eigenmarken erhältlich sind, die als qualitativ sehr hochwertig gelten. Sehr früh setzte Marks & Spencer dabei auf Essen zum Mitnehmen: Sandwiches, Wraps, Salate und andere schnelle Mittagsgerichte sind heute wesentlicher Bestandteil der Lebensmittelabteilungen. Daraus entstanden ist sogar ein eigener Lebensmittelzweig, der als Solitär expandiert, zunehmend auch an Autobahnraststätten.

Peter in Schottland

Edinburgh, 10. August, 10.05 Uhr

Peter ahnte, dass seine Antwort nicht optimal gewesen sein könnte. Aber muss man sich deswegen so patzig anstellen? »Pass besser auf, was du sagst, Kumpel«, raunzt ihn der bis eben noch ausgesprochen freundliche Herr in einem kleinen Zeitschriftenladen in der Edinburgher Innenstadt an. »Du bist hier nicht in England.« Dabei ist der Grund der Unfreundlichkeit eine im Grunde belanglose Frage. Wie es ihm denn hier gefalle, hatte der Zeitungsverkäufer wissen wollen. Und Peter hatte wahrheitsgemäß geantwortet, dass er England bislang wirklich toll finde. Leider war es ganz offensichtlich nicht das, was der freundliche Herr hören wollte.

Jetzt ist Peter verunsichert. »Entschuldige, ich meinte Großbritannien«, versucht er sich schnell zu verbessern. Doch auch das hebt die Stimmung nicht an.

»Guck dich mal um, Kumpel«, entgegnet der nun sichtlich ungehalten werdende Herr. »Du bist hier in Schottland. Vergiss Großbritannien.«

Peter dämmert langsam, dass er offenbar gerade den Stolz eines Nationalisten verletzt hatte. Schnell bemüht er sich, den Ruf der Deutschen im Ausland wieder zurechtzubiegen: »Ja, natürlich, ich meinte Schottland. England fand ich gar nicht so toll«, lügt er sein Gegenüber an, schnappt sich seine soeben erworbenen Ansichtskarten, lächelt noch einmal freundlich und macht sich auf in einen schönen Sommertag in der schottischen Hauptstadt.

Schon am Vorabend war Peter in ein ähnliches, mittelgroßes Fettnäpfchen gestolpert. Im *Pub* neben seinem Hotel hatte er im Fernsehen ein Vorrundenmatch der US Open mitverfolgt. Tennis vom Feinsten, der ganze *Pub* starrte gebannt auf die Bildschirme an der Wand. Und so kam es, dass Peter irgendwann mit dem ergrauten Mann neben ihm ins Gespräch kam. Beide hatten, wie sie feststellten, als Jugendliche selbst recht erfolgreich im Verein Tennis gespielt, und beide mochten den Sport noch heute sehr.

Peter, der sich in Gesprächen mit Fremden immer etwas schwer tut, suchte eine Möglichkeit, die eigentlich nette Unterhaltung fortzusetzen. Er erinnerte sich daran, wie er als Jugendlicher im Urlaub ständig auf den damals außerordentlich erfolgreichen Boris Becker angesprochen worden war. Er wusste, dass es momentan einen jungen, recht erfolgreichen Briten gab, der immer mal mit Überraschungserfolgen aufwartete, und er fand es an der Zeit, mit seinem Wissen aufzutrumpfen: »Dieser junge Engländer, dieser Andy Murray*, ist ein echt guter Spieler«, versuchte er sich in Fachsimpelei.

Doch sein Tresennachbar schien wenig beeindruckt von Peters Wissen, stattdessen fauchte er ihn prompt an: »Andy Murray ist Schotte, kein Engländer.«

* Andrew (Andy) Murray, geboren am 15. Mai 1987 in Dunblane nahe Stirling, ist britischer Tennisprofi. Er spielte sich seit 2008 an die Spitzenpositionen der ATP-Weltrangliste. In den Medien und der öffentlichen Wahrnehmung wird er je nach Region mal als Schotte, mal als Brite bezeichnet: In England meist als »Brite«, wenn er gewonnen hat, als »Schotte« nach einer Niederlage.

Peinlich berührt über seine Unkorrektheit lud Peter den Herrn spontan zu einem Bier ein. Und es wurde dann doch noch ein sehr unterhaltsamer Abend.

Edinburgh

Edinburgh ist mit knapp 500.000 Einwohnern zwar nicht Schottlands größte Stadt (das ist Glasgow mit knapp 600.000 Einwohnern), aber seit Jahrhunderten dessen Hauptstadt. Auch das 1999 ins Leben gerufene schottische Parlament hat hier seinen Sitz.

Edinburgh lässt sich grob in zwei Bereiche einteilen: Die Altstadt rund um das Schloss auf dem Castle Rock sowie die Neustadt entlang der Princes Street. Wobei die Bezeichnung Neustadt irreführend ist: Auch dieser georgianische Teil Edinburghs wurde bereits im 18. und 19. Jahrhundert gebaut. Während in der Neustadt heute vor allem die großen Geschäfte residieren, versprüht die Altstadt um die Royal Mile nach wie vor den Charme vergangener Zeiten. Was dazu führt, dass es hier zahlreiche »Geistertouren« für Touristen gibt und jede Menge Souvenirshops.

In jedem Sommer ist die Stadt Austragungsort des Edinburgh Festivals, einer Reihe von Kulturveranstaltungen, sowie des Military Tattoos, dem größten Musikfestival des Landes. Der etwas außerhalb liegende Hafen von Leith ist heute vor allem wegen der HMY Britannia bekannt, der früheren Jacht der britischen Königin. Das Schiff liegt hier vor Anker, nachdem es die Labour-Partei aus Kostengründen nach ihrem Wahlsieg ersatzlos stilllegen ließ, und kann nun von jedermann besichtigt werden.

Was hat Peter nun falsch gemacht?

Er hat zwei Schotten in ihrem Stolz getroffen – und das kann bei manchen Bewohnern des kleinen Landes im Norden der Insel durchaus vorkommen. Auch wenn Schottland Teil Großbritanniens und somit des Vereinigten Königreichs ist – viele Schotten sehen sich nicht als Briten und schon gar nicht als Engländer (was ohnehin nicht korrekt wäre), sondern als Schotten. Und das liegt in der Historie begründet: Bis 1707 stellte Schottland überwiegend ein eigenständiges Königreich dar. In jenem Jahr jedoch wurde es durch den sogenannten *Act of Union* mit England vereinigt. Das war die Geburtsstunde von Großbritannien. Die Schotten lösten infolgedessen ihr Parlament auf und entsandten fortan Vertreter in das Parlament nach London. Bereits seit 1603 gab es eine Personalunion im Königshaus. Damals wurde Jakob VI. von Schottland, Sohn Maria Stuarts, als Jakob I. auch König von England. Die beiden Königreiche blieben jedoch bis 1707 formell eigenständig.

Es sollte bis zum 1999 dauern, dass die Schotten – inzwischen durch Ölförderung vor ihrer Küste überraschend zu einem gewissen Reichtum gelangt – wenigstens ein Stückchen Unabhängigkeit zurück bekamen. Der damals neu gewählte britische Premierminister Tony Blair löste in seiner ersten Amtszeit eines seiner Wahlversprechen ein und ließ in Schottland und im ebenfalls zuvor von Westminster vertretenen Wales eigene Regionalparlamente einrichten. Deren Kompetenzen reichten zwar noch nicht einmal an die der deutschen Landesparlamente heran, doch für viele Schotten zählte der symbolische Schritt. Der Wunsch nach vollständiger Autonomie wurde indes immer größer – wodurch vor allem die separatistische Schottische Nationalpartei (Scottish National Party, SNP) profitierte: Sie wurde mit ihrer Forderung nach einem unabhängigen Schottland zunehmend populärer und löste im Jahr 2007 die zuvor regierende Labour-Partei an der Regierung ab. Bekanntester Förderer der SNP war übrigens viele Jahre der frühere James-Bond-Schauspieler Sean Connery.

Peter sucht den Kontakt

Edinburgh, 10. August, 19.18 Uhr

Dieser Abend wird unterhaltsam, da ist sich Peter ganz sicher. Gestern hatte er noch lange in der Hotelbar mit einem Pärchen aus Südengland zusammengesessen und über Fußball, Politik und den Niedergang des Staatsfernsehens geplaudert. Margaret und Richard hießen die beiden, sprachen ein außerordentlich akzentfreies Englisch und waren auf Urlaubsreise im hohen Norden der Insel. Wirklich sympathische Leute, die ihren Gin-Tonic in derselben Geschwindigkeit tranken wie Peter sein Lagerbier. Er musste sich am Ende sogar sputen, um mit dem Tempo mithalten zu können und war froh, als der Barkeeper irgendwann freundlich, aber bestimmt zur letzten Bestellung aufrief. Für heute haben sich die Drei wieder verabredet. Um 19 Uhr wollen sie sich im *Deacon Brodies* in der Royal Mile in Edinburgh treffen, einem der ältesten *Pubs* der Stadt, unweit des Schlosses gelegen.

Royal Mile

Die Royal Mile ist die Verbindungsachse zwischen dem Schloss von Edinburgh und dem Holyrood Palace, der offziellen Residenz des britischen Königs in Schottland, nebst Holyrood Abbey, einer früheren Kirche, von der nur noch die Außenmauern erhalten geblieben sind. Gegenüber befindet sich inzwischen der Neubau des schottischen Parlaments.

Die Royal Mile heißt offiziell gar nicht so, sondern besteht aus den Straßen Castle Esplanade, Castlehill, Lawnmarket, High Street, Canongate und Abbey Strand. Sie ist insgesamt eine schottische Meile lang (entspricht 1.807 Metern – die schottische Meile war länger als die englische, heute wird dieses Maß selbst in Schottland nicht mehr genutzt).

Peter schaut auf die Uhr: Es ist 19.18 Uhr, als er den *Pub* endlich erreicht. Er war den halben Tag durch die Innenstadt gebummelt und hatte darüber ganz die Zeit vergessen. Abgehetzt betritt er das Lokal und schaut sich um: Es ist voll. Nur mit Mühe kann er an einem der Tische im hinteren Bereich seine Urlaubsbekanntschaft vom Vorabend entdecken. Er drängelt sich an den herumstehenden Gästen vorbei und startet seine Begrüßungsarie, die aus seiner Sicht bei freundlichen Leuten zum Standardrepertoire gehört: Küsschen auf die Wangen für die Dame, eine herzliche, brüderliche Umarmung für den Herrn. Doch die beiden – erst sichtlich erfreut, dass Peter endlich eingetroffen ist – zucken zurück.

Margaret schaut Peter irritiert an. Sie schwankt ganz offensichtlich zwischen Ohrfeige und Ignorieren. Auch Richard scheint unsicher. Beide schauen sich an und versuchen mit einem Lächeln über Peters soeben praktizierten Akt der Begrüßung hinwegzusehen.

»Setz dich, Peter«, fordert Richard den neu eingetroffenen Gast auf. »Wir haben einen Platz für dich frei gehalten, hatten aber leider kein Handtuch* dabei.« Alle lachen.

Der Abend wird lustig wie gedacht und Peter fühlt sich in

* Das Synonym in England für einen deutschen Urlauber: Das Handtuch auf dem Liegestuhl, mit dem sich Deutsche nach Ansicht der Briten stets einen Platz freihalten.

der Gesellschaft von Margaret und Richard sichtlich wohl. Ein Bier folgt dem Nächsten, eine Geschichte der anderen, und unser Urlauber aus Deutschland möchte irgendwann seine Zufriedenheit kundtun.

Er legt den Arm um Margarets Schulter und holt aus, eine Lanze auf die deutsch-britische Freundschaft zu brechen. »Wisst ihr, ihr seid wirklich richtig nette Leute«, stottert Peter, »schön, dass wir uns hier kennengelernt haben.«

Doch statt der erwarteten Erwiderung verkrampft Margaret und richtet hilfesuchende Blicke an ihren Mann. Der bemüht sich, die Situation zu entspannen: »Weißt du Peter, das finden wir auch«, holt er aus. »Aber wir Engländer sagen das ohne Körperkontakt.« Richard klopft seiner deutschen Urlaubsbekanntschaft gönnerhaft auf die Schulter.

Ein Wink mit dem Zaunpfahl – Peter versteht sofort. Er nimmt seinen Arm von Margarets Schulter und wird schlagartig nüchtern – zumindest kommt es ihm so vor.

»Keine Bange, Kumpel«, beschwichtigt Richard. »Wie sagt ihr in Deutschland immer? Prost!«

Peter lächelt. »Ja, Prost, ihr beiden. Auf weniger Körperkontakt.«

Was hat Peter falsch gemacht?

Er ist mitten in die Intimsphäre zweier Briten gepoltert. Die gelten – aller eventuellen Trinkgelage zum Trotz – gemeinhin als recht reserviert. Und dass dies in der Tat so ist (was man durchaus nicht negativ oder gar als unfreundlich interpretieren darf), zeigt sich unter anderem in einer gewissen Distanz Fremden gegenüber. Der unter anderem auf der anderen Seite des Ärmelkanals in Frankreich gern praktizierte Brauch des Begrüßungsküsschens ist auf der Insel absolut verpönt. Selbst an die inzwischen in Deutschland in Mode kommende Umarmung wagen viele Briten nicht einmal im Traum zu denken. Sie halten stattdessen stets ein gepflegtes Maß an Distanz bei Begegnungen mit anderen.

Das fängt schon beim Händeschütteln an: Selbst das ist nur üblich, wenn sich zwei Personen zum ersten Mal begegnen und sie sich einander vorstellen oder von jemand anderem vorgestellt werden. »Guten Tag, ich bin der und der«, ist dann meist ein guter Einstieg, und dem sollte nach der Vorstellung des Gegenübers stets ein »Schön, Sie zu treffen« *(Nice to meet you)* folgen. Ob man das nun wirklich schön findet oder nicht, spielt keine Rolle – was zählt, ist die Höflichkeitsfloskel. Sieht man sich dann ein zweites oder ein drittes Mal wieder, bleibt es bei einer simplen verbalen Begrüßung.

Gleiches gilt auch im weiteren Verlauf. Umarmungen zwischendurch unter Freunden oder Bekannten sind auf der Insel absolut unüblich. Sie gelten eher als Zeichen einer einfach strukturierten Bevölkerungsschicht. Und auch dort ist sie überwiegend nach unangemessen hohem Alkoholgenuss vorzufinden.

Zuprosten ist übrigens ebenfalls bei weitem nicht so ausgeprägt wie in Deutschland. Bei sehr festlichen Ereignissen spricht man einen *Toast* aus. In der Kneipe oder bei informellen privaten Zusammenkünften kann es bestenfalls mal zu einem *»Cheers«* kommen (in Irland *»Slainte«*), meist allerdings gibt es dort nichts dergleichen. In keinem Fall stoßen die Gläser bei solchen Trinkregularien zusammen. Stattdessen hebt man das Glas hoch und prostet sich zu.

Peter verrechnet sich

Edinburgh, 10. August, 22.08 Uhr

Peters Urlaubsbekanntschaften erweisen sich als überaus kommunikativ. Gemeinsam mit Margaret und Richard hat er jetzt fast drei Stunden im Deacon Brodies-*Pub* in der Edinburgher Altstadt geplaudert. Inzwischen haben sich noch zwei Bekannte der beiden hinzugesellt, gemeinsam ist man in die erste Etage gewechselt, wo auch Essen serviert wird. In größerer Runde sind schließlich ausgiebig die Vor- und Nachteile der Topspieler in der *Premier League*, der wichtigsten britischen Fußballliga, diskutiert worden. Richard ist überzeugter Verfechter von Manchester United. David, einer der hinzugestoßenen Bekannten, schwärmt für den FC Arsenal London. Die beiden haben sich den Kopf heiß geredet. Und Peter wurde immer neugieriger auf das, was sich in der Liga so abspielt. Er erwägt nun, sich in seinem Urlaub noch ein Spiel im Stadion anzuschauen, falls er das zeitlich irgendwie schafft. Richard hat ihm zu Manchester geraten, vor allem zum dortigen Old-Trafford-Stadion*. David will Peter lieber nach London schicken zu Arsenal. Peters Scherz, er werde wohl am besten nach Liverpool schauen, wenn sie sich nicht einig werden, kommt aber

* *Old Trafford* ist seit 1910 die Heimat von Manchester United, einem der erfolgreichsten Fußballvereine Großbritanniens und obendrein einem der bekanntesten der Welt. *Old Trafford* ist eines von zwei großen Stadien der Stadt: Der Fußballverein Manchester City verfügt über ein eigenes, das *City of Manchester Stadium*.

bei beiden nicht besonders gut an. »Vergiss den FC Liverpool«, entgegnen sie – ohne die Freundlichkeit, die sie noch kurz vorher zu erkennen gegeben hatten.

Peter wird langsam müde. Er beschließt, den netten Abend zu beenden und zum Hotel aufzubrechen. Schließlich möchte er gern morgen nicht allzu spät in die Highlands aufbrechen. Er hat sich eine ganze Menge vorgenommen, vor allem, den Wagen dort auch mal stehen zu lassen, um ein bisschen zu wandern. Die anderen nehmen Peters Vorstoß dankend an. Alle sind müde, die Runde wird gemeinsam aufbrechen. Richard bestellt die Rechnung, die auch prompt kommt. Offenbar ist die Bedienung froh, dass mit der Runde auch ihre letzten Gäste endlich verschwinden.

Peter rechnet bereits in Gedanken die Kosten seines Abends zusammen: Einmal schottischer Lachs mit Beilagen, elf Pfund. Dazu drei Bier zu je 3,20 Pfund, macht 20,60 Pfund.

Peter will gerade 21 Pfund auf den Tisch legen, da meldet sich Richard zu Wort, der seinerseits gerechnet hat: »118,90 Pfund. Das macht für jeden mit Trinkgeld 26 Pfund, habe ich recht?«

Die anderen nicken einvernehmlich. »Ja, das ist korrekt, Richard«, sagt David, und packt seinerseits 26 Pfund auf den Tisch.

Peter beobachtet die Szene und merkt, dass auch die anderen ihren gleichen Anteil ohne jegliche Form von Protest dazulegen. Dabei hatten alle etwas Unterschiedliches zu essen, von den Getränken ganz zu schweigen. Peter fragt sich, wieso er plötzlich mehr bezahlen muss als gedacht – behält diese Frage aber angesichts des netten Abends für sich. Er greift erneut in sein Portemonnaie und zieht noch eine Fünf-

Pfund-Note hervor. »Und hier sind meine 26 Pfund, voilà!« Ein teurer Abend – weshalb auch immer.

Highlands

Als Highlands wird der Norden Schottlands bezeichnet, südlich begrenzt in etwa durch den Bogen Firth of Clyde, Dundee, Inverness. Auch die schottischen Inseln werden dazu gezählt. Die Highlands zeichnen sich vor allem durch eine raue Natur und eine vergleichsweise geringe Besiedelung aus. Die Landschaft ist geprägt von Bergen, Heldetälern, Bächen und Fischerdörfern.

Für viele ist hier das »urspüngliche« Schottland beheimatet. Das hat unterschiedliche Gründe: Neben der speziellen Vegetation in einem kühleren Klima als im Süden sowie der langen Unabhängigkeit von England vor dem Act of Union ist vor allem auch die geringe Größe der Ortschaften ausschlaggebend: Bei 100 oder knapp mehr Einwohnern in einem schottischen Dorf lohnt sich für keine Handelskette der Welt eine Filiale. Das führt dazu, dass man im Norden Schottlands Gastronomiebetriebe wie McDonald's oder Starbucks sowie große Supermärkte wie Sainsbury's, Tesco oder Asda in der Regel vergeblich sucht. Diese Ursprünglichkeit allerdings zieht in den Sommermonaten Touristen en masse an. Schottland konkurriert in puncto Landschaftsurlaub und Wandern stark mit der Nachbarinsel Irland. Wer seine Ruhe mag, der sollte deswegen eher im Frühjahr oder Herbst anreisen, keinesfalls aber zur Zeit der Sommerferien. Auch nicht im Winter – denn die können sehr kalt und schneereich sein.

Wichtigster Exportfaktor der sonst wenig industrialisierten Highlands ist der Whisky (siehe auch Seite 195). Ein Großteil der Destillerien im Land befindet sich in den Highlands.

Was hat Peter falsch gemacht?

Schotten haben gemeinhin den Ruf, geizig zu sein. Engländer hingegen nicht. So gehört es zu den guten Umgangsformen, dass bei gemeinsamen Essen in einem Restaurant nicht jeder für sich bezahlt. Stattdessen teilt man den Gesamtbetrag unter sich auf und zahlt dann mit einer kompletten Summe. Meist teilt man den Betrag einfach in gleiche Anteile. Das ist übrigens auch bei Schotten so – bei denen Geiz ohnehin eine böse Unterstellung ist.

Hat der eine etwa teuren Hummer und der andere lediglich preiswerte Pommes Frites gehabt, ist es selbstverständlich, dass der Gast mit dem deutlich teureren Essen den »Hut« als Erster mit seinem großzügig bemessenen Anteil füllt. Bei kleinen Differenzen spart man sich die unterschiedliche Bewertung.

In Pubs ist es bei größeren Runden mit Freunden oder Bekannten üblich, Runden von Getränken auszugeben. Man kauft nicht nur für sich selbst ein Getränk an der Bar, sondern gleich für alle. Das geht dann der Reihe nach, sodass die finanzielle Last am Ende auch meist gerecht verteilt ist. Dies gilt natürlich nur bei überschaubaren Runden. Ist man beispielsweise mit einer ganzen Hochzeitsgesellschaft in einer Kneipe, muss man nicht jedem etwas ausgeben, sondern bestenfalls den direkt bei der Bestellung anwesenden Leuten.

Peter trinkt Whisky

Keith, 11. August, 10.30 Uhr

Was verbindet der Feinschmecker mit Schottland? Sicherlich nicht das Frühstück und auch nicht *Fish and Chips* – aber unbedingt den dortigen Whisky. Ein Destilleriebesuch, dachte sich Peter schon daheim vor der Abreise, muss deswegen unbedingt auf dem Programm stehen. Den hielt er für ähnlich zwingend wie den Besuch des Petersdoms in Rom oder das Besteigen des Eiffelturms in Paris.

Fish and Chips

Es wäre angesichts der großen Zahl an weit verbreiteten Speisen unfair, *Fish and Chips* als das Nationalgericht der Briten zu umschreiben; doch so ganz weit weg ist es nicht davon. Das in Backteig frittierte Fischfilet mit Pommes frites (englisch: *Chips*), nur echt mit einer gehörigen Portion Salz und Malzessig, gibt es in jedem noch so kleinen Ort irgendwo im Angebot. Üblicherweise wird zur Zubereitung Kabeljau oder Schellfisch verwendet, in den meisten Fällen kommt dieser frisch vom Fischhändler – Tiefkühlfisch ist auf der Insel nicht weit verbreitet, höchstens in Großstädten. Auch die Pommes frites unterscheiden sich von jenen in Deutschland: Sie bestehen traditionell aus dick geschnittenen Kartoffelsticks und sind dadurch weicher als die oft knusprigen Varianten hierzulande. Klassische Beilage in Restaurants sind (teilweise zerstampfte) Erbsen sowie Sauce tartare, eine helle Soße aus Eigelb, Öl und Schnittlauch.

Dass er nun schon um 10.30 Uhr an der Rezeption der Strathisla Distillery steht, findet Peter gerade selbst etwas bedenklich. Doch das schlechte Wetter ist schuld. Der Himmel über dem kleinen Ort Keith östlich von Inverness ist grau wie an einem düsteren November-Tag. Ein dichtes Regenband zieht über Schottland hinweg. Das hatte Peter am Morgen im Wetterbericht des Frühstücksfernsehens gesehen. Und er befand sich in der Tat ganz offenkundig mittendrin in diesem Regenband. Aber: Jeder Rückschlag bietet eine neue Chance, dachte er sich. Und so war er spontan einem Hinweisschild für die Destillerie gefolgt, das er eher zufällig an der Hauptstraße entdeckt hatte.

Schnellen Schrittes war Peter durch den Regen in das Hauptgebäude gegangen – einen Regenschirm wollte er nicht extra mitschleppen, denn er hoffte auf eine Führung durch den Betrieb. Doch das ganze Anwesen wirkte nicht so, als ob dort wirklich gearbeitet würde: Eine Seelenruhe lag über den eher flachen Gebäuden aus in die Jahre gekommenem Granitstein. Im Hintergrund erhoben sich zwei Malzdarren mit ihren für diese Region typischen Pagodendächern. Fast hätte Peter ein Foto machen wollen, doch der Regen trieb ihn ins Innere. Und so steht er nun am Empfangstresen, im Hintergrund der Schriftzug »Chivas« an der Wand, davor ein Herr mittleren Alters, der auffallend zufrieden und gelassen daherblickt. So wie das aussieht, scheint der Herr keinen allzu anstrengenden Job zu haben, denkt sich Peter.

»Guten Morgen, was für ein Jammer, dass ich Sie nicht bei Sonnenschein begrüßen kann. Dürfen wir Sie durch unsere Destillerie führen?«

Der zufrieden schauende Mann kommt gleich zum Punkt, das gefällt Peter. »Guten Morgen«, antwortet er brav, von der Freundlichkeit und der Atmosphäre in dem mit viel Holz ausgestatteten Gebäude sichtlich angetan. Keine Spur von einer Fabrik, das Empfangsgebäude gleicht innen eher einem Landsitz. »Das dürfen Sie gern.«

»Nun, wir nehmen eine kleine Kostenpauschale von fünf Pfund«, scheint sich der Empfangsmitarbeiter beinahe entschuldigen zu wollen, »dafür können Sie aber auch unsere Whiskys probieren – vorab laden wir Sie in unserem *Isla Room* zu Tee und *Shortbread* ein.«

Peter schwant Böses. Er hatte gerade erst gefrühstückt und wollte eigentlich noch eine Strecke mit dem Auto herumfahren. »Oha, Whisky um diese Zeit?«

Der Mann hinter dem Tresen hebt die Stirn: »Nun, es ist nach 9 Uhr!«

Peter lacht laut auf. Der 9-Uhr-Gongschlag als Marke für Alkoholkonsum; etwas ähnlich Seltsames hatte er bislang nur in Bayern erlebt, wo er mal Weißwürste in sich reinschlingen musste, weil seine Bekannten in der Nähe von München der Ansicht waren, dass so etwas grundsätzlich vor dem Mittag vertilgt sein müsse. Aber Alkohol kurz nach dem Frühstück – wenn das Schule macht ... »Nun, warum nicht«, sagt Peter kurz entschlossen und holt einige Ein-Pfund-Münzen aus seinem Portemonnaie.

Eine Frage hat er aber doch noch: Wieso steht an der Wand hinter dem Mann »Chivas«, wo er sich doch aber in der Strathisla Destillerie wähnt?

»Nun, das ist sehr einfach«, klärt ihn sein Gegenüber auf, »wir gehören zur Firma Chivas, und der mit Abstand bekannteste Whisky, den wir hier herstellen, heißt ›Chivas Regal‹. Das ist allerdings ein *Blended* Whisky.«

Peter versteht. Und auch wieder nicht: Was zum Himmel

ist ein *Blended*? Doch beschließt, sich diese Frage für die Führung aufzuheben.

Und die beginnt schneller als er denkt: Peter muss seinen Tee fast runterstürzen, weil der Tourführer schon zum Start aufruft. Dieser stellt sich als Frank vor, ist allem Anschein nach ein Student, der sich in den Semesterferien etwas dazu verdient, und obendrein jemand, für den Whisky so etwas wie eine Religion darstellt. Eine gute Dreiviertelstunde zeigt er Peter und zwei älteren Ehepaaren das Gelände: vom Gär- über den Brennraum bis zum Lagerhaus, in dem unzählige alte Eichenfässer mit Whisky lagern. Dabei schwärmt er in den höchsten Tönen vom einzigartigen Geschmack, über den das Hochprozentige aus Schottland verfüge. Peter schafft es mit Leichtigkeit, gleich zu Beginn unangenehm aufzufallen: Welchen Whisky seine Teilnehmer denn daheim tränken, möchte der Frank wissen. Peter, der eigentlich kein großer Freund von Spirituosen ist, erinnert sich spontan nur an eine Sorte, mit der er vor Urzeiten mal auf einer Party in Berührung gekommen war: Jack Daniels.

»Das ist aber etwas ganz anderes als unsere Produkte«, bekam er daraufhin dezent abfällig als Antwort zu hören. »Das ist ein *Bourbon*.«

Blended, Bourbon, Malt – Peter schwirrt der Kopf. Er dachte immer Whisky sei Whisky. Ist er aber ganz offensichtlich nicht. Das muss sich Peter am Ende der Tour im *Dram Room* anhören, in dem der versprochene Nach-9-Uhr-Schluck zur Verköstigung kommt. Die Anwesenden können aus einer Reihe von Whiskysorten der Brennerei wählen. Peter entscheidet sich für einen zwölf Jahre alten Strathisla *Single Malt* – mehr durch Zufall.

Als er das Glas gereicht bekommt, hat er unfreiwillig seinen nächsten großen Auftritt: Seine eher beiläufig gestellte Frage, ob er denn auch Eiswürfel in sein Glas bekommen könne – so wurde damals der Whisky auf seiner Party ausgeschenkt – treibt Frank das blanke Entsetzen ins Gesicht: »Schot-ti-scher Whis-ky«, er betont jede Silbe einzeln, als verfüge Peter über den geistigen Horizont eines Dreijährigen, »wird nicht mit Eiswürfeln getrunken.« Es scheint, als würde er Peter – der vor Schreck einen halben Meter zurückgewichen ist und beinahe sein Glas fallen gelassen hätte – am liebsten eine Woche Stubenarrest aufdrücken. Doch Frank seufzt nur einmal kurz: Mit Quellwasser könne man Whisky aber durchaus leicht verdünnen, wenn er einem zu stark sei. In väterlicher Art reicht er Peter einen kleinen Krug mit Wasser.

Die Biergläser werden bis zum Rand vollgeschenkt, Whisky scheint ähnlich heilig zu sein wie das Weihwasser in der Kirche – Peter fällt es schwer, dieses Land zu verstehen ...

Was hat Peter falsch gemacht?

Er wollte der Schotten Allerheiligstes panschen. Bei Whisky hört für viele der Spaß auf. Mag man in den USA Hochprozentiges auf Eiswürfelbasis trinken – in Schottland nicht, zumindest nicht solches aus den eigenen Brennereien.

Und *Whisky* ist eben nicht gleich *Whiskey*. Das fängt schon bei der Schreibweise an: Während das hochprozentige Getränk in aller Welt mit »e« geschrieben wird, fehlt dieser Buchstabe bei den schottischen Varianten. Und warum?

Weil die chronisch geizigen Schotten an Buchstaben gespart haben, wird man vor Ort meist mit einem Augenzwinkern aufgeklärt. Sprachlich stammen *Whisky* und *Whiskey* aus dem gälischen Begriff *»uisge beatha«* (gesprochen »Uschka Baha«), was so viel bedeutet wie »Wasser des Lebens«. Der erste heute bekannte Hinweis auf dieses Getränk stammt aus dem Jahr 1494, als es in schottischen Steuerunterlagen urkundlich erwähnt wurde. Mit der zunehmenden Besiedlung Nordamerikas gelangte die Whiskyproduktion über den Atlantik. Dort stellten sich jedoch vor allem zwei Probleme: Gerste wuchs dort damals nur schlecht, zudem gab es in den besiedelten Gegenden keinen Torf. Man behalf sich also mit anderen Getreidesorten und damit, die Fässer auszukohlen, um den eigentlich durch den Torf entstehenden typischen Whiskygeschmack zu erlangen. Es gelang nicht, den Geschmack der schottischen Originale zu erreichen, weswegen amerikanische Whiskeys bis heute deutlich weniger charismatisch schmecken.

Generell gibt es durch die unterschiedlichen Herstellungsweisen mehrere Unterscheidungen beim Whiskey: Während man unter *Single Malt* überwiegend die nach schottischem Originalrezept hergestellten Sorten versteht, ist der Markt überschwemmt mit anderen Varianten wie *Bourbon*, *Rye*, *Corn*, *Grain* und vor allem *Blend* (siehe Kasten). In Fassstärke *(Cask Strength)* verfügen sie meist über rund 60 Volumenprozent Alkohol, in Flaschen abgefüllt üblicherweise über 40 bis 43 Volumenprozent.

Die Herstellung

Malt Whisky besteht aus Wasser, gemälzter Gerste und Hefe. Klingt einfach, ist aber in der Herstellung dennoch kompliziert und vor allem zeitaufwendig: Ein Whisky muss laut EU-Richtlinie mindestens drei Jahre in Holzfässern gelagert haben. Üblich sind bei schottischem *Single Malt* acht bis zwölf Jahre. Edle Sorten ruhen aber mitunter noch deutlich länger. Für einen schottischen Whisky ist zudem bindend, dass er in Eichenholzfässern direkt in Schottland gelagert wird.

Die Produktion beginnt mit dem Mälzen der Gerste. Dabei wird das Getreide – zumindest in der traditionellen Herstellungsweise, die heute nur noch kleine Brennereien anwenden – in Wasser eingeweicht, bis es zu keimen beginnt. Anschließend verteilt man sie auf dem sogenannten Malzboden und lässt sie rund eine Woche keimen. Die Keimung stoppt, wenn man die Gerste dann über Torffeuer (ebenfalls traditionell und nicht mehr überall so anzufinden) trocknet.

Es folgt das sogenannte Maischen: Das nun trockene Malz wird zermahlen und in große Maischebottiche geschüttet. Dort wird es mit kochendem Wasser vermischt, was den Zuckeranteil freisetzt und eine »Würze« genannte Flüssigkeit entstehen lässt. Diese wird in Gärbottiche geleitet, auf etwa 70 Grad abgekühlt und mit Hefe vermengt. Dadurch entsteht nach gut zwei Tagen eine alkoholhaltige Flüssigkeit, meist um 7,5 Volumenprozent.

Nun kommt es zum eigentlichen Destillationsprozess: Die vergorene Würze wird in die traditionell aus Kupfer handgefertigten Brennblasen geleitet und dort meist zwei-, selten sogar dreimal destilliert. Das so entstehende Destillat ist noch farblos und kaum trinkbar. Es muss nun drei Jahre in Holzfässern gelagert werden, bevor es als Whisky bezeichnet werden darf. Dafür verwenden schottische Brennereien Eichenfässer, in denen zuvor entweder Portwein, Bourbon oder Sherry aufbewahrt worden war und die anschließend ausgebrannt wurden. Erst dies verleiht dem Whisky in der Lagerungsphase seine typische Farbe sowie eine gewisse Geschmacksnote.

Aber noch andere Faktoren führen zum typischen Geschmack schottischer Whiskys: der Torf beim Trocknen der Gerste etwa, das Quellwasser und auch die Luft der Umgebung. Da Whiskyfässer »atmen«, nehmen sie in der Zeit ihrer Lagerung (meist acht bis zwölf Jahre) Gerüche der jeweiligen Region an. Unter anderem dies führt dazu, dass ein Inselwhisky anders schmeckt als etwa einer aus dem schottischen Inland (siehe Kasten). Je länger ein Whisky in einem Fass lagert, desto mehr verändert er seinen Geschmack. Deswegen unterscheiden sich auch unterschiedliche Jahrgänge einer einzigen Brennerei im Geschmack teilweise erheblich. Pro Jahr verliert der Whisky durch die Lagerung bis zu einem Volumenprozent Alkohol. Die Schotten nennen diese Verdunstung den »Anteil der Engel« *(Angel's share)*.

Die Verkostung

Guter Whisky hat einige Jahre der Lagerung hinter sich und ist entsprechend teuer. Das führt dazu, dass sich eine etwas komplizierte Trinkkultur um dieses Getränk entwickelt hat. Diese beginnt mit dem richtigen Glas. Aus drittklassigen amerikanischen Spielfilmen kennt man die flachen breiten Gläser, aus denen sich der Hauptdarsteller an der Bar seinen Whiskey einverleibt. Schottischer Whisky sollte aber eher aus sogenannten *Nosing Glasses* getrunken werden, aus Gläsern, in denen sich das Aroma durch Schwenken besser entfalten kann. So lässt es sich vor dem Trinken auch gut riechen (deswegen der Begriff *Nosing*, von *Nose*, Nase). Diese Gläser gleichen einer Miniaturvariante der klassischen Biertulpen, sind unten bauchig und laufen oben flach zu.

Man gießt zunächst ein wenig Whisky ins Glas und wärmt dieses einen Augenblick mit der Hand. Dabei schwenkt man das Glas leicht, um das Bouquet anschließend besser mit der Nase aufnehmen zu können. Und man sollte sich davor hüten, einen Eiswürfel ins Glas zu werfen – stattdessen bestenfalls ein wenig Wasser (Quellwasser, keinesfalls kohlensäurehaltiges Mineralwasser!) dazugießen, wenn der Whisky pur zu stark erscheint. Dadurch können sich manche Sorten besser entfalten. Wer sich die Farbe ansieht, erlebt eine weitere Besonderheit: Viele Whiskys unterscheiden sich aufgrund der für sie verwendeten Fässer teils erheblich in Ton und Intensität. Ein Bourbonfass ergibt im Laufe der Jahre eine andere Farbe als etwa ein Sherryfass.

Schließlich nimmt man einen Schluck und lässt ihn ausgiebig über die Zunge fließen. Wer dies so praktiziert, wird feststellen, dass sich der Geschmack bei guten Whiskys erst nacheinander entfaltet. Manch eine Sorte schmeckt anfangs ganz anders als im Abgang.

Was auch immer man tut: Niemals sollte man einen echten schottischen *Single Malt Whisky* einfach die Kehle hinunterstürzen. Auf diese Weise bekäme man vom Geschmack nicht viel mit. *Single Malt Whisky* gilt als Genussmittel, nicht als stumpfe Möglichkeit, Alkohol aufzunehmen. Insofern sollte man ihn auch wirklich nur in Maßen zu sich nehmen, um das Geschmackserlebnis voll auskosten zu können. Von den gesundheitlichen Aspekten mal ganz abgesehen.

Unterschiedliche Whisk(e)y-Sorten

Malt
Wird ausschließlich aus gemälzter Gerste hergestellt. Ein *Single Malt Whisky* ist ein Whisky, der nicht verschnitten wird und aus einer einzigen Brennerei stammt. Vor allem in Schottland werden sogenannte *(Pure) Single Malt Whiskys* hergestellt.

Bourbon
Wird zu mindestens 51 Prozent aus Mais hergestellt, zusätzlich werden noch Roggen, Weizen und Gerste verwendet. *Bourbon* wird mit maximal 63 Volumenprozent Alkohol in neue Fässer abgefüllt, die zuvor ausgekohlt wurden. Wird er nicht mehr verschnitten, nennt er sich zusätzlich *»Straight«*.

Corn
Eine erweiterte Variante des *Bourbon*, der zu 100 Prozent aus Mais produziert wird. Das macht ihn außerordentlich mild, weswegen *Corn* weniger in den Verkauf kommt als vielmehr in die Herstellung von *Blended Whiskey*.

Rye
Wird zu mindestens 51 Prozent aus Roggen hergestellt, was ihn sehr würzig macht. Inzwischen gibt es nur noch sehr wenige Sorten.

Grain
Dahinter verbergen sich generell Whiskeys, die aus Mais, Weizen, ungemälzter Gerste oder Roggen hergestellt werden.

Blend
Verschnitt mehrerer Whisk(e)ysorten meist unterschiedlicher Brennereien – das können für eine einzige Flasche gut einige Dutzend sein.

Pure Pot Still
Ein Whisky, der ausschließlich aus gemälzter und ungemälzter Gerste destilliert wird, und noch dazu in den klassischen Brennblasen *(Pot Still)*. Wird überwiegend in Irland hergestellt.

Vatted
Verschnitt von *Malt-Whiskys* unterschiedlicher Brennereien

Schottlands Whiskyregionen

Whisky ist ein Erzeugnis aus natürlichen Bestandteilen, das viel von seiner Umgebung im Geschmack aufnimmt. Die Qualität des Wassers spielt eine ebenso große Rolle wie der Ort der Lagerung und die Qualität des Getreides. Das führt zu großen Unterschieden im Geschmack. Deswegen unterscheidet man schottische Whiskys auch nach dem Ort der Produktion:

Highlands
Whiskys aus dem schottischen Hochland stammen aus dem Gebiet nördlich der Linie Glasgow-Aberdeen. Sie sind in der Regel sehr kräftig im Geschmack und meist leicht torfig.

Lowlands
Whiskys aus Brennereien südlich der Linie Glasgow-Aberdeen. Sie sind deutlich weicher im Geschmack.

Speyside
Das Gebiet Schottlands mit der höchsten Destilleriedichte. Insgesamt haben sich hier fast 50 Brennereien angesiedelt. Die *Speyside* befindet sich streng genommen in den *Highlands*, genauer in einem Gebiet entlang des Flusses Spey in den Grafschaften Banffshire und Morayshire – dem wichtigsten Getreideanbaugebiet Schottlands. Anders als die weiteren *Highland-Whiskys* sind die Erzeugnisse aus dieser Gegend jedoch ausgesprochen mild und weich. Diese Whiskys sind gut für Einsteiger geeignet.

Campbelltown
Einst das Zentrum der schottischen Whiskyherstellung hat Campbelltown auf der Halbinsel Mull of Kintyre heute an Bedeutung verloren. Von den einst 30 Brennereien existieren nur noch drei: *Springbank*, *Glen Scotia* und *Glengyle*. Die Seeluft verleiht diesen Whiskys eine besondere Note.

Islay
Die Insel *Islay* (gesprochen *»Eila«*) gehört zu den inneren Hebriden vor der Westküste Schottlands. Ein gutes halbes Dutzend Brennereien produziert hier heute noch Whisky – und zwar einen besonders komplexen und torfigen, der vor allem für Kenner jedes Mal aufs Neue ein Genuss ist. Der besondere Geschmack kommt unter anderem durch das raue Seeklima und eine beson-

dere Torfart zustande. Weswegen Whiskys von Islay auch nicht pauschal zu den *Island-Whiskys* gezählt werden, sondern eine eigene Klassifizierung erfahren haben.

Island

Unter diesem Oberbegriff fasst man Whiskys von den Inseln Arran, Mull, Jura, Skye und Orkney zusammen. Auch sie sind kräftig, eher torfig und leicht salzig im Geschmack, haben aber sonst kein einheitliches Charakteristikum. Whiskys von Orkney ist neben der Seeluft ebenfalls eine spezielle Torfart anzumerken. Sie besteht vor allem aus Heidekraut, was dem Whisky einen fast honigartigen Geschmack verleiht.

Peter geht in den Pub

Oban, 12. August, 20.35 Uhr

Peter hat einen traumhaften Tag in den schottischen Highlands hinter sich. Nicht ein Regentropfen fiel vom Himmel. In Fort Augustus am südlichen Ende von Loch Ness konnte er sogar im T-Shirt in der Sonne sitzen und beobachten, wie sich ein kleines Boot den Weg durch die mehrstufige Schleusenanlage zwischen Loch Ness und dem Caledonian Canal bahnte. Schon lange wünschte er sich, selbst einmal mit einem Hausboot über Flüsse und Kanäle Europas zu fahren. An diesem Tag konnte er wenigstens anderen dabei zusehen. Peter fand das deutlich faszinierender als Loch Ness selbst, wo sich findige Geschäftsleute überwiegend damit befassten, die Legende von »Nessi«, dem Seeungeheuer, zu vermarkten.

Loch Ness

Loch Ness ist nach Loch Lomond der zweitgrößte See Schottlands. Er befindet sich zwischen Fort Augustus und Lochend südwestlich von Inverness. Durch seine Tiefe von bis zu 230 Metern ist Loch Ness zudem der See mit der größten Wassermenge in Schottland. Vor allem aber ist er das vermutlich mit Abstand bekannteste Gewässer der Britischen Inseln. Schuld ist das vermeintliche Ungeheuer »Nessi«, das seit Jahrhunderten immer wieder im See gesichtet worden sein soll. Belegt werden konnte seine Existenz jedoch nie: Die angeblich als Beweise geltenden Foto- und Filmaufnahmen entpuppten sich nach und nach als Fälschungen. Die BBC ließ Loch Ness 2003 gar in einer groß angelegten Sonarstrahl-Aktion untersuchen – und kam am Ende ebenfalls zu dem Ergebnis, dass in dem Gewässer kein Ungeheuer haust.

Dennoch lebt die Tourismusindustrie entlang des Sees bis heute sehr gut vom Mythos Nessi. Es gibt Souvenirs in jeder Variante, in Drumnadrochit gar ein Museum, das sich ausschließlich dem Ungeheuer widmet.

Er aber hatte nicht viel übrig für solche Geschichten. Ungeheuer, Geister, Verschwörungstheorien – Peter konnte all jenem nichts abgewinnen. Mit seinem Kollegen Robert war er mehrfach aneinander geeckt, weil dieser der Ansicht war, die Terroranschläge in den USA seien von den amerikanischen Geheimdiensten inszeniert worden. Anfangs hatte Peter noch gegengehalten, doch irgendwann ermüdete es ihn, für Amerika in die Bresche zu springen. Inzwischen haben die beiden eine stillschweigende Übereinkunft: keine Verschwörungstheorien, keinen Ärger. Und nun klappt die Kommunikation zwischen ihnen auch wieder.

Ein bisschen Unterhaltung – das ist etwas, das sich Peter auch für diesen Abend wünschen würde. Doch er ist umgeben von einem beinahe unerträglichen Lärmpegel, einer Mischung aus Fußballkommentar aus dem Fernseher, eher massentauglicher Popmusik und einer Menge, die gegen diese Geräuschkulisse anzuschreien versucht. Peter sitzt in Aulay's Bar in Oban, einer Kleinstadt an der Westküste Schottlands, in der er für diese Nacht Quartier bezogen hat. Von außen wirkte das Lokal überaus einladend: Sauber, urig, mit Grünpflanzen über dem Eingang, das Ganze nur einen Steinwurf entfernt vom kleinen Hafen und seinem kaum größeren Hotel. Doch der Schein trügt: Peter hat den Eindruck, dass sich an diesem Abend mindestens halb Oban in dieser Kneipe befindet. Vielleicht sogar ganz Oban. Und alle feiern – wenn auch offenbar nur das beginnende Wochenende. Dicht gedrängt stehen die Gäste, kaum einer von ihnen scheint älter als 30 Jahre zu sein.

Nur mit Mühe hat sich Peter durch die Menge zur Bar gekämpft und es nach drei Anläufen sogar geschafft, sich ein Bier zu bestellen. Er kann sich nicht erinnern, jemals irgendwen derart angeschrien zu haben wie den Barkeeper an diesem Abend. Dabei hatte er ihm gar nichts getan. Doch er verstand Peter einfach nicht. »Ein Pint Guinness, bitte«, hatte Peter beim dritten Versuch gebrüllt, und dabei mehrfach gut sichtbar auf den Zapfhahn mit dem schwarzen Schild vor ihm gezeigt. Erst dies führte zum Erfolg, wenn auch mit weiteren Hindernissen: Der Barkeeper hatte das Glas etwa zu zwei Dritteln voll gezapft und auf einen Untersetzter neben dem Zapfhahn gestellt. Gut, dachte Peter, die Schotten gelten als geizig, da werden sie die Gläser wohl nicht ganz voll zapfen. Also nahm er das dunkle Bier, das er auf seiner Reise zum ersten Mal probierte, und wollte aus lauter Verzweiflung schon zum Trinken ansetzen. Doch da meldete sich der Barkeeper in einer Lautstärke zu Wort, die Peter selbst bei dem vorherrschenden Lärmpegel vernahm. Vollends verschreckt stellte er das Glas umgehend wieder an die Stelle, von der er es angehoben hatte – und lächelte verunsichert. Peter vernahm noch etwas wie *»Top up«**, sah dann das Glas wieder

* Guinness, Irlands bekanntestes Bier, ist ein sogenanntes *Stout*. Es wird mit einer Mischung aus Stickstoff und Kohlensäure gezapft, und zwar in zwei Schritten: Damit es seine typische schmale, samtweiße Krone erhält, lässt man das Glas zunächst zu etwa zwei Dritteln volllaufen, anschließend kommt jener Schritt, den die Iren und Briten »*Settle*« nennen: Das Bier setzt sich. Zum Abschluss wird das Glas bis oben hin vollgezapft – das sogenannte *Top Up*.

unter dem Zapfhahn verschwinden und schließlich bis zum Rand gefüllt vor ihm auf der Theke stehen.

Nun steht Peter an der Bar und trinkt sein *Pint* Guinness. Einen freien Sitzplatz braucht er gar nicht zu suchen, denn den gibt es eindeutig nicht mehr. Peter schaut sich um: Im Grunde ist es schon gar nicht mehr möglich, ins Innere der Bar zurückzugehen. Er ist eingekeilt: hinter ihm der Tresen, vor ihm eine sich anschreiende Masse schottischer Hochlandbewohner. Gut, denkt sich Peter, es gibt durchaus schlimmere Orte auf der Welt, an denen man eingekeilt sein könnte. Aber er kommt sich doch fremd vor. Auch dies soll bei einem Deutschen im Ausland vorkommen, aber in einer Kneipe wie dieser würde sich Peter auch zu Hause fremd vorkommen. Er mag es ruhiger, gemütlicher, mit Gästen etwas gesetzteren Alters um sich herum – und vor allem mit deutlich weniger Gästen insgesamt.

Verzweiflung breitet sich aus bei Peter. Er versucht sich in seinen Gedanken an den Tag in den Highlands zu verlieren und merkt gar nicht so recht, wie er instinktiv nickt, als der Barkeeper ihn zu fragen scheint, ob er noch ein Bier haben möchte. Bevor er sich versieht, steht bereits das nächste dunkle *Pint* vor ihm auf dem Tresen. Peter dröhnt der Kopf von der Lautstärke. Und von der Luft, die in dem übervollen Lokal immer schlechter wird. Er stürzt das Bier in einer Geschwindigkeit herunter, die ihn selbst wundert, und beschließt: Er muss raus – irgendwie und irgendwo. Peter kämpft sich durch die Menge und sieht, wie eine Gruppe von Gästen durch eine Tür gegenüber der Bar verschwindet. Sie scheint auch für ihn schneller erreichbar zu sein als jene Tür, durch die er gekommen war. Peter folgt der Gruppe spontan unter Einsatz seiner Ellbogen, um überhaupt vorwärts zu kommen.

Die Tür scheint das Tor zum Himmel zu sein. Jedenfalls kommt es Peter so vor, als er sie öffnet und durchschreitet: Er findet sich einer weiteren Bar wieder, die alles andere als gefüllt wirkt. Gerade einmal die Hälfte der Tische ist besetzt, es wird keine Musik gespielt, der Lärmpegel ist entsprechend gering. Am Tresen hält sich ein alter Mann fest, der offenbar schon länger in dieser Bar verweilt. Er debattiert mit dem Barkeeper darüber, ob er noch einen Whisky bekommt oder ob er schon genug hat – was der offenbar Allen bekannte Kunde vehement verneint. Sein Bart erinnert Peter an Vater Abraham. Als er klein war, hatte dieser mit dem Lied der Schlümpfe einen großen Hit gelandet. Vater Abraham in einem *Pub* in Schottland? Peter verwirft diesen Gedanken und schaut sich um: Auch hier steht ein Schild mit dem Aufdruck Aulay's an der Bar. Ein *Pub*, zwei Gesichter? Peter ärgert sich: Wieso hat er diesen Teil nicht vorher entdeckt?

Und was hat Peter falsch gemacht?

Er hätte schon vor Betreten des *Pubs* die Augen aufmachen sollen. Traditionell trennen *Pubs* in Großbritannien zwischen der sogenannten *»Public Bar«* und der *»Lounge Bar«*. Das hat sich zwar durch die Ausbreitung großer Kneipenketten mit einheitlicher Einrichtung vor allem in Großstädten geändert. Doch auf dem Land, in kleinen Ortschaften sowie den Randbezirken größerer Städte gibt es sie nach wie vor, die alten, originalen *Pubs*. So auch in Oban. Die *Public Bar* ist dabei traditionell der Ort, den man in erster Linie aufsucht, um Bier zu trinken. Vom Grundsatz her ist sie rustikal eingerichtet, meist mit Holzstühlen, gern auch mit viel Freifläche, damit möglichst viele Gäste Platz zum Stehen haben. Heutzutage ist die Public Bar oft auch jener Teil, in dem laute Musik gespielt wird und Fußballspiele auf Fernsehgeräten gezeigt werden – ebenfalls mit Vorliebe bei lautem Ton.

Die *Lounge Bar* hingegen gilt traditionell als Ersatz für das Wohnzimmer. Sie ist meist mit Teppich ausgelegt, mit komfortablen Sitzgelegenheiten bestückt, eher dunkel gehalten und gern auch mal mit einem Kamin angehübscht. In der Regel wird in der *Lounge* keine Musik gespielt. Traditionell war dieser Teil eines *Pubs* jener, den auch Frauen aufsuchten, während sich die Männer in der *Public Bar* betranken. Das hatte einen wesentlichen Hintergrund: In der Bar war das Bier oft günstiger.

Diese Entwicklung führt vor allem bei alten *Pubs* auf dem Land heute noch zu einer baulichen Skurrilität: Die Herrentoilette ist meist in jenem Teil zu finden, in dem auch die *Public Bar* untergebracht ist. Dagegen existiert die Damentoilette oftmals nur in der *Lounge Bar*. Bei sehr alten *Pubs* kann es vorkommen, dass diese Toilette sogar weit ab in einem hinteren Raum aufzusuchen ist – vor Jahrhunderten gehörte es sich für eine Frau schlichtweg nicht, in eine Kneipe zu gehen.

Das hat sich freilich längst geändert: Heutzutage trifft man sich bei Verabredungen meist im *Pub*, ganz gleich, welchem Geschlecht man angehört. Es ist immer noch jener Ort, der vor oder nach einem Theater- oder Kinobesuch angesteuert wird, oder auch nach der Arbeit: Es ist allgemein üblich, sich nach dem Dienst noch mit Kollegen auf ein Feierabendgetränk in einem *Pub* zu treffen. Das hat weniger mit Freundschaft zu tun, als vielmehr mit der Teambildung generell. Sich dabei auszuklinken wird als unhöflich angesehen. Und gerade die Anwesenheit der vielen Feierabend-Bier-Trinker macht den *Pub* zum »Wohnzimmer« für jedermann: Klassenunterschiede spielen am Tresen keine Rolle. Das führt dazu, dass sich beispielsweise der Finanzexperte im Anzug auch mal angeregt mit dem Postboten in Uniform über Fußball oder das Leben an sich unterhält.

Peter macht Alarm

Oban, 13. August, 10.26 Uhr

Die vergangene Nacht steckt Peter noch in den Knochen. Er hat kaum ein Auge zubekommen, weil im Nachbarzimmer jemand mit offenbar beachtlichem Resonanzkörper in einem Ausmaß geschnarcht hat, das er nur selten erlebt hat. Die dünnen Wände in dem zwar relativ neuen, aber sehr einfach gebauten Hotel konnten den Schall nicht wirklich abhalten. 1.19 Uhr, 2.05 Uhr, 3.26 Uhr, 4.02 Uhr – immer wieder hatte Peter auf den Wecker geschaut, in der Hoffnung, nebenan werde es irgendwann ruhig. Doch weit gefehlt. Der Gast im Nachbarzimmer war ausdauernd. Zuletzt hatte Peter so etwas als junger Erwachsener in einer Jugendherberge in Süddeutschland erlebt. In dem üppig gefüllten Zimmer schnarchten damals zwei Gäste um die Wette – immer, wenn der eine anfing, schien der andere ihn unterbewusst übertönen zu wollen. Im Gegensatz zu Peter waren die beiden am nächsten Morgen ausgeschlafen. Warum wachen diese Leute eigentlich nie von ihrem eigenen Lärm auf? Eine Frage, die er sich damals wie heute stellte.

Peter beschließt, den Tag gemütlich zu beginnen. Nach dem Frühstück geht er zurück auf sein Zimmer, hängt das »Bitte nicht stören«-Schild von außen an die Tür und legt sich noch einmal hin – in der Hoffnung, sein Zimmernachbar plane nicht dasselbe. Peter hat Glück: Es dauert keine fünf Minuten, da ist er in einen tiefen Schlaf versunken, ungestört von allen potenziellen Geräuschen. Nicht mal das Reinigungspersonal scheint auf der Etage schon mit der Arbeit begonnen zu haben. Kein Klimpern, kein Staubsaugergeräusch, nicht mal der Ton eines Fernsehers ist zu vernehmen. Peter träumt von der Landschaft der schottischen Highlands, von den Schafherden allüberall, den kleinen Küstenorten, in denen er war, und von der schrillen Glocke, die ihm gerade so in seinen Ohren schmerzt.

Moment: Schrille Glocke? Er versucht sich zu bewegen, schafft es aber im ersten Augenblick lediglich, die Augen vorsichtig und nicht allzu weit zu öffnen. Jetzt vernimmt er das Geräusch ganz deutlich: Eine Glocke schrillt, ganz so als ob sie die Schüler einer Grundschule zur Pause ruft. Doch Peter befindet sich weder in einer Grundschule, noch geht er davon aus, zu irgendeiner Pause gerufen zu werden. Er steht widerwillig auf, um nachzusehen, woher dieses penetrante Geräusch stammt, das ihn diesmal um seinen Schlaf bringt.

Kaum hat Peter die Tür geöffnet, stößt er auch schon fast mit der Hausdame zusammen. »Bitte entschuldigen Sie mich, Sir.« Peter sammelt auf seiner müden Zunge gerade die Worte für den Satz »Kein Problem, ich lebe noch« zusammen, da legt die Hotelmitarbeiterin auch schon nach: »Sie müssen bitte diese Etage verlassen und sich mit den anderen Gästen unten vor dem Hotel sammeln. Wir machen heute eine Feuerübung, wie Sie ja sicherlich auf dem Brief in Ihrem Zimmer gelesen haben.«

Ein Brief? Peter hatte gar nichts gelesen. Gut, irgendeinen Umschlag hatte er am Vorabend in der Tat vom Bett auf den Schreibtisch gelegt, es aber für die übliche Werbung gehalten und deswegen nicht weiter beachtet. Er ist irritiert. »Kann ich mir denn wenigstens Schuhe anziehen«, fragt er, denn er steht in seinen Badelatschen im Türrahmen zu seinem Zimmer.

»Wir sind angewiesen, alle Gäste nach unten zu bringen, die sich noch in den Zimmern befinden, und zwar unverzüglich. Es tut mir leid, Sir.«

Das steigert Peters Laune nicht gerade, noch dazu, wo diese Feuerglocke auf dem Flur noch sehr viel penetranter hämmert als in seinem Zimmer. Widerwillig macht er sich auf, der Dame ins Erdgeschoss und auf die Straße zu folgen, hindurch durch ein gutes halbes Dutzend Feuerschutztüren. Die hatten ihn schon bei der Anreise gestört, weil er Mühe hatte, sie mit seinem schweren Koffer in der einen und der Zimmerkarte in der anderen Hand richtig zu öffnen. Und nun ist Peter kaum unten, da kann er kurz darauf auch schon wieder den Rückweg auf sein Zimmer antreten. Die Übung ist beendet.

Der Hotelmanager entschuldigt sich beim Anblick von Peters Badelatschen noch mehrfach aufrichtig für die Unannehmlichkeiten. »Aber die Vorschriften, wissen Sie …«

Peter weiß gar nichts, nur, dass er ganz schnell wieder ins Bett möchte. Dieser Tag, soviel ist für ihn sicher, gehört nicht zu seinen erfolgreichsten.

Was hat Peter falsch gemacht?

Sicherheit wird in Großbritannien großgeschrieben. Dazu gehören auch umfangreiche Brandschutzbestimmungen. Feuertüren sind ein Muss in allen Gebäuden, die von mehreren Menschen zum Wohnen, Schlafen oder Arbeiten genutzt werden. Das führt dazu, dass selbst manches Haus, das im

Grunde nur als Wohngemeinschaft beispielsweise von mehreren Studenten genutzt wird, über solche selbsttätig schließenden Türen verfügt. Das kann mitunter lästig sein, wenn man erst ein halbes Dutzend davon öffnen muss, um etwa zum Kühlschrank zu gelangen – doch berufen sich die Feuerwehren im Vereinigten Königreich stets auf den hervorragenden Schutz, den solche Maßnahmen bieten. Dazu zählen auch Rauchmelder. Die sind schon seit vielen Jahren nahezu flächendeckend in den Gebäuden von Großbritannien und Nordirland installiert, vor allem aber in allen öffentlichen Einrichtungen.

Regelmäßig (meist sogar mehrfach im Jahr) werden in öffentlichen Gebäuden Feuerschutzübungen wie in Peters Hotel praktiziert. Das kann für die Beteiligten lästig sein, dient aber ebenfalls der Sicherheit aller. Und es zeigt sich immer wieder, dass etwa in manch verbautem Hotel mitunter nicht mal die Angestellten den schnellsten Fluchtweg kennen. Von den Gästen ganz zu schweigen.

Und es geht noch weiter mit der Sicherheit: Steckdosen sind in Großbritannien generell mit einem Schalter versehen. Nutzt man sie gerade einmal nicht, sollten sie ausgeschaltet werden. Das soll vor allem verhindern, dass Kinder Unsinn damit treiben, dient aber auch dazu, dass beispielsweise elektrische Geräte nicht ununterbrochen ans Stromnetz angeschlossen sind. Das spart etwa bei Fernsehgeräten oder Druckern auch Energie, denn diese verbrauchen ja auch im Standby-Modus noch eine Menge davon.

Grüne *»Exit«*-Schilder, die auf Notausgänge hinweisen, sind ebenfalls Pflicht im Vereinigten Königreich – wie in den meisten anderen Ländern auch. Doch der Drang zur Beschilderung geht auch hierbei noch etwas weiter. Selbst wenn in einem öffentlichen Gebäude etwa lediglich der Fußboden gewischt wird, muss darauf auffällig hingewiesen werden. Schmale gelbe Aufsteller warnen dann vor der Gefahr, auszurutschen.

Gleiches gilt für Baustellen: Die sind in der Regel derart auffällig ausgeschildert, dass quasi keine Möglichkeit besteht, aus Versehen in eine solche hineinzugeraten. Bestes Beispiel dafür sind Autobahnbaustellen: Dort werden Autofahrer meist von einem ganzen Heer an Pylonen, den kleinen roten Hütchen (»Lübecker Hütchen«), geleitet. Die stehen dann im Abstand von nur wenigen Zentimetern nebeneinander und sind unmöglich zu übersehen. Geschweige denn zu durchfahren, ohne dass man sie überrollt. Zudem werden Baustellen meist schon viele Kilometer im Voraus über Schilder angekündigt.

Peter sieht Fußball

Manchester, 14. August, 13.26 Uhr

England ohne Fußball? Undenkbar! Das hatte sich Peter schon vor der Abreise gedacht. Mindestens einmal, so hoffte er, würde er sich ein Spiel live im Stadion ansehen, nachdem dies zu Hause mangels Zeit schon lange nicht mehr der Fall gewesen ist. Doch leider hat es auch auf seiner jetzigen Reise bislang nicht so recht geklappt – entweder, weil er an den Spieltagen der ersten Liga, der *Premier League*, nie in der richtigen Stadt war oder aber weil er sich zu kaputt fühlte, um noch etwas zu unternehmen. Nun setzte er alles auf Manchester, obwohl er von der ehemaligen Industriestadt touristisch nicht sonderlich viel erwartete und sie eigentlich deswegen auch gar nicht ansteuern wollte. Aber mit Manchester City und Manchester United ist die Stadt Heimat von gleich zwei Clubs der *Premier League*. Da sollte er Glück haben, dachte sich Peter auf dem Weg von Schottland in Richtung Süden. Denn eines der beiden Teams würde schon ein Heimspiel haben, dafür müssten die Chancen am Wochenende überaus gut stehen.

Weit gefehlt, wie sich bei einem Besuch in der Touristeninformation der Stadt herausstellt. Ein relativ schlecht gelaunter junger Mann gibt Peter zu erkennen, dass er die falsche Frage zum falschen Zeitpunkt gestellt hat: »Manchester City hat gestern gespielt. 0:1 gegen Arsenal.« Er ist Mitarbeiter der Touristeninformation und lässt keinen Zweifel daran, dass er das Spiel am Vortag gesehen hat – und mit dem Ergebnis nicht hundertprozentig zufrieden ist. Den müden Augen und den leicht zerzausten Haaren nach zu urteilen dürfte er seinen Ärger darüber am Vorabend mit größeren Mengen Alkohol zu bekämpfen versucht haben.

»Ahja«, ist es, was Peter dazu einfällt. Er überlegt noch kurz Beileidsbekundungen abzugeben, sieht angesichts des Zustandes des jungen Herrn jedoch davon ab. »Und Manchester United?«, will er noch der Vollständigkeit halber wissen. Die Miene seines Gegenübers verfinstert sich weiter. Der junge Mann schaut Peter genervt an, ganz als ob er gefragt wurde, ob die Erde eine Scheibe sei oder eins plus eins zwei ergebe.

»Die haben gewonnen«, antwortet er noch deutlich unfreundlicher. »2:0 gegen Sunderland.«

Gut, offenbar ein Fan von Manchester City, resümiert Peter. Jedenfalls auch keine große Werbung für diese Stadt. »Nun, danke trotzdem«, verabschiedet er sich höflich.

Doch das Gesicht des Tourismusmitarbeiters hellt sich plötzlich auf: »Aber heute Nachmittag sind noch ein paar Spiele. Gehen Sie einfach in einen *Pub*, wenn Sie welche sehen wollen. Das machen hier alle. Nehmen Sie das ›Moon under Water‹. Am Haupteingang raus und dann die Straße rechts runter.«

Na, wer sagt es denn, der junge Mann gibt sich doch noch Mühe. Aber schon wieder in die Kneipe? Peter zögert, denn daheim geht er nur noch selten aus. Die Dichte seiner *Pub*-Besuche im Urlaub war ungleich höher als die der vergangenen Jahre in Deutschland. Aber was soll's: Das Wetter lockt nicht übermäßig zum Stadtbummel, und schließlich hatte er sich eigens das England-Trikot in den Koffer gepackt, das ihm Hannelore zur Abreise geschenkt hatte. Einmal muss er es ja tragen, wieso nicht beim Fußballschauen im *Pub*.

Das Moon under Water ist einer jener *Pubs*, wie sie in nahezu jeder britischen Großstadt anzutreffen sind: zentral gelegen, rustikal und gemütlich eingerichtet, aber viel zu groß, um jene Wohnzimmeratmosphäre auszustrahlen, die englische *Pubs* üblicherweise so einzigartig machen. Von der Decke hängen mehrere Flachbildfernsehgeräte, auf denen Sky Sports läuft – ein Bezahlsender, der die gesamte *Premier League* überträgt. Die lange Theke deutet darauf hin, dass dieser Pub offenbar nicht unter Gästemangel zu leiden hat. An mehreren Stellen hat das Barpersonal die Möglichkeit, aus jeweils gut einem Dutzend Hähnen Bier zu zapfen.

Noch zehn Minuten bis zum Anpfiff – genügend Zeit für Peter, sich mit einem Getränk auf sein erstes *Premier-League*-Spiel einzustimmen. Doch er scheitert schon, bevor er seinen Getränkewunsch loswerden kann.

»Sorry, Kumpel, keine Trikots.« Der Barkeeper sieht ihn ein wenig mitleidig an, als er auf Peters nagelneues Fußballtrikot der englischen Nationalmannschaft zeigt.

Peter ist irritiert: »Wie bitte?«

»Wir dürfen hier niemanden in Fußballbekleidung bedienen. Das ist Geschäftspolitik unseres *Pubs*. Sorry.«

Peter versteht langsam, aber er kann es nicht ganz nachvollziehen: Befand er sich nicht in einem angeblich so weltoffenen Land? Und dann darf er nicht mal im Fußballtrikot der Nationalmannschaft eben dieses Landes ein Bier bestellen? Kopfschüttelnd zieht er sich seinen Pullover über, den er sich eigentlich für den Heimweg mitgenommen hatte.

Der Barkeeper verfolgt die kleine Modenschau seines Gastes und lächelt zufrieden: »Was hätten Sie gern?«

Was hat Peter falsch gemacht?

Bei Sport verstehen Briten mitunter keinen Spaß. Fußball, *Rugby*, *Cricket*, Tennis – in allen Teilen des Landes sind die Einwohner überdurchschnittlich sportbegeistert. Das führt bei populären Mannschaftssportarten wie Fußball dazu, dass sich einige zu sehr mit einem Team verbunden fühlen. In Verbindung mit Alkohol (und diese Kombination kommt sehr häufig vor) reagieren dann mitunter manche Fans über. Es kommt immer mal zu Ausfällen, nicht selten zu Schlägereien. Weil Fußball traditionell nicht nur im Stadion, sondern auch im *Pub* geschaut wird, haben die Gastwirte in vielen Städten reagiert: Türsteher sind in Innenstadtlagen keine Seltenheit, zudem gilt vor allem in großen Kneipen, die Fußball zeigen, ein strenges Trikotverbot. Das soll dazu beitragen, dass sich Fußballfans gegnerischer Mannschaften nicht zu sehr gegenseitig provozieren. Dazu zählen im Übrigen auch Schals und Fahnen einzelner Teams.

Auch bei Länderspielen ist es in Großbritannien nicht ganz einfach: Weil es keine britische Nationalmannschaft gibt, sondern einzelne für jeden Teil des Vereinigten Königreichs, können sich manche auch an einem England-Trikot stören – weil ja vielleicht ein Schottland-Fan am Nachbartisch sitzt.

In teureren Bars und Restaurants spielt noch etwas anderes hinein: Dort gehören Trikots und Turnschuhe nicht zum üblichen *Dresscode* – es kann also passieren, dass Besucher in dieser Bekleidung an der Tür abgewiesen werden.

Vorsicht auch bei Solidaritätsbekundungen für die Fans des siegenden Vereins: Das inzwischen durch Bankchef Josef Ackermann auch in Deutschland sehr bekannte »*Victory*-Zeichen« sollte wohl überlegt angewandt werden: Zeige- und Mittelfinger bilden das »V«, nicht etwa eine Kombination anderer Finger, und dabei darf man dem Gegenüber auf keinen Fall den Handrücken zuwenden – denn dies bedeutet so etwas wie »Du kannst mich mal!«

Die Briten und Fußball

Großbritannien gilt als das Mutterland des Fußballs. Das hat weniger damit zu tun, dass dort etwa zum ersten Mal ein Ball getreten worden wäre (das ist nämlich nicht der Fall), als vielmehr mit der Tatsache, dass die Briten die wahrscheinlich Ersten waren, die feste Regeln für dieses Spiel aufstellten. Nach den sogenannten »*Cambridge Rules*« von 1848 bestand ein Team aus 15 bis 20 Spielern, der Ball wurde in der Mitte angestoßen, zudem wurde festgelegt, wann der Ball ins Aus wandert und dass man durch einen Schuss ins Tor punktet. Auf dieser Grundlage erstellte die 1863 in London gegründete Football Association (FA) schließlich ein eigenes Regelwerk. Die Beschränkung auf elf Spieler in einem Team folgte 1870. Die FA ist ein rein englischer Verband. Schottland, Wales und Nordirland sind fußballpolitisch gesehen eigenständige Nationen. Sie verfügen über eigene Ligen und auch eigene Nationalmannschaften.

Die Landesfußballverbände sind jeweils separate Mitglieder des Weltfußballverbands FIFA. Insofern dürfen auch alle Nationalmannschaften der britischen Insel an internationalen

Wettbewerben teilnehmen. Das führt etwa dazu, dass nicht Großbritannien oder das Vereinigte Königreich bei einer Weltmeisterschaft antritt, sondern je nach Qualifizierung England, Schottland, Wales und Nordirland einzeln.

Doch welchen Teil des Königreichs man auch betrachtet: Bis heute sind alle Briten geradezu verrückt nach Fußball – wobei sie allgemein als sehr sportinteressiert gelten, und so beispielsweise auch *Rugby*, *Cricket* und Tennis einen deutlich höheren Stellenwert genießen als in Deutschland. Die oberste Fußballspielklasse, seit 1992 *Premier League* genannt, gilt als Liga mit den weltweit höchsten Zuschauerraten. Sie besteht aus 20 Vereinen, eine Saison dauert von August bis Mai. Erfolgreichstes Team ist seit Jahrzehnten Manchester United. Ganz oben spielen in der Regel auch die beiden Londoner Großvereine mit, der Chelsea Football Club und der Arsenal Football Club, sowie der FC Liverpool. Daneben gibt es drei weitere Profiligen, die in der *Football League* zusammengefasst sind: *Football League Championship*, *Football League One* und *Football League Two*. Sie alle genießen einen weitaus besseren Ruf als untere Klassen in Deutschland.

Auch der schottische Fußball ist nach diesem Muster aufgestellt. In der *Scottish Premier League* spielen zwölf Vereine, unter den erfolgreichsten sind die ewigen Rivalen Glasgow Rangers und Celtic Glasgow.

Die waliser Fußballclubs spielen in der *Welsh Premier League* – jedoch mit Ausnahmen. Cardiff City, Swansea City, Wrexham FC, Merthyr Tydfil FC und Newport County AFC sind in den englischen Ligen aktiv. Das hat unter anderem historische Gründe: Die Verkehrsverbindungen waren früher deutlich besser zwischen Südwales und England als innerhalb von Wales. Vor allem aber ist der Hintergrund finanzieller Art: Die englischen Spielklassen verfügen über deutlich mehr Zuschauer und damit deutlich höhere Etats. Das führt dazu, dass es der Waliser Liga an Attraktivität mangelt.

In Nordirland spielen zwölf Vereine in der *IFA Premiership* als der höchsten Liga. Eine Besonderheit gilt für den Club Derry City – der aus historischen Gründen in der Profiliga der Republik Irland spielt, der *League of Ireland*.

Das Wembley-Tor

Es ist das Fußballphänomen, das einem Deutschen in England früher oder später aufs Brot geschmiert wird: das sogenannte »Wembley-Tor« aus dem WM-Finale von 1966. England gewann das Spiel gegen Deutschland mit 4:2 nach Verlängerung und wurde somit Weltmeister. Doch ob dieser Endstand verdient war, ist höchst umstritten gewesen. Beim Spielstand von 2:2 schoss der englische Spieler Geoff Hurst gegen die Torlatte der deutschen Mannschaft – der Ball sprang nach unten und anschließend wieder ins Spielfeld.

Es ist die ewige Streitfrage zwischen Deutschen und Engländern, ob der Ball beim Aufprall auf den Boden die Torlinie überschritten hatte oder nicht. Der schweizer Schiedsrichter Gottfried Dienst gab zunächst einen Eckball, hielt dann aber Rücksprache mit dem sowjetischen Linienrichter Tofiq Bachramow und entschied schließlich, das umstrittene Tor gelten zu lassen. Deutschland öffnete daraufhin seine Abwehr und handelte sich erst in den letzten Spielsekunden einen weiteren Treffer ein, der schließlich zum 4:2-Endstand führte.

Mehrere Studien kamen im Nachhinein zu dem Entschluss, dass der umstrittene Ball nicht die Torlinie überschritten hatte. Bei der WM 2010 gab es kurioserweise eine Art Revanche: Der Schiedsrichter erkannte im Achtelfinalspiel zwischen Deutschland und England ein Tor des englischen Spielers Frank Lampard nicht an – obwohl der Ball in diesem Fall eindeutig die Linie überschritten hatte, bevor ihn der deutsche Torwart Manuel Neuer schließlich fing.

Cricket

Ein bisschen Baseball, eine Prise Brennball – so leicht könnte man sich Cricket vorstellen, wenn man es zum ersten Mal sieht. Doch so einfach ist es leider nicht. Die Regeln des vor allem in Commonwealth-Staaten beliebten Crickets sind so komplex und detailverliebt, dass ein Spiel mitunter mehrere Tage dauert.

In Kürze: Zwei Teams mit je elf Spielern treten auf einem ovalen Feld gegeneinander an. Abwechselnd ein Team schlägt so oft wie möglich einen vom anderen Team geworfenen Ball mit einem Holzschläger weg und versucht, durch Laufen möglichst viele Punkte zu erreichen. Gelaufen werden kann so lange, bis die gegnerische Mannschaft den Ball wieder zurückgespielt hat. Laufende Spieler scheiden aus, wenn sie sich bei Rückkehr des Balls noch auf dem Feld befinden, werfende, wenn sie falsch geworfen haben. Die Mannschaften wechseln ihre Positionen, sobald alle Läufer eines Teams ausgeschieden sind. Von der Schlagmannschaft sind immer nur zwei Spieler gleichzeitig auf dem Spielfeld, die sogenannten *Batsmen*. Die Spieler der Feldmannschaft befinden sich komplett auf dem Platz. Das Team mit den meisten Läufen gewinnt.

Klingt einigermaßen verständlich – doch es gibt eine ganze Reihe von Regeln wie etwa zu den Anforderungen der Wurftechnik, die das Spiel deutlich verkomplizieren und in die Länge ziehen. Deswegen verwundert es auch kaum, dass es beim Cricket in Großbritannien offiziell Mittags- und Teepausen gibt.

Rugby

Rugby ist in Großbritannien mindestens ebenso populär wie Fußball – immerhin soll es in der gleichnamigen Stadt in der Mitte Englands erfunden worden sein. Ziel des Spiels ist es, einen Ball (von der Form her ein Rotationsellipsoid, also eine Art Ei) ins gegnerische Torfeld (beim Rugby »Malfeld«) zu legen. Ist dies einem Team geglückt (»Versuch«), hat es die Möglichkeit der »Erhöhung«. Dazu muss ein Spieler den Ball durch die gegnerischen Torpfosten kicken (es gibt keine Latte beim Rugby). Ein Spieler, der den Ball führt, darf von der gegnerischen Mannschaft umgeworfen werden. Liegt ein Spieler am Boden, muss er den Ball sofort freigeben.

Gespielt wird mit den Händen und Füßen, ein Team auf dem Platz besteht aus 15 Spielern, ein Spiel aus 80 Minuten (zwei Halbzeiten à 40 Minuten). Rugby genießt in nahezu allen Ländern des Commonwealth äußerste Beliebtheit.

Peter im Büro

Birmingham, 15. August, 9.53 Uhr

Normalerweise trennt Peter Urlaub und Arbeit vollständig. Nicht im Traum fiele es ihm ein, an freien Tagen etwa seine beruflichen E-Mails durchzusehen, geschweige denn außerhalb seiner Arbeitszeit ins Büro zu gehen. Sein Blackberry bleibt dann aus, im E-Mail-Programm ist für die Zeit des Urlaubs eine Abwesenheitsnotiz eingerichtet – und der Kopf wird endlich frei von beruflichen Angelegenheiten.

Diesmal ist es ein kleines bisschen anders. Der Konzern, in dem Peter arbeitet, ist auch mit einer Niederlassung in England vertreten; genauer gesagt in Birmingham. Immer mal wieder sieht Peter im Intranet seines Unternehmens internationale Stellenausschreibungen. Und immer mal wieder überlegt er sich, dass so eine Zeit im Ausland ja möglicherweise doch karrierefördernd sein könnte, und eine gute Erfahrung obendrein. Also hatte er sich bereits daheim vorgenommen, sich den britischen Teil des Konzerns bei einem Besuch mal genauer anzusehen. Vorbereitet hatte er diesen Plan jedoch nicht mehr in der Hektik der letzten Arbeitstage vor dem Urlaub, sodass er gestern beim ersten Versuch prompt unverrichteter Dinge wieder weggeschickt worden war.

»Unser Personalleiter, Herr Brix, wird Ihnen gern unser Unternehmen zeigen«, hatte die junge Dame am Empfang gesagt, und gleich hinterher geschoben: »Passt Ihnen 15 Uhr?«

Ja, das passte ihm, wenn denn selbst ein kurzer Blick nicht mal so eben spontan möglich wäre. Was sollte er im Urlaub auch schon Großartiges vorhaben?

Leider lassen sich Urlaubstage mitunter nicht perfekt durchplanen. Oft fehlt es auch am rechten Willen dazu. Bei Peter ist wohl Letzteres der Grund dafür, dass er viel zu spät bei seinem Termin eintrifft. Es ist 15.20 Uhr, und er steht erneut vor der Empfangsdame. »Entschuldigung, ich hatte mich mit dem Verkehr vertan«, poltert er los, noch bevor er die junge Mitarbeiterin überhaupt begrüßt. Im Grunde stimmt es auch gar nicht: Peter hatte sich beim Einkaufsbummel in der Innenstadt von Birmingham festgebissen, ausgiebig Mittag gegessen und war noch zu lange in einer Buchhandlung gewesen – er hatte sich in einen Reiseführer vertieft.

Die junge Dame mustert Peter von oben bis unten. Sie schaut demonstrativ auf den Bildschirm ihres Computers, auf die Uhr an der Wand, und leitet dann wenig charmant zum weiteren Tagesprogramm über: »Herr Brix erwartet Sie schon. Raum 26, zweite Etage.«

Peter steigt in den Fahrstuhl. Beim Blick in den dortigen Spiegel fällt es ihm wie Schuppen von den Augen: Er hatte an diesem Morgen in seiner andauernden Urlaubsstimmung die Jeans vom Vortag angezogen, außerdem seine bequemen Turnschuhe, weil er ja durch die Stadt bummeln wollte. Nun steht er in nicht mehr taufrischer Freizeitkleidung in der britischen Niederlassung seines Arbeitgebers. Und als der Fahrstuhl den zweiten Stock erreicht und sich die Türen öffnen, versteht er auch den etwas angewiderten Blick der Dame am Empfang.

Ein Herr im Nadelstreifenanzug empfängt Peter – Herr Brix. Peter schaut sich um: Es sind nicht nur die Bekleidungsvorlieben der Mitarbeiter, die dieses Büro ausgesprochen edel wirken lassen. Viel Holz, viel Glas, alles trägt die Handschrift eines hochbezahlten Innenarchitekten. Und kaum etwas dürfte älter sein als vielleicht ein Jahr.

»Hallo Peter, es ist schön, Sie zu treffen! Wie geht es Ihnen?« Der Herr im Nadelstreifenanzug geht in die Charmeoffensive, nachdem er zunächst ebenfalls etwas irritiert geschaut hat. Peter fühlt sich unwohl: Warum, fragt er sich, geht es hier so viel seriöser zu als bei ihm im Büro?

Was hat Peter falsch gemacht?

In Großbritannien ist es üblich, sich mindestens einige Tage vorab für geschäftliche Termine zu verabreden. Merke: Spontaneität will gut geplant sein. Zudem ist Pünktlichkeit angeraten, noch dazu, wenn es sich um Zusammenkünfte mit mehreren Personen handelt. Anders im Privaten: Wer dort bei jemandem zu Hause eingeladen ist, etwa zu einem Essen, sollte keinesfalls überpünktlich kommen. Gern gesehen wird es eher, wenn der Gast ein paar Minuten zu spät kommt – damit der Gastgeber ausreichend Zeit hat, um sich vorzubereiten. Im Geschäftsleben ist es jedoch nicht üblich, jemanden nach Hause einzuladen. Dies geschieht nur in Ausnahmefällen und sollte dann vom Gast auch entsprechend honoriert werden: mit einem Geschenk wie Wein oder Pralinen sowie einer schriftlichen Danksagung nach dem Termin, am besten per herkömmlicher Post, nicht per E-Mail.

Der *Dresscode* ist im Büro eher konservativ: Männer tragen üblicherweise Anzug und Krawatte. Dabei sollte der Anzug dunkel sein und die Krawatte möglichst kein Karomuster beinhalten, das einem schottischen Clan ähneln könnte. Auch bei Streifen gilt höchste Vorsicht – die sind in einer bestimmten Kombination mitunter Zeichen eines Internats oder Herrenclubs. Unifarben ist bei vielen Briten deswegen nach wie vor gern gesehen.

Frauen tragen einen dunklen Hosenanzug oder ein Kostüm – in jedem Fall jedoch nichts Aufreizendes und keine grellen Farben. Auch auf auffälligen Schmuck oder zu deutliches Schminken sollten Frauen im Büro besser verzichten. Dem haftet in Großbritannien ein eher schlechter Ruf an. Generell gilt: Im Büro niemals Sandalen oder Turnschuhe tragen.

Für Geschäftsessen sollten die Einladungen spätestens drei bis vier Wochen vorher bei den Teilnehmern eingehen. Sie erfolgt heutzutage meist telefonisch oder per E-Mail, vor allem in Finanz- und Regierungskreisen sind aber nach wie vor Einladungskarten üblich. Wer einlädt, bezahlt auch. Hat niemand offiziell eingeladen, wird der Betrag aufgeteilt, und zwar zu gleichen Teilen. Niemals Essen für Essen abrechnen, das gilt als Beleidigung. Für geschäftliche Besprechungen wird oft zum Lunch geladen. Das beinhaltet meist ein üppiges warmes Essen, jedoch üblicherweise keinen Nachtisch. Der gehört eher zum Dinner am Abend.

Nachfragen ist übrigens durchaus erlaubt und erwünscht: Wenn bei einem geschäftlichen Treffen Punkte offenbleiben, klärt man diese im Nachhinein per E-Mail oder auch telefonisch. Und in Verhandlungen bloß den Fünf-Jahres-Plan vergessen – Briten setzen auf kurzfristige Erfolge. Was in fünf Jahren passiert, ist in vielen Branchen nebensächlich.

Peter macht Witze

Birmingham, 15. August, 15.45 Uhr

Peter ist sich nicht ganz sicher, ob er sich nicht eventuell verhört hat. Er befindet sich in der britischen Niederlassung seiner Firma in Birmingham und wird dort von Personalleiter Jonathan Brix durch die Etagen geführt. Gerade ist er einem Vertriebsmitarbeiter dort als Kollege aus Deutschland vorgestellt worden. »Deutschland?«, hatte dieser noch einmal pro forma nachgefragt, um gleich hinterherzuschieben: »Erwähne den Krieg nicht!« Es folgte allgemeine Erheiterung auf britischer Seite der trauten Runde. Nur Peter stand etwas fragend da.

Nun versucht er noch immer, die Worte zu analysieren. So gut scheint sein Englisch dann wohl doch nicht zu sein, schließlich kann der Herr doch eben nicht bei der ersten Begegnung unter Kollegen vom Krieg gesprochen haben. Oder doch? Peter lächelt, in der Hoffnung, nun schnell das Gespräch wieder in Richtung allgemein verständlicher Themen drehen zu können.

»Martin ist ein Spaßvogel, denken Sie sich nichts dabei«, kommt Jonathan Peter zu Hilfe. »Er kennt immer die neuesten Witze und erzählt sie jedem, der sie nicht hören möchte.« Peter lächelt einmal mehr. Menschen mit dauerhaft guter Laune sind ihm eigentlich suspekt. Die verdrängen mögliche Probleme nur, ist er sich sicher. Er selbst packt sie lieber an.

»Ich kenne da einen neuen, Jonathan«, pariert Vertriebsmitarbeiter Martin aufs Wort. Peter erschreckt: nun bitte nicht noch weitere Witze, die er nicht versteht. Doch Martin ist schon dabei: »Was ist der Unterschied zwischen einem gutherzigen Deutschen und dem Ungeheuer von Loch Ness?«, fragt er in die kleine Runde.

Jonathan reagiert entsetzt: »Oh nein, Martin, bitte nicht der.« Er wendet sich mit entschuldigender Miene zu Peter, fast als wolle er sagen: ›Der beißt nicht, der will nur spielen.‹

Peter atmet einmal tief durch, hebt seinen Kopf in Richtung Spaßvogel und antwortet brav mit einem entschuldigenden Lächeln: »Ich weiß es nicht.«

»Das Ungeheuer von Loch Ness ist schon mal gesehen worden.« Martin lacht laut auf, klopft Peter kumpelhaft auf die Schulter, und schiebt dann noch schnell hinterher: »Spaß muss sein, nicht wahr? Keine Sorge, ich liebe Deutschland, ich bin oft dort im Urlaub.«

Peter lächelt gequält. Er hasst diese Spaßfragen, noch dazu, wenn er im Zentrum einer solchen steht. Deswegen verlangt es ihm nach Revanche. Er kramt im Hintersten seines Gedächtnisses nach einem passenden Witz. Ehrverletzend soll er sein, die Engländer als Nation ins Lächerliche ziehen. Doch es will ihm einfach nichts einfallen. »Ein Russe, ein Deutscher und ein Engländer …«, beginnt Peter zu rekonstruieren, was er neulich mal bei Freunden gehört hat. Doch er bekommt den Witz einfach nicht mehr passend zusammen. Da fällt ihm ein Uraltgag ein, den er mal in irgendeiner Fernsehsendung aufgeschnappt hatte. Besser als nichts, entscheidet er in aller Schnelle, und setzt an: »Ich hab auch noch einen!«

Martin ist gespannt: »Leg los!«

»Ich weiß jetzt, wieso ihr Engländer so gern Tee trinkt«, triumphiert Peter. »Ich habe heute Morgen euren Kaffee probiert.«

Stille. Martin macht keine Anstalten, sich wenigstens zu einem Lächeln zu entschließen. Und Jonathan ergreift schließlich die Flucht nach vorn: »Sehr schön, und hier drüben haben wir dann die anderen Büros unserer Vertriebskollegen.« Er bittet mit einer einladenden Handbewegung den Gang entlang.

Peter wertet dies als kleinen Erfolg.

England-Deutschland 1:1.

Was hat Peter falsch gemacht?

Wer nach Großbritannien fährt, sollte über Humor verfügen – und vor allem genau wissen, wann er ihn einsetzt und wann nicht. Die Komikergruppe Monty Python ist das Paradebeispiel für den britischen Witz: Schwarz muss er sein, die Grenzen von Anstand und gutem Geschmack möglichst überschreiten und idealerweise spontan eingestreut werden. So wie der Satz *»Don't mention the war«* (Erwähne den Krieg nicht), den Deutsche oftmals zur Begrüßung hören, um dann in der Regel nichts damit anfangen zu können. Er stammt aus der Fernsehserie *Fawlty Tower's*, in der Monty-Python-Mitglied John Cleese den Besitzer eines kleinen Hotels in Südwestengland spielt. Als sich eine Gruppe deutscher Gäste ankündigt, will er sein Personal darauf trimmen, in keinem Fall den Zweiten Weltkrieg anzusprechen, um die Besucher nicht zu vergraulen. Er selbst ist allerdings so sehr darum bemüht, dieses Thema ebenfalls nicht zu erwähnen, dass er es letztlich doch ständig tut und schließlich verwirrt im Stechschritt durch den Speiseraum marschiert. Die Szene ist unter Engländern ein Klassiker wie beispielsweise Loriots »Wo laufen sie denn?« in Deutschland.

Generell sind Briten – schon aus eigener Erfahrung – gut informiert über die Gräueltaten des Zweiten Weltkriegs. Doch sie haben weniger Berührungsängste, das Thema auch in Witzen aufzugreifen. Das mag man geschmacklos finden, im Vereinigten Königreich – einem Land, in dem Bücher wie »Mein Kampf« frei verkäuflich sind – fällt es unter künstlerische Freiheit. Insofern muss man damit rechnen, dass Boulevardzeitungen etwa bei Fußball-Länderspielen gern auch mal Worte wie »Blitz« und »Achtung« auf ihre Titelseiten platzieren. Diese Medien sind jedoch auch bei anderen Themen in ihrer Wortwahl nicht besonders gemäßigt und überschreiten regelmäßig die Grenzen von Geschmack und Anstand. Das hat einen wesentlichen Hintergrund: In Großbritannien gibt es keine Tradition der Abonnementzeitung wie in Deutschland. Stattdessen kaufen Leser ihre Zeitung im Zeitschriftenhandel. Jedes Blatt muss sich so Tag für Tag aufs Neue am Kiosk gegen seine Mitbewerber durchsetzen. Und manch ein Chefredakteur ist nach wie vor der Ansicht, das funktioniere nur über griffige Schlagzeilen.

Das alles bedeutet übrigens nicht, dass etwa jeder Brite auch Hohn und Spott über sich und sein Land ergehen lassen würde: Viele von ihnen sind überaus stolz auf Großbritannien und dessen Geschichte und sehen es nicht gern, wenn sie im Zentrum von Witzen oder Sketchen stehen. Wer auf Nummer sicher gehen will, lässt die Themen britischer Fußball und britisches Essen aus. Und die königliche Familie ohnehin.

Boulevardmedien

Unter der Hand hat man die Medien ja schon lange für die vierte Macht im Staat gehandelt. Großbritannien wurde 2011 vor Augen geführt, dass dies zumindest auf der Insel über Jahrzehnte ein Stück weit der Realität entsprach. Nach und nach stellte sich damals heraus, dass die größte Sonntagszeitung des Landes, das Boulevardblatt *News of the World*, systematisch Politiker und Prominente abgehört hatte, deren E-Mail mitlas und obendrein offenkundig unter anderem Beamte in großem Stil bestochen hatte. Frühere Mitarbeiter wurden verhaftet, darunter ein ehemaliger Chefredakteur, ein Untersuchungsausschuss eingerichtet, der nicht zuletzt einen der erfolgreichsten Verleger der Welt, Rupert Murdoch, vorlud. Und dieser wiederum stellte das so dermaßen in die Kritik geratene Erfolgsblatt *News of the World* kurzerhand ein – allerdings, wie man im Nachhinein erfuhr, nur um einige Monate später mit einer Sonntagsausgabe seiner nicht weniger boulevardesken Tageszeitung *The Sun* auf den Markt zu kommen.

Boulevardmedien sind in Großbritannien noch mehr Meinungsmacher als dies etwa in Deutschland der Fall ist – was vor allem an der Struktur des britischen Zeitungsmarkts liegt: Anders als in Deutschland spielen hier regionale Tageszeitungen, die meist aus Tradition über ein Mindestmaß an Seriosität verfügen, eine untergeordnete Rolle. Die Auflage wird hier auf überregionaler Ebene gemacht: Neben dem Marktführer *The Sun* liegen die *Daily Mail* und der *Daily Mirror* Tag für Tag an den Kiosken des Landes. Zusammen erreichen sie (Stand Anfang 2012) eine Auflage von gut 5,7 Millionen Exemplaren. Zum Vergleich: Die einzige überregionale deutsche Boulevardzeitung *Bild* lag im (bevölkerungsmäßig größeren) deutschen Zeitungsmarkt Anfang 2012 nur bei durchschnittlich 2,7 Millionen Exemplaren.

Die *Sun* und ihre Mitbewerber machen Meinung – und sie machen Politik. Parteien aller Lager geben sich, wie der *News of the World*-Untersuchungsausschuss ans Licht gebracht hat, bei Verlegern und Chefredakteuren die Klinke in die Hand. Seit Jahrzehnte gewinnt jene Partei die Unterhauswahl, die zuvor mit einer öffentlichen Wahlempfehlung in den Leitartikeln der Boulevardmedien »geadelt« worden ist. Wobei Ursache und Wirkung umstritten sind: Wissenschaftler sind sich uneins, ob diese

Wahlempfehlung letztlich für einen Sieg ausschlaggebend ist oder ob nicht vielmehr die Boulevardmedien auf die Stimmung in der Bevölkerung reagieren und sich jeweils für den aussichtsreichsten Kandidaten aussprechen. So oder so: Die Gunst der Redaktion trifft mal die Sozialdemokraten der Labour-Partei, mal die Konservativen Torys. Am Ende könnte man gar von Ausgewogenheit ausgehen.

Medienmogul Murdoch gilt in diesem Spiel um Macht und Meinung als eine Schlüsselfigur: Er verfügt mit der *Sun* und der leidlich seriösen *Times* nicht nur über auflagenstarke überregionale Zeitungen; durch seinen 40-Prozent-Anteil an der Senderkette BSkyB ist er auch auf dem Fernsehmarkt deutlich präsent.

Peters falscher Freund

Birmingham, 16. August, 11.45 Uhr

Hunger. Peter verspürt ein riesiges Vakuum in seinem Magen. Das Frühstück heute Morgen hatte er bewusst ausgelassen, weil er nicht schon wieder Eier essen konnte. Stattdessen gab es einen Milchkaffee in der Filiale einer der zahlreichen *Coffee Shop*-Ketten, die die britischen Innenstädte säumen. Doch von den süßen Backwaren, die dort in Hülle und Fülle angeboten wurden, ließ er an diesem Morgen ebenfalls die Finger. Er sehnte sich nach einem belegten Brötchen, wie daheim, doch das war in dieser Form so nicht wirklich greifbar. Also hielt Peter ohne jeden Hauch einer Mahlzeit durch bis jetzt zum frühen Mittag. Die Uhr zeigt 11.45 Uhr und Peter kommt sich selbst antriebslos und schlapp vor: Er braucht etwas zu essen. Jetzt, sofort. Schließlich will er sich in der zweiten Tageshälfte noch eine Menge hier in Birmingham ansehen.

Birmingham

Birmingham ist die mit gut einer Million Einwohnern zweitgrößte Stadt Großbritanniens, nach London. Die oft unterschätzte Metropole ist zudem ein wichtiges Wirtschaftszentrum im Land: Einst Industriestandort wandelte sich Birmingham in den siebziger Jahren zu einem der wichtigsten Dienstleistungsstandorte der Britischen Inseln. Reisende schätzen vor allem die Einkaufsmöglichkeiten: Neben London gilt Birmingham als Einkaufs-Mekka. Die Innenstadt ist gesäumt von großen Filialen internationaler

Ketten. Architektonischer Höhepunkt im *Bull Ring* genannten Zentrum ist neben einer Reihe noch erhaltener viktorianischer Gebäude die gebogene Metallfassade des Kaufhauses Selfrides.

Beliebt ist auch die Gegend um das Kanalsystem der Stadt. In den restaurierten Gebäuden entlang der Wasserstraßen sind inzwischen Cafés und Restaurants eingezogen.

Peter schaut sich um. Er steht an einer Hauptstraße im Zentrum der Stadt und scheint sich ganz offensichtlich fern eines potenziellen Hungertods zu befinden. Links vorn sieht er ein McDonald's-Schild leuchten, gleich daneben eine Filiale der Fastfood-Kette Subway. Doch Peter entscheidet sich für die andere Straßenseite: Dort fällt ihm die Leuchtreklame eines etwas alt und heruntergekommen wirkenden englischen Schnellimbisses ins Auge. ›Genug Globalisierung für heute‹, denkt er sich, und macht sich auf in den Imbiss. Er sehnt sich nach einer fettigen Wurst mit Pommes Frites – schließlich hat er durch das ausgefallene Frühstück ja ein gewisses Defizit seinen Fettkonsum der vergangenen Tage betreffend.

Der Imbiss sieht auch innen nicht viel einladender aus. Es riecht nach ranzigem Fett, die Fliesen auf dem Fußboden zeigen deutliche Gebrauchsspuren. Und sie scheinen vor allem nicht gerade kürzlich gereinigt worden zu sein. Wenn überhaupt schon einmal in diesem Jahr. Peter atmet tief durch. Egal – der Hunger ist ein schlagendes Argument in dieser Situation, denkt er sich. Er tritt an den Tresen heran, wo er unter Heizlampen in einer Auslage die ganze Palette an britischen Köstlichkeiten bestaunen kann: Würstchen, Geflügelstücke, Pommes Frites, Scheiben von Blutwurst.

Peter entscheidet sich umgehend: »Kann ich bitte eine Wurst bekommen?«, fragt er die ältere Dame hinter dem Tresen, deren Haare so aussehen, als hätten sie eine ganze Weile zwischen dem Fettgebackenen aus der Auslage gelegen. Doch die zunächst düster dreinschauende Frau bricht in schallendes Gelächter aus.

»Da musst du nach nebenan zum Fleischer gehen, der macht eine Wurst aus dir«, schallt es aus ihr heraus.

Peter ist irritiert. Wieso sollte er nebenan eine Wurst kaufen, wo doch hier ausreichend viele in der Auslage liegen? Und nur danach hatte er soeben gefragt – glaubt er zumindest: *»Can I become a sausage?«*

Sausage heißt Wurst, soviel war sicher. Peter hatte zwar seit dem Abitur keine großen Anstrengungen mehr unternommen, die englische Sprache zu benutzen, und seine Zeit im Gymnasium ist schon ein ganzes Weilchen vorbei – genau genommen 14 Jahre. Doch wenn es ums Essen ging, konnte ihm niemand etwas vormachen. Also legt er noch einmal nach.

Er würde gern eine Wurst kaufen, fragt er nun die Dame, die sich gerade noch eine Träne aus dem Auge wischt. Offenbar ist sie leicht zu erheitern – oder hat Peter etwa eine Nudel oder etwas Ähnliches unter der Nase? Verunsichert wischt er sich einmal quer über das Gesicht.

»Dann will ich dir auch eine verkaufen«, lächelt ihn die Frau hinter dem Tresen an.

Peter lächelt zurück. Eigentlich wollte er ja noch Pommes Frites dazu haben, aber nun traut er sich nicht, danach zu fragen. Wer weiß, ob sie ihn dann erneut auslacht. Dabei wäre Peter bei dieser Beilagenform klar im Vorteil: Am Vorabend hatte er nämlich erfahren, dass Pommes Frites in Großbritannien ganz offensichtlich »*Chips*« genannt werden. Zumindest hatte er im *Pub* nach eben solchen verlangt und wurde zunächst darüber aufgeklärt, dass die Küche bereits geschlossen habe. Dabei hing die halbe Bar voll mit kleinen bunten Kartoffelchipstüten in jeder nur erdenklichen Geschmacksrichtung. Per Handzeichen konnte er sich dann zu einem solchen Tütchen vorhangeln, nicht ohne sofort darüber aufgeklärt zu werden, dass er da eine Tüte »*Crisps*« haben wollte, keine »*Chips*«. In Augenblicken wie diesen wünschte sich Peter immer eine Welt voller Esperanto, eine Welt mit nur einer einzigen Sprache, die jeder versteht und jeder spricht.

Was hat Peter falsch gemacht?

Er hat einen sogenannten *False Friend* (einen falschen Freund) erwischt, Wörter, die im Englischen wie im Deutschen gleich klingen, die aber in diesen beiden Sprachen unterschiedliche Bedeutungen haben. »*To become a sausage*« heißt korrekt übersetzt »ein Würstchen werden«. Und Peter wollte ja nur eines essen, sich aber nicht selbst durch den Fleischwolf drehen lassen.

Von diesen kleinen Wortfallen gibt es eine ganze Reihe: »*Actually*« beispielsweise halten viele Deutsche für eine Übersetzung von »aktuell«. Doch es bedeutet vielmehr »tatsächlich«. Und im englischen »*gymnasium*« kann man kein Abitur machen – denn dieses Wort steht in der englischen Sprache für die Sporthalle. Ein Klassiker ist auch der »*undertaker*«, der mit dem deutschen »Unternehmer« nicht viel am Hut hat, sondern die Übersetzung für das Wort »Bestatter« ist. »*Will*« wird ebenfalls oft von Deutschen falsch benutzt: »*I will*« heißt nicht «Ich will«, sondern »Ich werde«, hat also eine sehr viel konkretere Bedeutung. *»Sin«* hat nichts zu tun mit dem deutschen »Sinn«, sondern ist eine »Sünde« und das *»warehouse«* ebenso wenig mit dem deutschen »Warenhaus« – denn es bedeutet »Lagerhaus«. Kaffee wird nicht gekocht, sondern gebrüht: *»to brew coffee«*. Die *»City Hall«* ist nicht die Stadthalle, sondern das Rathaus und die *»pension«* kein Ort zur Übernachtung, sondern die Rente. Eine deutsche Pension wäre im Englischen ein *»guesthouse«*.

Unterschiedliche Phrasen

Viele Phrasen sind im Englischen ähnlich wie im Deutschen – manche aber eben nicht. Im Folgenden eine Auswahl, jeweils in Klammern mit der wörtlichen Übersetzung, nach dem Doppelpunkt mit dem deutschen Synonym:

Hold your horses (halte deine Pferde): Nicht so schnell

Shoot oneself in the foot (sich selbst in den Fuß schießen): Ins eigene Fleisch schneiden

Six of one and half a dozen of the other (sechs von einem und ein halbes Dutzend von dem anderen): Jacke wie Hose / gehupft wie gesprungen

The grass is always greener on the other side (Das Gras ist auf der anderen Seite immer grüner): Nachbars Kirschen schmecken immer süßer

To get the wrong end of the stick (Das falsche Ende des Stocks nehmen): etwas falsch aufnehmen

To carry coals to Newcastle (Kohlen nach Newcastle tragen): Eulen nach Athen tragen

On cloud nine (auf Wolke neun): auf Wolke sieben

That was the straw that broke the camel's back (Das war der Strohhalm der dem Kamel das Genick gebrochen hat): Das war der Tropfen, der das Fass zum Überlaufen brachte.

That's the last straw (Das war das letzte Strohhalm): Jetzt platzt mir der Kragen.

That's dead and burried (Das ist tot und vergraben): Darüber ist längst Gras gewachsen.

That's Greek to me (Das ist für mich Griechisch): Das kommt mir Spanisch vor.

That's not my pigeon (Das ist nicht meine Taube): Das ist nicht mein Bier.

The murder is out (Der Mord ist aufgeklärt): Das Rätsel ist gelöst.

There's something in the wind (Da ist etwas im Wind): Ich traue dem Frieden nicht.

Those who can't use their head must use their back (Diejenigen, die nicht ihren Kopf nutzen können, müssen ihren Hintern verwenden): Was man nicht im Kopf hat, hat man in den Beinen.

Time will tell (Die Zeit wird es sagen): Kommt Zeit, kommt Rat.

A fly in the ointment (eine Fliege in der Salbe): ein Haar in der Suppe

To get something going (Etwas zum Laufen bringen): Etwas auf die Beine stellen.

To know something like the back of one's hand (Etwas wie seinen Handrücken kennen): Etwas wie seine Westentasche kennen.

To make a mountain out of a molehill (Aus einem Maulwurfshügel einen Berg machen): Aus einer Mücke einen Elefanten machen.

To pull someone's leg (Jemandes Bein heben): Jemanden auf den Arm nehmen.

To kick the bucket (den Eimer treten): ins Gras beißen

To spill the beans (die Bohnen ausschütten): etwas ausplaudern

Water under the bridge (Wasser unter der Brücke): Schnee von gestern

What goes around comes around (Was herumgeht, kommt herum): Wie es in den Wald hinein schallt, so schallt es heraus.

Peter liest zwischen den Zeilen

Oxford, 16. August, 21.15 Uhr

Es muss lange her sein, dass sich Peter derart den Bauch vollgeschlagen hat. Spontan ist er an seinem letzten Abend in Großbritannien zum Abendessen in ein kleines Restaurant eingekehrt, das auf einer Tafel vor der Tür mit allerlei Fischgerichten warb. Die Preise schienen moderat, Peter liebt Fisch, sodass die Entscheidung schnell getroffen war. Und sie entpuppte sich als richtig: Peter hätte seine riesige Portion mit schottischem Lachs, bissfest gegartem Gemüse und kleinen Kartoffeln in Schale beinahe nicht geschafft. Doch er hat sich angestrengt: Der Teller ist nun leer, der Bauch voll, und Peter lehnt sich zufrieden zurück. Das, ist er sich ganz sicher, war der beste Lachs, den er je gegessen hat. Und wenn doch in Deutschland nur mal jemand auf die Idee käme, das Gemüse genauso bissfest zu garen statt, wie so häufig, butterweich zu kochen. Ein Traum!

»Hat es Ihnen geschmeckt?« Die junge Dame, die bereits die Bestellung aufgenommen hatte, steht vor Peter, um die Teller abzuräumen. Sie strahlt ihn an. Offenbar möchte sie die Bestätigung zu bekommen, dass die schlechte Auslastung ihres Lokals nicht etwa an ihr oder ihrem Essen liegt.

»Das war gut!«, antwortet Peter brav und wahrheitsgemäß, nicht ohne noch ein kurzes Lächeln hinterherzuschieben.

»Ah, okay. Fein.« Die Dame strahlt nun weniger und bepackt ihre Hände mit Peters beiseite gestelltem Geschirr. »Möchten Sie noch ein Dessert?«

Peter ist irritiert. Hatte er etwas Falsches gesagt? Er wollte doch lediglich das Essen loben, und das völlig zu Recht. »Ja, ich nehme gern noch etwas.« Nanu? Hatte Peter das eben gesagt? Er ist doch eigentlich satt. Offenbar hat sein Unterbewusstsein entschieden, er müsse der Dame nun demonstrieren, wie ausgesprochen lecker er das Essen fand – nachdem sein erstes Lob offenkundig nicht hundertprozentig ankam. Und dies tut er wohl am besten, indem er noch einmal nachlegt.

Flugs hat Peter auch schon die Dessertkarte vor sich liegen. Dabei begnügt er sich üblicherweise mit einem Hauptgericht, der Kalorien wegen. Er beginnt, mit seinen Augen durch die Zeilen zu wandern: *Apple Crumble*, liest er da, außerdem *Toffee Sponge* und *Chocolate Fudge Cake*. Peter ist ahnungslos: Was um Himmels Willen soll das alles sein?

Er beschließt angesichts seiner zumindest teilweisen Unkenntnis, den Nachtisch mit dem schönsten Namen zu wählen und geht die Liste noch einmal durch: *Crumble* – naja. *Sponge* – schon lustiger! Erinnert ihn an eine Kinderfernsehsendung, die sein Patenkind immer mal schaut. *Fudge* – auch nicht schlecht, aber Schokolade klingt irgendwie sehr gehaltvoll. Und Peter ist ja eigentlich schon mehr als satt, wie er sich soeben noch einmal ins Gedächtnis zurückruft. Also *Sponge*. Was auch immer das ist. Peter bestellt bei der jungen Dame, die in Anbetracht der Auftragsausdehnung – Abendessen plus Dessert – wieder etwas milder gestimmt scheint.

Und Peter ist froh, dass er der Küche offenbar nicht zu viel Arbeit bereitet hat: Es dauert keine fünf Minuten, bis er sich erneut mit einem mächtigen Porzellanteller konfrontiert sieht.

Und was für ein Teller das ist: Auf ihm eine untertassengroße, feste Masse, die Peter als eine Art Kuchen identifiziert, darüber eine zähe Flüssigkeit, die sich als karamellähnlicher Sirup erweist. Und drum herum ein heller See, bei dem es sich laut Aussehen und Konsistenz eindeutig um eine Art Vanillesoße handeln muss. Der Geschmackstest bestätigt diese Annahme. Vorsichtig tastet sich Peter mit seiner Gabel und einem Löffel an die bräunliche, feste Masse im Zentrum vor: ein Toffeekuchen! Oder sagen wir: eine Mischung aus sehr feuchtem Kuchen und einem viel zu festen Pudding. Peter ist begeistert: Süß und glibberig, das gefällt ihm irgendwie.

Er legt die Gabel beiseite und fährt mit dem Dessertlöffel fort – in dieser Situation erscheint ihm das die effektivere Methode zu sein, möglichst schnell möglichst viel der Masse in sich hineinzustopfen. Doch schon nach wenigen Häppchen merkt er, wie gehaltvoll sein Nachtisch zu sein scheint. Peter zwängt Bissen für Bissen in sich hinein – bis es schließlich nicht mehr geht.

Satt! Peter ist so satt wie seit Jahren nicht mehr. Er hat den Eindruck, wenn er noch einen Bissen nähme, würde er platzen. Und das beunruhigt ihn: Wie um Himmels willen wird die Bedienung erst reagieren, wenn sie einen halb vollen Teller abräumen muss?

Was hat Peter falsch gemacht?

»Gut« bedeutet in Großbritannien nicht immer gut. Es kommt immer darauf an, wie man etwas sagt – denn auf den Britischen Inseln wird vieles zwischen den Zeilen ausgedrückt. Findet man das Essen beispielsweise »*good*«, das Ganze am besten auch noch nach deutscher Manier ganz nüchtern ausgesprochen, dann ist das ein vernichtendes Urteil für jeden Koch: »*Good*« bedeutet dann soviel wie: »Naja, ich habe es runter bekommen, aber auch schon besser gegessen. Eigentlich täglich.« Versuchen Sie nicht, es mit »*very good*« zu retten, das macht es nur unwesentlich besser.

»*Superb*«, »*remarkable*«, »*exquisite*« – das sind Vokabeln, die ein Koch nach dem Essen gerne hört. Und das dann auch nicht nüchtern norddeutsch ausgedrückt, sondern mit etwas Elan in der Stimme. Am besten so, als ob am Ende stets ein Ausrufezeichen steht. Merke: Briten drücken vieles über die Tonlage aus. »*Superb*« beispielsweise erfordert (falls es einem wirklich geschmeckt hat) eine deutliche Pause zwischen »*Su*« und »*perb*«. Dabei kann die Silbe »*perb*« auch gern noch lang gezogen werden: »*Sü – pöööörb!*« Gleiches gilt für »*remarkable*« und andere ausdrucksstarke Wörter. Warum nicht einfach das erste A langziehen? »*Re – maaarkable*«. Es erfordert ein bisschen Training, ist aber im Grunde sehr einfach.

Das bleibt übrigens nicht nur aufs Essen beschränkt, sondern gilt für alle Lebenslagen. Ein absolut vernichtendes Wort ist »*interesting*«, von Kontinentaleuropäern gern auch als »*very interesting*« genutzt. Ein schlimmeres Urteil kann man in Großbritannien kaum abgeben. »*Interesting*« bedeutet bei der Einschätzung einer Sache so viel wie »langweilig«, »*very interesting*« bringt es immerhin schon auf »okay«.

Generell sollten in Großbritannien zu direkte Antworten vermieden werden. Selbst nach dem dritten Bier im *Pub* wird vieles noch freundlich umschrieben. Kollegin XY etwa kann man im Grunde »*stupid*« (doof) finden, ausgedrückt werden sollte dies aber deutlich freundlicher. Beispielsweise so: »Ich habe gehört, es gibt eine Menge Dinge, die XY besser liegen.«

Merke: Die Kunst liegt darin, sich unter Kontrolle zu haben, und möglichst viel zwischen den Zeilen zu sagen.

Desserts in der britischen Küche

Apple Crumble: Eine Art mit Streuseln überbackenes Apfelkompott, das warm mit *Custard Creme* (einer Art dickflüssiger Vanillesoße) serviert wird. *Crumble* gibt es auch mit anderen Früchten, beispielsweise Rhabarber oder Brombeeren.

Apple Pie: Gedeckter Apfelkuchen, ebenfalls oft mit *Custard Creme* serviert.

Sponge (Cake): Ein weicher, sehr süßer Kuchen, der meist mit Toffeesoße übergossen gebacken und mit *Custard Creme* serviert wird.

Chocolate Fudge Cake: Ein Schokoladen-Karamell-Kuchen (*Fudge* ist Karamellkonfekt)

Trifle: Ein mehrschichtiger Nachtisch aus *Custard*, Marmelade, Biskuit und Obst. Der Biskuit wird manchmal mit Likör übergossen.

Rice Pudding: Milchreis.

Brownies: Sehr schokoladenhaltiger Schokoladenkuchen. Gern warm serviert mit einer Kugel Vanilleeis.

Käse: Auch eine klassische Nachspeise in Großbritannien, wird oft mit einer Art ungesalzener *Cracker (Water Biscuit)* gegessen.

Peter bewirbt sich

Frankfurt, 9. Dezember, 19.38 Uhr

Es ist kurz vor Weihnachten, der zweite Advent ist gerade vorüber. Peter sitzt daheim in Deutschland in seinem Apartment am Schreibtisch und denkt an den Sommerurlaub zurück. Schön war es auf der Insel, findet er noch immer. Gern denkt er nachmittags bei einem Tee zurück an Wales und die schottischen Highlands, an das hektische London und die Abende in Edinburgh. Vor allem an Margaret und Richard, jenes Pärchen, das er dort kennengelernt hatte. Vor zwei Tagen holte Peter eine Weihnachtskarte der beiden aus dem Briefkasten. Er selbst hatte natürlich noch nicht daran gedacht, eine solche zu schreiben. Ein kleiner gelber Klebezettel an seinem Computerbildschirm erinnert ihn an das Versäumnis: »Weihnachtskarten!!!«, steht darauf. Peter möchte sich wenigstens noch für die lustigen Abende in Edinburgh bedanken – zumal er hofft, Margaret und Richard bald einmal wieder zu sehen.

Neben der Weihnachtskartenerinnerung klebt ein weiterer gelber Zettel – Peter liebt es, überall in der Wohnung und im Büro Gedächtnisstützen zu haben. Und auch auf dieser zweiten Notiz steht nur ein Wort: »Bewerbungen«, ohne Ausrufezeichen, denn die Angelegenheit scheint Peter nicht ganz so eilig wie die Weihnachtskarten.

Schon länger hegt er den Wunsch, sich nach einem anderen Arbeitsplatz umzusehen. Zu eingefahren scheint ihm der

Alltag im jetzigen Job zu sein, zu gering die noch verbleibenden Karrierechancen. Der Großbritannien-Urlaub schien da wie eine Initialzündung gewirkt zu haben: In den Wochen danach sammelte er penibel alles zusammen, das er für eine ordentliche Bewerbung benötigte: Zeugnisse, Lebenslauf, Zertifikate, dicke Mappen. Er war sogar beim Fotografen, um sich neue Bewerbungsfotos zu besorgen. Alles in allem ein ordentliches Paket, das zumindest auf Peter selbst einen ordentlichen Eindruck machte. Er hatte aber noch eine weitere Idee: Warum nicht den langen Wunsch wahrmachen, und für ein oder zwei Jahre ins Ausland gehen? Danach, da war er sich ganz sicher, würden ihm daheim beruflich deutlich mehr Türen offenstehen. Mit seiner Ex-Freundin Tanja sprach er zwar inzwischen wieder auf normalem Niveau, doch in einer echten Beziehung befand er sich derzeit nicht – der perfekte Augenblick für einen Auslandsaufenthalt.

Leider hatte sein Arbeitgeber damit begonnen, in der britischen Niederlassung massiv Stellen abzubauen, sodass ein interner Wechsel nicht mehr in Frage kam. Also hatte Peter von vorn begonnen und seine Bewerbungsunterlagen penibel ins Englische übersetzt. Schließlich würde in Großbritannien niemand etwas mit einer deutschsprachigen Bewerbung anfangen können, dachte er sich. Doch offenbar konnte sich auf der Insel auch niemand mit Peters Übersetzungen anfreunden: Auf seinem Schreibtisch daheim stapelten sich freundliche Absagen. Drei Unternehmen hatten noch nach Referenzen gefragt, was ihm nicht ganz einleuchtete: Er hatte ihnen doch Zeugnisse mitgeschickt. Vermutlich, schlussfolgert Peter heute, haben diese Firmen seine Unterlagen nicht einmal richtig angeschaut.

So hat sich Peter damit abgefunden, einstweilen dort zu bleiben, wo er aufgewachsen ist, sich bestenfalls innerhalb Deutschlands weiter zu bewerben. Ihm bleibt die Vorfreude auf den nächsten Urlaub: Denn der soll ihn wieder auf die Britischen Inseln führen. Gut vorbereitet ist er ja nun. Oder?

Was hat Peter falsch gemacht?

Die Bewerbungspraxis in Großbritannien unterscheidet sich in mehreren Punkten deutlich von der in Deutschland. Zeugnisse, Porträtfotos, Angaben zu Religion und Familienstand etwa sind auf der Insel verpönt. Hintergrund sind strenge Gesetze gegen Diskriminierung am Arbeitsplatz. Schon bei der Bewerbung will kein Unternehmen in Verdacht geraten, den einen oder anderen Kandidaten beispielsweise wegen seines Alters oder seiner Hautfarbe nicht eingestellt zu haben. Immer mehr Firmen beteiligen sich deswegen auch gezielt an Rekrutierungsmessen für bestimmte Minderheitengruppen, um offensiv zu zeigen, dass sie für jedermann offen stehen.

Somit umfassen Bewerbungsunterlagen im Grunde nur bis zu drei Seiten: Eine für das Anschreiben und eine bis zwei für den tabellarischen Lebenslauf – der jedoch nach angelsächsischem Muster verfasst wird, das heißt beginnend mit dem aktuellsten Eintrag. Also im Grunde andersrum als die lange Zeit in Deutschland üblichen, chronologischen Auflistungen. Lücken sind beim britischen Lebenslauf erlaubt, man sollte sich vielmehr auf das Wesentliche konzentrieren. Auf eine aufwendige Mappe darf ruhig verzichtet werden, denn in Großbritannien ist es unüblich, solche Unterlagen zurückzuschicken. Etabliert haben sich ohnehin inzwischen Bewerbungen per E-Mail oder über spezielle Kontaktformulare auf den Internetseiten der Unternehmen.

Statt Zeugniskopien verlangen britische Unternehmen Referenzen: zum einen besondere Kenntnisse – wozu bei Kandidaten aus Deutschland schon mal die deutsche Sprache gehört –, zum anderen Namen und Telefonnummern von Personen, die Auskunft über den Bewerber geben können. Das sind in der Regel frühere Vorgesetzte, die man aber selbstverständlich im Vorfeld fragen sollte, ob sie auch auskunftswillig wären. Wenigstens zwei solcher Referenzkontakte sollte ein Bewerber vorweisen können.

Arbeiten in Großbritannien

Der britische Arbeitsmarkt unterscheidet sich in wesentlichen Punkten von jenem in Deutschland. Das fängt schon beim Lohn an: Lange bevor in Berlin über das Pro und Kontra des Mindestlohns gestritten wurde, hatte er sich im Vereinigten Königreich bereits etabliert. Die Labour-Regierung unter Tony Blair löste mit ihm Ende der neunziger Jahre eines der ersten Wahlversprechen ein. Generell werden in Großbritannien eher niedrigere Löhne gezahlt als in Deutschland – jedoch sind in der Regel auch die Abgaben nicht ganz so hoch. Denn beispielsweise das Gesundheitssystem wird im Vereinigten Königreich aus Steuergeld finanziert. Einen monatlichen Abzug vom Lohn für Krankenkassen gibt es nicht.

Ein wesentlicher Grund für die Flexibilität auf dem britischen Arbeitsmarkt ist der Mangel an Kündigungsschutz. Kündigungsfristen von einer Woche sind keine Seltenheit. Selbst wenn vertraglich längere Zeiten festgelegt sind, nehmen Unternehmen auch mal den Umweg über das Arbeitsgericht in Kauf, um sich eines Mitarbeiters schnell zu entledigen. Dabei geht es dann aber oftmals nur noch um die Höhe der Abfindung. An der Tatsache, dass der Mitarbeiter geht, lässt sich meist wenig ändern. Entsprechend schnell werden aber auch neue Mitarbeiter eingestellt. Da kann das Vorstellungsgespräch etwa schon am Tag nach der Bewerbung stattfinden. Stellenanzeigen beinhalten in der Regel Fristen, die meist nur ein paar Tage bis wenige Wochen umfassen.

Weihnachtskarten

Zum Jahresende elementar in Großbritannien: Wer auch nur ein bisschen was auf jemanden hält, schreibt ihm oder ihr eine Weihnachtskarte – und zwar auf die klassische Weise per Briefpost, nicht per E-Mail. Nach alter Tradition werden im Vereinigten Königreich diese Karten auf den Kaminsims gestellt oder aber an lange Schnüre gehängt. Letzteres birgt einen simplen Demonstrationszweck: Je länger die Schnur, je mehr Karten daran hängen, als desto beliebter gilt der Empfänger. Übrigens ist es üblich, Weihnachtskarten rechtzeitig zu schreiben, nicht erst kurz vor Weihnachten.

Feiertage und besondere Anlässe auf den Britischen Inseln

1. Januar	New Year's Day (Neujahr)
5. Januar	Twelfth Night (der Abend, bis zu dem der Weihnachtsschmuck abdekoriert werden sollte)
14. Februar	Valentine's Day (Valentinstag)

1. März	St. David's Day (Walisischer Nationalfeiertag)
17. März	St. Patrick's Day (Irischer Nationalfeiertag, wird auch in Nordirland gefeiert)
März/April	Mothering Sunday (Muttertag, in der Regel nicht am selben Tag wie der deutsche Muttertag)
März/April	Good Friday (Karfreitag)
März/April	Ostern (Ostermontag ist Feiertag)
23. April	St. George's Day (Englischer Nationalfeiertag)
Mai	Mai-Feiertag (erster Montag im Mai)
Mai	Frühlingsfeiertag (letzter Montag im Mai)
Juni	Trooping the Colours (Ehrentag zum Geburtstag der Königin, zweiter Sonnabend im Juni)
Juni	Father's Day (Vatertag, dritter Sonntag im Juni)
August	Sommerfeiertag (England, Wales: letzter Montag im August, Schottland: erster Montag im August)
31. Oktober	Halloween (das Fest stammt ursprünglich von den Kelten aus Irland)
1. November	All Saints (Allerheiligen)
11. November	Remembrance Day (Volkstrauertag in Gedenken an das Ende des Ersten Weltkrieges)
30. November	St. Andrew's Day (Schottischer Nationalfeiertag)
25. Dezember	Weihnachten
26. Dezember	Boxing Day (zweiter Weihnachtstag)
31. Dezember	New Year's Eve (Silvester)

Nur einige dieser Tage sind offizielle Feiertage im Vereinigten Königreich. Zudem haben viele Geschäfte selbst an offiziellen Feiertagen geöffnet.

Epilog

Frankfurt, 12. Januar, 9.45 Uhr

Ein bisschen stolz ist Peter schon auf sich: Souverän wie Winston Churchill erklärt er gerade auf der Zeil einem offenkundig britischen Passanten, wie dieser am einfachsten mit öffentlichen Verkehrsmitteln zum Messegelände gelangt. Mit der S- oder U-Bahn sei das ganz einfach, sagt Peter und erinnert sich dabei unweigerlich an seine Odyssee durch das Netz von London Underground. Weshalb er sich nun auch einen kleinen Seitenhieb nicht verkneifen kann: »Die Bahnen sind hier auch einfacher zu benutzen als bei euch in London.« Zack – der saß, denkt sich Peter, und verbucht schon heimlich ein 1:0 auf seinem virtuellen Punktekonto.

Der Brite grinst: »Ich bin aus Schottland! Dort, wo ich herkomme, wissen wir gar nicht, was eine U-Bahn ist.«

Ein Schotte! Peter beißt sich auf die Zunge. Da war doch was mit Briten und Schotten im Allgemeinen und Engländern und Schotten im Speziellen. Doch bevor er sich eine Strategie zusammengelegt hat, wie er aus dem ihm soeben bewusst gewordenen Fettnäpfchen wieder herauskommt, setzt der Gast von der Insel seinen Part fort: »Aber ich bin sicher, ich werde mit der Bahn klarkommen, auch als Schotte. Es wird vielleicht etwas länger dauern, aber...«

Peter lacht laut auf. Da war er wieder, der britische Humor. Wenigstens der scheint also auf der Insel flächendeckend vorhanden zu sein. Sind etwa doch nicht alle Briten so, wie er sie aus seinem Urlaub in Erinnerung hatte?

Murat Topal
BERLIN
Ich hab noch einen Döner an der Spree – ein Heimatbuch
ISBN 978-3-934918-84-9

© Print 6 by Katja Renner

Locker und lehrreich präsentiert Murat Topal in amüsanten Episoden voll Multikulti, Action und Augenzwinkern sein ganz persönliches Berlin.

Murat Topal, Deutsch-Türke und gebürtiger Berliner, arbeitete zehn Jahre lang als Polizist im Bezirk Kreuzberg, bevor er sich ganz dem Dasein als Comedy-Künstler widmete. Bekannt ist er unter anderem durch Auftritte in verschiedenen TV-Sendungen und durch die Serie *Spezialeinsatz*, in der er die Hauptrolle spielt. Seit Februar 2011 tourt er mit seinem dritten abendfüllenden Bühnenprogramm *MultiTool – Der Mann für alle Fälle* durch Deutschland.

»Ein Buch, aufgebaut wie ein Sketch des Comedian: Locker und amüsant.« (Kieler Nachrichten)

»Das neueste Buch des erfolgreichen Comedians zeigt Berlin, wie es wirklich ist. Murat Topal präsentiert dem Leser kurzweilige Episoden voller persönlicher und lustiger Berlin-Erlebnisse.« (suite101)

Die *Heimatbuch*-Reihe, u. a.

CONBOOK VERLAG
www.conbook-verlag.de

Alles zu den Heimatbüchern: **www.heimatbuch.de**

FETTNÄPFCHENFÜHRER

www.fettnäpfchenführer.de

Die Buchreihe, die sich auf vergnügliche Art dem Minenfeld der kulturellen Eigenheiten widmet.

ISBN 978-3-934918-59-7

ISBN 978-3-934918-92-4

ISBN 978-3-934918-54-2

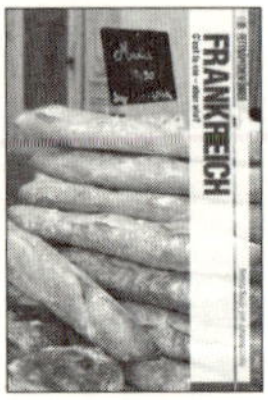

ISBN 978-3-934918-74-0

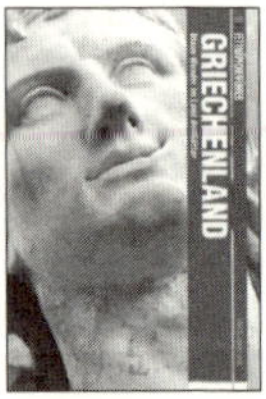

ISBN 978-3-934918-82-5

ISBN 978-3-943176-31-5

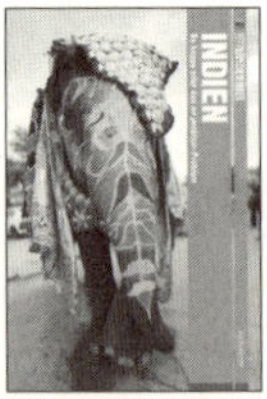

ISBN 978-3-934918-85-6

ISBN 978-3-934918-47-4

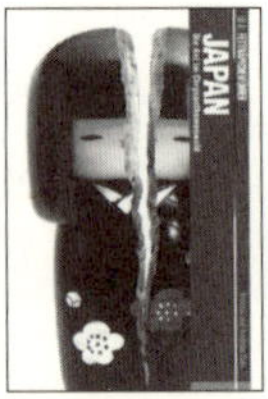

ISBN 978-3-943176-24-7

ISBN 978-3-934918-77-1

NEU ab Okt 2012

ISBN 978-3-943176-03-2

ISBN 978-3-934918-58-0

ISBN 978-3-934918-56-6

ISBN 978-3-934918-76-4

ISBN 978-3-934918-48-1

ISBN 978-3-934918-43-6

ISBN 978-3-934918-75-7

ISBN 978-3-934918-42-9

NEU ab Okt 2012

ISBN 978-3-943176-20-9

ISBN 978-3-943176-16-2

CONBOOK VERLAG
www.conbook-verlag.de